Usha Gönnawein

33 kosmische Gesetze zum Verstehen des wahren Seins

Usha Gönnawein

33 kosmische Gesetze zum Verstehen des wahren Seins

Silberschnur Verlag

MIX
Papier aus verantwortungsvollen Quellen
FSC® C014138

ISBN: 978-3-89845-469-8

1. Auflage 2015

Gestaltung & Satz: XPresentation, Güllesheim
Umschlaggestaltung: XPresentation, Güllesheim; unter Verwendung eines Motivs von © rafo, www.fotolia.de
Druck: Finidr, s.r.o. Cesky Tesin

Verlag »Die Silberschnur« GmbH
Steinstraße 1 · D-56593 Güllesheim
www.silberschnur.de · E-Mail: info@silberschnur.de

Inhalt

Liebe Leser,

in diesem Buch werden Sie verschiedene Begriffe in vom Duden abweichender Schreibweise finden, die jedoch wichtig ist, da sie die Bedeutung der Wörter im Kontext des gechannelten Textes widerspiegelt:

- All-Liebe
- Geist-Seele
- Geist-Seele-Energie
- Bewusstseins-Wachstum
- Energie-Abenteuer
- Selbst-Anerkenntnis
- Neu-Schöpfung
- Neu-Erschaffung
- be-seelte
- er-füllt
- Liebes-Energie
- selbst-bewusst
- Selbst-Wert
- Selbst-Verständnis
- Gefühls-Ebene
- Mangel-Gedanke
- Nicht-Empfänglichkeit
- Nicht-Handeln
- Nicht-Tun
- Nicht-Sein
- ICH BIN
- ICH BIN, der ICH BIN
- Neues Bewusstsein
- Neue Energie
- Neue Zeit
- Neue Erkenntnis
- Neues Energiegesetz
- Neues Licht
- Neues Energiefeld

Geleitwort

Zu sich kommen – bei sich sein

In den Praxen klagen immer mehr Menschen, sie fühlten sich abgehetzt, erschöpft oder gar wie "ausgebrannt". Sie sehnen sich danach, "endlich mal wieder zu sich selbst zu kommen". (Weil sie fast immer woanders, kaum je bei sich selbst sind.) Und schon stehen sie vor der ersten wichtigen Entscheidung: Wollen sie zu ihrem Alltagsselbst zurückfinden, gestärkt weitermachen wie bisher? Dann bekommen sie Pillen, Kuren oder psychologische Anregungen zur Selbstoptimierung. Oder: Wollen sie auf ihre innere Stimme horchen, auf jenes Selbst, das wir schon waren, als wir "noch ein unbeschriebenes Blatt" waren? Eine echte Distanz zum wachsenden Sog der Welt werden wir nur dann finden, wenn wir uns selbst mindestens so ernst nehmen wie die Welt da draußen, wenn wir uns nicht länger mit den Augen der anderen betrachten, sondern uns mehr auf uns selbst besinnen. (Was mehr heißt, als einmal "in Ruhe über uns nachzudenken", sondern vielmehr: uns unsere volle Aufmerksamkeit schenken.)

"Es gibt ein Leben vor dem Tod", hat der bekannte Liedermacher Wolf Biermann einmal ketzerisch gesungen. Dabei hatte er zwar die kirchlichen Heilsversprechen im Visier und glaubte noch an den Sozialismus. Aber es geht eben nicht nur um den Himmel, sondern auch um alle Formen der Weltverbesserung, einschließlich der gerade "angesagten" individuellen Selbstverwirklichung im Sinne einer Glücksmaximierung - und damit alternativ um ein wachsendes Gespür für das eigene Wesen und das der anderen; um den eigenen Klang und den Klang des anderen. Und deren Zusammenklang. Es geht um die ganz eigene Stimme unter den vielen anderen und ihren Beitrag zur Symphonie der Welt. Dabei wird sich seelisches und geistiges Wachstum fast von allein ergeben, wodurch mancher Gang zu Ärzten und Therapeuten unnötig wird. Unsere Stimme wird aber nur dann ihren vollen Klang entfalten, wenn auch die dunklen Saiten, die Spuren alter Verletzungen, mitklingen (und dadurch spontan ausheilen, weil sie ausgedrückt werden).

Dieser geistige Raum ist in unserer Kultur Neuland, so dass Lehrer gefragt sind. Womit sich dem Zu-sich-selbst-Kommenden sogleich die schwierige Entscheidung für einen für ihn richtigen Lehrer stellt: Soll er unser soziales Selbst bedienen mit anderen Formen von Ideologie, Hierarchie, Macht (Guru)? Oder soll er ein Mentor sein, der den Gesetzen des Universums und jenem Selbst dient, das wir schon immer waren, bei allen Einschränkungen sind und sein werden?

Dieses Buch von Usha Gönnawein - El Ella - eröffnet den Raum, um Bei-sich-selbst-Ankommen zu üben und spielend menschlich zu lernen, schöpferisch mit den Energien und den 33 Energiegesetzen des Universums umzugehen, in offener Weite. Nichts von heilig.

Viel Spaß mit dem vorliegenden Werk und erhabene Erkenntnisse wünsche ich Ihnen!

Dieter Kallinke

Vorwort

Unser Leben hier auf dem schönen Planeten ist voller Menschen, die sowohl ein Potenzial als auch eine Aufgabe in sich tragen und nun Mittel und Wege suchen, diese in sich sichtbar und bewusst zu machen. Aus diesem Grund erschaffen wir uns jeden Tag Realitäten, die uns das eine, nämlich unser Potenzial, oder das andere, nämlich das, was wir lernen und erkennen sollen, deutlich vor Augen führen. Es obliegt den Menschen, beides zu erkennen und umzusetzen.

Unser menschliches Leben in dieser Gesellschaft ist geregelt durch gewisse Gesetze, die einzuhalten jeder sich bemüht, um einer Bestrafung bei Nichteinhaltung zu entgehen. Diese Gesetze sind niedergeschrieben, allgemein bekannt, sie werden angewendet und auf ihre Einhaltung wird geachtet, zur Aufrechterhaltung der geregelten Ordnung. Es ist das Handwerkszeug für das menschliche Leben miteinander, meistens zum Wohle der sozialen Gesellschaft, manchmal zum Schaden des Einzelnen, der diese Gesetze missachtet.

In dieser Zeit, in der der Himmel auf die Erde kommt und ein neues, tiefes Bewusstsein die Menschen erreicht, sollten wir uns mit den kosmischen Energiegesetzen vertraut machen, die uns an die Hand gegeben werden, um unser Handeln und damit unsere Aufgabe zu verstehen und danach zu leben. Diese Gesetze haben wir vor Urzeiten mit erlassen, als wir vollkommen in der Liebe und in der Weisheit zu Hause waren. Durch viele Leben und deren Erfahrungen haben wir uns eher den menschlichen, den politischen, den sozialen, den kirchlichen Gesetzen untergeordnet, im Unwissen um die kosmischen Energiegesetze. Jetzt ist eine Zeit gekommen, unser Leben aus der höheren Sichtweise bewusster zu verstehen, zu erleben und unsere Verantwortung für unser spirituelles Bewusstsein wieder zu übernehmen. Wir können jetzt unser Wesen und unser Menschsein mit innerer Harmonie durch das Wissen um die geistigen Gesetzmäßigkeiten des Kosmos vereinen und somit das Neue Bewusstsein zum Wohle aller gebären.

Wir können nur verändern, wenn wir wissen *was* und *wie*. Wir brauchen Handwerkszeug, um etwas zu verändern und Neues zu erschaffen. Dieses Buch möchte dieses Handwerkszeug liefern, um den Menschen die Möglichkeit zu geben, eine Situation aus der höheren Sichtweise der geistigen Gesetzmäßigkeiten zu verstehen und schließlich danach zu leben. Denn wer mit den geistigen Gesetzen lebt, erlebt eine Welt der inneren Harmonie, des Vertrauens, der Fülle und der Schöpfungskraft.

Mit diesem Anspruch und Anliegen erschien 2001 die 1. Auflage dieses Buches unter dem Titel "Dreiundrei§ig mal Aha", die schon seit längerer Zeit vergriffen ist. Seit nunmehr einigen Jahren wenden sich zunehmend Leser an mich mit der Bitte, die 33 Energiegesetze mit den Gesetzen der Neuen Zeit zu ergänzen. Ich komme dieser Bitte jetzt sehr gerne nach, denn es macht Sinn für mich, die 33 Gesetze in der Neuen Energie zu erläutern zum besseren Verständnis der Zeitenwende. Es ist mir ein Anliegen, die neuen Gesetze einem breiten Publikum als Wegweiser für ihr Leben in dieser Zeit und ihr spirituelles Wachstum in dem Neuen Bewusstsein anzubieten. Dieses Buch ist kein Ratgeber und kein Übungsbuch zur Verbesserung der allgemeinen Befindlichkeit, denn diese Bücher gibt es wahrlich genug auf dem Markt.

Mein Ziel ist es, meine Gabe, mein Wissen und meine Erfahrung sowohl aus der

- kosmisch-spirituellen (Geist),
- seelisch-emotionalen (Seele) und
- menschlich-materiellen (Körper) Ebene

mitzuteilen und jedes göttliche Wesen in Menschengestalt dabei zu unterstützen, ein liebevoller, friedvoller und freundlicher Mensch zu sein, der weiß, dass er mehr ist als dieser Körper in dieser Materie. Die einzelnen Energiegesetze werden aus diesen Ebenen heraus erläutert. Dies spiegelt sich auch im Aufbau der Kapitel wider. Die neuen Energiegesetze sind jeweils hervorgehoben.

Die Neue Energie ist der Träger des Neuen Bewusstseins und ist auf allen Ebenen zu Hause. Der Mensch hat jetzt die Möglichkeit, die Neue Energie zu erkennen, zu deuten und entsprechend anzuwenden. Die geistigen Gesetze helfen uns zu verstehen, warum wir sind, wie wir sind, was wir wie noch lernen dürfen und wie wir das Gelernte anwenden können, damit wir als Menschen unsere Göttlichkeit erkennen.

Bei dem Verstehen des größeren Zusammenhangs, wer wir sind und warum wir hier sind, sollen die geistigen Gesetze dieses Buches mehr Verständnis für Sie und Ihre geschaffene Situation vermitteln.

Ich wünsche Ihnen ganz viel Abenteuerlust beim Entdecken, wer Sie wirklich sind, und wenn Sie noch nicht wissen, wer Sie sind und warum Sie hier sind, so können Ihnen diese geistigen Gesetze eröffnen, welche Aspekte Ihr göttliches Sein noch verschleiern und wie Sie in diesem Leben doch noch werden können, wer Sie in Wahrheit sind.

Danke im Namen der Liebe.

1. Energiegesetz

Alles, was ich an einem anderen Menschen wahrnehme, entspricht mir. Ich kann an einem anderen Menschen nur das wahrnehmen, was mir entspricht.

Aus der Sicht der kosmisch-spirituellen Ebene:

In allen Menschen ist Liebe als Grundenergie des Seins: Ihr seid also Liebe. Dieses Gesetz habt ihr Menschen erschaffen, um euch daran zu erinnern. Durch viele Leben und erlebte Erfahrungen glaubt die Menschheit, gelernt zu haben, dass sie nicht Liebe ist oder dass es nicht reicht, was an Liebe in euch ist. Ihr Menschen habt viele Aspekte in euch, und ihr begegnet Menschen mit vielen verschiedenen Aspekten. Sie zeigen euch den Aspekt von sich, den ihr jetzt gerade braucht, um euch selbst zu erkennen und um daran zu wachsen. Einmal fühlt sich das für euch gut an und ihr freut euch, ein andermal regt ihr euch darüber auf, wertet das Geschehene und zweifelt an euch und an der geschaffenen Situation.

Ihr habt dieses Gesetz erschaffen, um euch daran zu erinnern, dass Gut und Schlecht nur Nuancen der Ganzheit sind. Wer das Dunkel nicht kennt, weiß nichts vom Licht. Somit begegnet ihr Menschen, die euch gerade den Teil von euch zeigen, in dem ihr gerade feststeckt. Da ihr diesen Teil an euch und in euch nicht selbst erkennen könnt, weil das Ego das verhindern will, weil es euch vor Kritik und Bewertung schützen will (von Liebe und

Einheit weiß das Ego wenig), begegnet ihr genau den richtigen Menschen zur richtigen Zeit.

Ohne das hohe Verständnis um dieses Gesetz werdet ihr Menschen euch ärgern, euch auch zurückziehen, euch schützen, euch verteidigen oder euch gar rechtfertigen. Ihr werdet euch kleiner oder größer machen wollen, um anerkannt zu werden. Ihr werdet versuchen, diese Enttäuschungen in zwischenmenschlichen Beziehungen weitestgehend zu vermeiden, indem ihr euch entweder zurückzieht, eine Maske aufsetzt oder ein Spiel spielt, um euer Menschsein zu schützen. Ihr werdet verletzt sein und sagen: "Was, so wie dieser Mensch ist, so soll auch ich sein? Niemals, ich bin anders, ich will nichts zu schaffen haben mit diesem Menschen, so bin ich nicht!" Und doch wird das Gesetz greifen, eure Seelen werden nicht ruhen, bis ihr euch über den Spiegel des anderen Menschen erkennt. Es geht nicht darum, so werden zu müssen, wie ihr den anderen Menschen wahrnehmt. Denkt daran, ihr könnt nur wahrnehmen, was euch entspricht, ihr seid der Resonanzboden für die Energie des anderen. Welches Spiel oder Stück spielt ihr? Erst wenn ihr selbst ganz seid in eurem Menschsein, könnt ihr die Ganzheit des Gegenübers erkennen. Erst wenn ihr wisst, wer ihr seid, wisst ihr, wer der andere ist. Erst wenn ihr selbst eure Seele fühlen und erfassen könnt, könnt ihr dies auch bei dem anderen Menschen. Er ist, was er ist, ob ihr es anerkennt oder nicht, und ihr seid, was ihr glaubt zu sein. Dieses Gesetz zeigt euch, was ihr auch seid oder noch nicht seid. Aus der höheren Sicht dient dieses Gesetz der Selbsterkenntnis und nicht der Bewertung oder Verurteilung. Wir wissen um die Dynamik dieses Gesetzes. Wir verurteilen nicht. Wir tun das nicht. Warum tut ihr es?

Wenn ihr einem Menschen begegnet, den ihr zum Beispiel als sehr eingebildet und arrogant wahrnehmt, so werdet ihr diese Wahrnehmung als erste Beurteilung über diesen Menschen abgeben. Ein anderer Mensch wird vielleicht denselben Menschen als sehr liebevoll bezeichnen. Wie ist das möglich? Jeder Mensch nimmt an dem anderen das wahr, was ihm entspricht, folglich sind beide Wahrnehmungen richtig. Der Mensch, der selbst nicht arrogant ist, nimmt das Gegenüber nicht als arroganten Menschen wahr, auch wenn andere das behaupten. Der andere Mensch, der das Gegenüber als arrogant bezeichnet, ist selbst arrogant, egal ob er es an sich selbst wahrnimmt oder nicht. Arroganz ist eine Ego-Energie, und das Wesen in euch möchte das transformiert wissen. So schickt euch eure Seele einen Spiegel, ein Gegenüber, an dem ihr vielleicht 60 Prozent Arroganz wahrnehmt, nur um in euch einen arroganten Teil mit vielleicht nur zehn Prozent zu erkennen. Denn wenn ihr diesen Teil in euch erkennt, ihn euch bewusst macht, dann könnt ihr ihn ändern. So seid ihr eurer Liebe näher gekommen. Und manchmal braucht ihr einprägsame Erlebnisse, um der Erkenntnis willen. So gesehen ist jeder Mensch für euch ein Helfer, ein Lehrer, und ihr seid dies für den Menschen gegenüber auch - und zwar so lange und immer wieder, bis ihr alle eure Schattenteile durch Wissen und bewusstes Handeln in euch transformiert und ins Licht geführt habt.

Aus der Sicht der seelisch-emotionalen Ebene:

Die Seele will sich zum Ausdruck bringen - immer. Sie tut dies über unsere Emotionen, Gesten und über das gesprochene Wort. Wenn die Seele etwas stört, das für sie nicht im Einklang ist, dann versucht sie, über ein Gegenüber die Gefühle in uns anzusprechen, die nicht im Einklang mit unserem Wesen sind. Was uns an dem anderen nicht gefällt, entspricht uns und unseren nicht geklärten Anteilen. Das ist harter Tobak für mein Ego. Das Ego bewertet sofort in Gut und Schlecht, Richtig und Falsch. Die seelisch-emotionale Ebene will uns nur aufwecken, uns zeigen, wo wir noch etwas verstecken und nicht im Fluss sind. Dieses Gesetz öffnet uns die Augen für unser unmittelbares Umfeld, wir gehen bewusster und feinfühliger mit uns und den anderen um. Wir lernen, dass alles, was geschieht, einen Sinn hat und wir nicht willkürlich dem Schicksal ausgeliefert sind. Wir erkennen, dass wir die Wahl haben zwischen Wertung und Wachstum. Es ist nicht leicht, das, was uns nicht gefällt, anzuerkennen als einen Teil von uns, der sich bisher versteckt hat. Da kommen Emotionen hoch, die wir lange versteckt hielten, für die wir uns gar schämten, und genau das ist es, was dieses Gesetz bewirkt.

Ohne uns zu bewerten, erlaubt uns das Gesetz, über unsere Emotionen hinaus zu fühlen, zu erkennen und zu verstehen. Unser Gegenüber ist insofern unser Spiegel, der sich zur Verfügung stellt, um unsere unerlösten Teile in uns ins Bewusstsein zu holen.

Wir werden ehrlicher, wenn unsere Gefühle zum Ausdruck kommen, die durch den Spiegel in Form eines anderen Menschen in uns hervorgeholt werden. Wir werden dadurch berührt und es wird uns bewusst gemacht, dass Dankbarkeit für uns und das Erkennen der Schatten liebevoller sind als Bewertung. Dadurch erkennen wir, dass Wertungen unserem eigenen Schatten nicht behilflich sind, ins Licht zu gehen. Nur Liebe und Akzeptanz unserer Ganzheit helfen uns ins Licht.

Aus der Sicht der menschlich-materiellen Ebene:

Aus dieser Ebene heraus bewirken die Anerkennung und die Erkenntnis dieses geistigen Gesetzes, dass ich auf der menschlichen Ebene dankbar bin für die Erkenntnis der Spiegelfunktion.

In der jetzigen Neuen Energie übernimmst du die Verantwortung für dich und alles, was du darstellst. Das heißt, du übernimmst die Verantwortung für dein Sagen und Tun. Du liebst deine Schatten ebenso wie die guten Eigenschaften in dir. Du versteckst nichts, du stehst dazu im Mitgefühl für dich selbst und drückst dich über das Mitgefühl zu dir entsprechend aus. Du erkennst die Chance zur Klärung der unerlösten Teile in dir durch die Provokation deines Gegenübers. Also gehst du ehrlich und dankbar mit der Neuen Erkenntnis und dem Neuen Bewusstsein um und liebst dich für dein Wachstum.

Diese Arbeit an dir selbst hat zur Folge, dass du irgendwann nur noch Spiegeln begegnest, die das Positive in dir verstärken, und du dich nicht mehr verstecken und verbiegen musst. Jegliche Form negativer Energie erreicht dich nicht mehr, weil sie sich nicht mehr an negativen Teilen in dir selbst anheften kann.

Denn alles, was du je geschaffen hast, war von dir gewollt und sinnvoll, auch wenn es dir jetzt nicht mehr dient und zur Transformation gelangen soll durch die Erkenntnis des ersten Gesetzes.

Meine Gefühle sind meine Lehrmeister.
Ich habe sie, aber ich bin nicht meine Gefühle.
Sie zeigen mir, wo ich im Fluss bin und wo ich stocke.

Deine Wahl entscheidet über dein Sein.

Du weißt: Es ist nicht die physische Veränderung,
die zuerst kommt. Zuerst kommt das Bewusstsein
und dann die Veränderung im Physischen –
immer, denn Bewusstsein ist nicht teilbar!
Im Gegensatz zur kosmischen Liebe,
die sich als einzige Energie vervielfältigt,
wenn sie gegeben wird.

2. Energiegesetz

Jeder Mensch erschafft seine eigene Wirklichkeit mit Hilfe seiner Vorstellungen, seiner Erfahrungen, seiner Schattenteile oder Glaubensmuster und seiner Wünsche.

Aus der Sicht der kosmisch-spirituellen Ebene:

Jeder Mensch hat im Leben die Wahl, sich für die Angst oder für die Liebe zu entscheiden. Jeder Mensch erschafft seine Wirklichkeit oft unbewusst, nämlich entweder aus den Quellen seiner gemachten Erfahrungen heraus, die angstbesetzt waren, oder aber aus den Erfahrungen, die der Mensch aus und mit der Energie der Liebe gewonnen hat.

Die Erfahrungen und Vorstellungen eines Menschen können ihn - aus der menschlichen Perspektive betrachtet - gedemütigt, entwürdigt, verletzt oder ohnmächtig gemacht haben. Und dieser Mensch wird versuchen, diese "angeblichen Fehler" nicht mehr zu wiederholen, er ist vorsichtiger geworden. Besser wäre es, er wäre bewusster geworden! Nämlich in dem Bewusstsein, dass er sich selbst seinc Wirklichkeit erschafft und dass seine Seele nicht will, dass er leidet, sich selbst infrage stellt oder gar ohnmächtig wird und somit nicht mehr entsprechend seinen Anlagen handeln kann.

Dieses energetische Gesetz gibt dem Menschen wieder die Macht und auch die Verantwortung für sein Tun an die Hand. Ihr Menschen werdet durch die Erinnerung an und durch die Einhaltung dieses Energiegesetzes und anderer Energiegesetze wieder zum Schöpfer eures Lebens. Ihr "erschafft", was ihr braucht, ihr wartet nicht traurig ab, dass das "liebe Universum" oder alle Engel etwas für euch tun. Ihr handelt und erschafft. Der bewusste Mensch, in Erinnerung der kosmischen Gesetze, weiß, dass er sich alles, aber wirklich alles, was ihm widerfährt und geschieht, selbst gewählt und erschaffen hat, um daran zu wachsen.

Ein bewusster Mensch erschafft mit den Qualitäten seines Herzens und seiner Seele. Er erschafft nicht mit seinem Ego-Willen und nur aus rein logischen und analytischen Vorstellungen. Dieser Mensch weiß, dass Affirmationen, stetig wiederholt, zur Erfüllung der Wünsche nichts beitragen. Spezielle Wünsche können nicht erfüllt werden, wenn ein unbewusster Schattenteil oder ein Glaubensmuster dieser Wunscherfüllung im Wege steht. Wünsche werden nicht aus dem Grund nicht erfüllt, weil die Seele oder das Wesen dies nicht gestattet, im Gegenteil: Die Seele will, dass der Mensch Fülle, Erfolg und Selbstwert im menschlichen Sein zum Ausdruck bringt. Doch Wünsche, die dem Lebensplan des Menschen entgegenstehen, werden von der geistigen und seelischen Ebene nicht erfüllt werden. Der Mensch würde sich sonst nicht seinem Plan entsprechend entwickeln und könnte schlussendlich mit dem erfüllten Wunsch gar nicht umgehen. Ja, wahrscheinlich würde die Erfüllung des Wunsches sogar seine weitere Entwicklung behindern oder sie ins Stocken bringen.

Solange ein Mensch glaubt, dass er etwas braucht, um glücklich zu sein, ist er nicht auf der Suche nach sich selbst, um dieses Glück und den Frieden in sich und seinem Selbst zu finden. Er wird seine Wunscherfüllung immer nach außen richten.

Nun gibt es kaum einen Menschen, der keine Wünsche hat. Auf diesem Weg unterstützt die Seele die Wünsche der Menschen als Verstärker für dessen eigene Entwicklung. Erfüllte Wünsche machen bewusste Menschen dankbar und demütig, mitfühlend und verständnisvoll. Nicht erfüllte Wünsche bringen Menschen oft an ihre Grenzen. Dann haben die Menschen eine Wahl zu treffen: Sie können sich entweder ohnmächtig, zornig, ärgerlich, enttäuscht fühlen oder achtsamer, tief fühlender, verstehender und bewusster.

Was nützt euch Menschen ein Wunsch, der seine Erfüllung findet, wenn eure Glaubensmuster oder Schattenteile euch das so ersehnte Ziel, den verwirklichten Wunsch wieder streitig machen - oder wenn euer Wachstum dadurch blockiert wird, weil es nicht eurem Lebensplan entspricht? Die Kraft, die auf unerfüllte Wünsche gerichtet wird, sollte besser zur bewussten Schöpfung in eurem Leben eingesetzt werden. Wenn ihr glaubt, dass das, was ihr schöpft, euch wieder genommen werden kann, von wem oder was auch immer, dann werdet ihr euer Schöpfungsziel nie erreichen.

Nichts wird euch genommen, was euch gehört, und was ihr mit Bewusstsein, mit Geist und Liebe erschafft, kann euch niemand nehmen, auch ihr selbst nicht. Das Einzige, was ihr euch nehmen könnt, ist das, was euer Ego, euer Verstand, euer Mangelbewusstsein, euer Ich-Bewusstsein glaubt, nicht annehmen zu können. Oft glaubt ihr, Dinge oder Energien haben zu müssen als Ausgleich für eure fehlende eigene Fülle, eure eigene Herrlichkeit, eure Eigenliebe - um den Preis, dass ihr euch selbst dabei verliert. Alles, was euch widerfährt, alles, was ihr erlebt, ist auf unbewusster, auf höherer Ebene mit euch abgesprochen, abgesegnet und bewilligt. Ihr bekommt, was ihr braucht. Eure Aufgabe besteht darin, dies zu wissen und anzuerkennen, anstatt gegen das, was ihr erschaffen habt, anzukämpfen und es kontrollierend verändern zu wollen. Versteht, warum ihr diese Umstände und Situationen braucht und verursacht. Was könntet ihr daraus lernen? In welcher Hinsicht dient die von euch geschaffene Wirklichkeit eurem geistigen Wachstum? Schaut euch eure Realitätsschaffung genau an und entscheidet, ob ihr glücklich seid mit dieser Wirklichkeit oder nicht. Seid ihr glücklich, zufrieden und dankbar, dann habt ihr es! Wunderbar! Dann zeigt auch den Mitmenschen, wie es geht!

Ihr wisst jetzt, dass eure Gefühle euch zeigen, wo ihr euch selbst im Wege steht. Eure Gefühle zeigen euch, wo ihr ichbezogen denkt, wo ihr Glaubenssätzen vertraut, die für eure geistige Entwicklung keine Gültigkeit mehr haben. Eure Wünsche zeigen euch auch sehr effektiv, wo ihr hinwollt, wie eure Träume aussehen, was ihr wirklich braucht für eure Entwicklung. Eure schmerzvollen Erfahrungen zeigen euch, was ihr verändern könnt, wo ihr ehrlicher, mutiger und liebevoller euch selbst gegenüber sein könntet. Doch wisset auch, dass Veränderungen, für die ihr euch entscheidet, auch bald Veränderungen in eurer äußeren Welt nach sich ziehen werden.

Durch die Anwendung dieses Gesetzes werdet ihr ein bewussterer Mensch sein, der mehr Mut zur Wahrheit und Unabhängigkeit besitzt und in seinem gesteigerten Selbstwert und in seiner natürlichen Würde mit Charisma durchs Leben geht. Ihr werdet euer eigener Herr sein, denn ihr lernt, die Schöpfungsenergie zu handhaben. Ihr entdeckt, dass euer Potenzial euch dient, euch führt und euch nährt. Ihr erkennt, dass die Zeit in der Materie euer Diener ist, weil eure Seele zeitlos existiert. Welche Wende in eurem Leben geschehen kann, wenn ihr euch für euer geistiges Wachstum entscheidet, werdet ihr als Menschen erfahren! Ihr werdet die gelebte Spiritualität erfahren. Ohne Knechtschaft eures Egos werdet ihr die Illusion durchschauen und diese wird euch in eurer Materie dienen. Habt Mut, ihr könnt dabei nur euer Wesentliches gewinnen, erkennen und es lieben, ohne dafür etwas Wesentliches verlieren zu müssen.

Aus der Sicht der seelisch-emotionalen Ebene:

Durch dieses Gesetz lehrt uns unsere Seele, dass wir die Schöpferkraft bewusst anwenden können.

Verdienen wir es uns zu dienen – und dienen wir zuallererst uns, dem, der wir sind oder der wir glauben zu sein. Denn dann haben wir es verdient zu dienen.

Aus Sicht der Seele ist alles, was wir sind, Energie. Und alles, was wir handhaben, handhaben wir in Wirklichkeit in energetischer Form. Im Universum ist genügend Schöpferenergie vorhanden, der wir uns bedienen können, um in Liebe und Fülle unser Menschsein zu befruchten. Denn nur der Mensch, der etwas besitzt, kann etwas geben, und dieses Gesetz gilt sowohl für alle Energien wie die Liebe als auch für unsere materiellen Dinge. Wir machen da keinen Unterschied, denn alles ist Energie und besteht aus Energie: materialisierter und feinstofflicher Energie. Es ist, was es ist: Energie.

Erst durch die Erinnerung an unsere Schöpfungskraft, die in unseren Gedanken, unseren Gefühlen, unseren gesegneten Erfahrungen und Schattenteilen immer und überall vorhanden ist, können wir eine Realität für uns erschaffen, die uns und anderen dient. Eine Wirklichkeit zu erschaffen, die uns zufrieden und freudvoll macht, ist unsere vordringliche Aufgabe zum Erhalt der Liebe und des Friedens auf der Welt. So geben wir gerade, was wir haben und wer wir sind - in völliger Übereinstimmung mit unserer eigenen Wahrnehmung. Denn wir wissen, wir erschaffen jeden Moment neu, die Liebesenergie versiegt nie, es ist genügend Energie im Kosmos da, für alle Menschen, für alle Ebenen, in allen erdenklichen Situationen und Erfahrungen zu deren Vervollkommnung.

Dieses Gesetz gibt uns die Erinnerung daran zurück, dass wir die Wahl haben. Es gibt uns die Macht zurück, innerhalb unseres gewählten Plans mit Wirklichkeiten in dieser Illusion zu spielen. Dieses Gesetz gibt uns die Erinnerung daran zurück, dass wir erschaffen können, immer und immer wieder. Und wenn uns das Erschaffene nicht gefällt, erschaffen wir neu - im steten Wissen um die Unterstützung unserer Seelen. Unsere seelische Ebene gestattet es uns, spielerisch zu handeln, auszuprobieren und daran zu erkennen und zu wachsen. Das Gesetz erinnert uns daran, dass alles möglich ist, was uns und anderen dient. Das Wort "unmöglich" haben die Menschen erfunden, Gott sagt niemals nein.

Wir experimentieren, wir erschaffen, wir machen gute und weniger gute Erfahrungen. Wir fühlen, wir übertreiben, wir gleichen aus. Wir machen auch Fehler. Aber genau dadurch lernen wir, das Wesentliche vom Unwesentlichen zu unterscheiden. Wir lernen, dass wir nicht krampfhaft festhalten und verteidigen müssen, was uns jetzt nicht mehr dient. Zu jeder Zeit können wir aus unserer Schöpfungskraft heraus schon morgen Neues erschaffen.

Wenn deine Seele in diesem Leben nicht die Erfahrung von Armut machen will, kannst du so viel Fülle erschaffen, wie du möchtest, solange es mit deinem Seelenplan konform geht. Du bist in diesem Leben nicht das Kind in Afrika, das um eine Schüssel Reis bittet. Gott sei Dank, das liegt hinter dir. Du sollst teilen lernen und Mitgefühl entwickeln mit diesem Kind. In diesem Leben lebst du in einem Sozialstaat und kannst mit Ruhe und gefülltem Bauch dieses Buch lesen. Die Seele schickt dir Emotionen, damit du lernst, was gut ist für dich und was nicht. Gleichzeitig erinnert sie dich daran, dass du Mitgefühl haben solltest mit den Menschen, die in den Situationen stecken, die du als Erfahrung hinter dir gelassen hast. Hättest du diese Situation nicht erlebt, könntest du dafür gar kein Mitgefühl entwickeln.

In diesem Gesetz fordert dich deine Seele dazu auf, gerade jetzt in der Neuen Energie nach vorne zu schauen und alte Verhaltensmuster und Glaubenssätze wie zum Beispiel "Du hast es nicht verdient" zu überwinden. Du hast schon gelitten – jetzt geht es ans Schöpfen!

Aus der Sicht der menschlich-materiellen Ebene:

Wenn du etwas erschaffen willst, dann geht das nur in Zusammenarbeit mit deinem Geist und deiner Seele. Beide Energien sind der Garant für Realitätsschöpfung der höchsten Form. Du solltest dafür sorgen, dass in deinem Herzen ein Gefühl der Dankbarkeit und der eigenen Wertschätzung entsteht – in demütiger Anbindung an das Universum. Auf diesem Gefühl heraus unterrichtest du den

Kosmos von deinen Wünschen und Sehnsüchten. Wenn du dieses Gefühl der Wertschätzung und der Dankbarkeit in dir aufrechterhalten kannst, wird dir das Universum jeden Wunsch erfüllen, der nicht gegen deinen Seelenplan spricht.

Jegliche Gefühle von Angst, Misstrauen, Geiz und Wehmut verhindern, dass deine Schöpfung Realität wird. Die Energie der Schöpfung kennt diese negativen Gefühle nicht. Denn Schöpfung basiert auf der Energie von Bewusstsein und kennt keine Emotionen. Der Geist erschafft, und deine Seele zeigt dir durch deine emotionale Wahrnehmung auf, wo es noch Barrieren oder "Altlasten" gibt, die der Erfüllung deiner Wünsche im Wege stehen.

Dieses Gesetz erinnert dich als Mensch daran, dass du kein Opfer deiner erschaffenen Umstände bist. Du hast die Wahl, zu schöpfen oder zu leiden. Die Neue Energie macht dir deutlich klar, dass du realisieren kannst, was dir und der Welt dient - zum Wohle deines Lebens oder deiner Umwelt. Das Gesetz zeigt dir auch auf, dass genug Energie der Liebe, des Friedens, der Fülle und Freude - auch zur Erschaffung materieller Dinge - vorhanden ist. Denn das Gesetz besagt: Geist erschafft Materie. Das Gesetz zeigt auch auf, dass Geben und Nehmen im kosmischen Fluss sein müssen. Also, was kannst du geben? Mitgefühl, Anteilnahme, Menschlichkeit, Respekt und ganz viel All-Liebe für "alles, was ist".

Ein Schöpfer gestaltet neu, was ihm nicht gefällt. Du warst und bist ein Schöpfer aus der einen Quelle, der angetreten ist, in der Materie in diesem Körper Erfahrungen zu machen - Erfahrungen, die dir dazu dienen, verschiedenste Emotionen, Strukturen, Körperlichkeiten und schlussendlich alle selbst geschaffenen Hürden zu überspringen und wieder der Mitschöpfer des Universums zu werden. Dadurch verbindest du Geist, Seele und Körper. Die Neue Energie hilft dir, Altes zu erlösen und Neues zuzulassen. Du darfst als Mensch die Erfahrung machen, dass Schöpfung in der Neuen Energie leichter und schneller vonstatten geht als jemals zuvor. Jeder Mensch hat die göttliche Schöpfungsenergie in sich und entscheidet, wie er mit dieser Kraft umgeht. Teile deinen Spirits mit, was du erschaffen möchtest, und sie werden dir alle zur Seite stehen, damit du die Erfahrung des Erschaffens als Mensch in dieser materiellen Ebene erleben kannst.

Du bist kein Opfer,
das war niemals in deinem Lebensplan.

Was du säst, wirst du ernten.
Die Neue Energie unterstützt diesen Prozess unmittelbar.

Ihr habt die Wahl, und das ist die Gnade des Kosmos!

Mitgefühl heißt nicht Mitleiden,
sondern Mitgefühl aus Sicht der Seele heißt:
Segne jeden dieser Menschen für die Wahl
seiner Erfahrung, die er in diesem Leben machen will,
auch wenn dies bedeutet, Armut zu erfahren.

Entwickle Dankbarkeit und Demut für das,
was hinter dir liegt, und für das, was noch vor dir liegt.

Der Mensch kann sich nur in seinem
geistig-seelischen Teil ausbreiten und
unterliegt somit der Eigenverantwortung
bezüglich seiner Schöpfung.

3. Energiegesetz

Geist erschafft Materie.

Aus der Sicht der kosmisch-spirituellen Ebene:

Alles ist Energie. Energie geht immer den Weg des geringsten Widerstands und strebt zur Vervollkommnung.

Energie ist eine lebendige, intelligente Bewusstseinseinheit. Sie ist mit den physischen Augen nicht sichtbar, für sensible Menschen jedoch fühlbar, für sensible Apparate inzwischen messbar. Energie kommt aus dem Geist, will Geistiges in Materielles verwandeln, um dem Geist und der Ganzheit zu dienen, und bleibt doch Energie.

Am Anfang war das Wort, und das Wort kam vom Geist. Und das Wort wurde Fleisch, somit wird Materie über den Geist erschaffen.

Nun verwechseln viele Menschen Verstand mit Geist und Geist mit Verstand. Der Verstand ist begrenzt, der Geist ist grenzenlos, der Verstand wägt ab, der Geist begeistert uns durch seine Inspiration.

Der Verstand beschert euch keine Antworten auf eure Fragen und keine Lösungen für eure Probleme. Er beschert euch immer neue Fragezeichen, bis ihr oft vor lauter Nachdenken ganz wirr im Kopf seid und aufgebt. Gut, denn jetzt kann der Geist hinein und euch seine Inspiration, seine Lösungen übermitteln. Dieses bringt euch zu Aussagen wie: "Ich hatte einen Geistesblitz!" Oder: "Wer hätte das gedacht, darauf wäre ich nie gekommen!" Oder: "So habe ich das nie gesehen, die Lösung ist so einfach!" Oder: "Was habe ich mir den Kopf zermartert, warum bin ich da nicht gleich darauf gekommen?"

Ihr Menschen wisst alle, dass ihr einen Geist habt. Es ist nicht die Frage, ob ein großer oder ein kleiner Geist existiert. Einen großen Geist besitzt der Mensch, der in seinen Gedankenstrukturen ruhig wird und Platz macht für die höhere Sichtweise des Geistes, diesen einlädt, sich auf ihn verlässt, um sich an ihm zu erfreuen. Der Geist in euch möchte, dass ihr euch erinnert, dass auch ihr geistige Wesen seid und mit geistiger Hilfe erschafft. Hier unten auf der Erde erschafft ihr vorzugsweise Materie, damit auch eure Sinne sehen, fühlen, riechen, schmecken, was der Geist und ihr erschaffen habt, denn nur so kommt Freude auf.

Ihr Menschen wisst, dass der Geist mächtig ist. Da ihr aber unter "falschen" geistigen Mächten gelitten habt, hütet ihr euch vor der Macht, und damit hütet ihr euch vor eurem Geist, eurem Schöpfungsinitiator. Er ist euch suspekt. Ihr sucht euch lieber sogenannte "geistige Führer", die euch sagen, was ihr tun sollt, und lehnt somit eure geistige Verantwortung ab. Die Geschichte hat euch gezeigt, wohin das führen kann. Ihr könntet selbst euer geistiges Potenzial entdecken und in Frieden und Unabhängigkeit leben.

Geist ist eine Energie außerhalb eures begrenzten Verstandes. Diese Energie des Geistes zeichnet sich aus durch kristalline Klarheit, weise Logik, liebevolle Weisheit und Treue zu sich selbst. Der Geist lässt sich nicht beeindrucken, er ist nicht käuflich erwerbbar, er bewertet nicht, er verhandelt nicht, er entschuldigt sich nicht. Er weiß, er ist der Geist: der Weise, der allesumfassende, der Verstehende, der Erschaffende, der Wirkliche, der Wahrhaftige, der Schöpfende.

Seine Freunde sind die Seele und der Körper; er wirkt in allem, durch alles und mit allem. Denn

der Geist ›› erschafft,
die Seele ›› inspiriert,
der Körper ›› erfährt.

Der Geist hat die Kraft, die Seele hat die Liebe, der Körper hat das Gefühl. Alle drei zusammen bilden im Menschen ein gutes Team und somit eine Einigkeit - Einheit. Der Geist erschafft im Menschen die Idee und gibt ihm die Kraft, diese zu verwirklichen. Ihr kennt diese Kraft, die euch mit Freude und Vertrauen zu neuem Tun motiviert, als könntet ihr Bäume ausreißen. Der Geist übermittelt diese Idee, diese Motivation an die Seele, diese gibt ihren Segen, ihre Liebe, ihre Achtsamkeit, ihr Vertrauen, ihre Geduld und ihre Freude dazu. Dann bringen beide diese Energien nach außen in den Körper, der es umsetzt, der es tut, und durch das Tun erfährt der Körper Wissen. Durch Erfahrung und erlebtes Wissen erlangt ihr Weisheit. Der Körper erfährt, dass er erschaffen kann, und das Erschaffene dient dem Körper. Es geschieht eine Umkehr.

Nichts ist wie vorher: Der Körper schafft und schafft und erschafft doch nicht wirklich, weil Geist und Seele nicht beteiligt sind. Im Körper allein, ohne Beteiligung von Seele und Geist, kann keine rechte Freude aufkommen, und der Körper fühlt sich allein, immer in der Angst, wenn er krank oder schwach wird, das scheinbar Erschaffene wieder zu verlieren. Der Körper anerkennt nur die materielle Ebene, nämlich das, was er sehen, fühlen, anfassen kann. Erst durch die Anbindung des Körpers an eure Wesenheit, sprich an Seele und Geist, erfährt der Körper sich als Tempel. Erst dann gibt er sich ein, fühlt sich geborgen, geliebt und schön. Er verändert mehr und mehr sein Aussehen, er wird jünger, transparenter, charismatischer, strahlender.

Also ist es demnach auch so, dass alle Körper, die mit Schwäche, Krankheit und Schwere reagieren, nicht an ihre Heimatenergie, an

Geist und Seele, angeschlossen sind. Die Energien, die den Körper erschaffen haben, ihn nähren und schützen möchten, erreichen den Körper nicht. Der Körper glaubt an den Verstand. Beide sind in der grobstofflichen Ebene zu Hause. Der Verstand kann den Körper mit Logik überzeugen, aber nicht heilen. Heilung, Weisheit, Vertrauen sind in der feinstofflichen Ebene zu Hause, und der Körper nimmt diese Schwingungen über das Gefühl, nicht über den Verstand wahr. Der Körper sehnt sich nach dieser Liebesenergie und hat doch Angst, sich in der grobstofflichen Ebene zu verlieren. Der Geist ist der Ursprung, aus dem alles geschaffen wird, er zeigt die wahre Ursache des Erlebten auf. Wenn ihr Menschen aus der äußeren, grobstofflichen, materiellen Ebene zurücktretet und die feinstoffliche Ebene des Geistes einladet, so werdet ihr immer erfahren, warum ihr euch dieses und jenes erschaffen habt oder dieses und jenes noch nicht euer Eigen nennt.

Im Gegensatz dazu erkennt ihr, wie ihr erschafft, wenn ihr nachvollzieht, wie und was ihr denkt. Der Verstand bemüht sich immer nur um Veränderungen und Entscheidungen auf der materiellen Ebene, um somit Enttäuschungen des Ego-Körpers zu verhindern oder zu mildern.

Wenn ihr euch einen kranken Baum vorstellt, den ihr erhalten möchtet, so arbeitet der Verstand an der Rinde, an den Wurzeln und Zweigen und versucht dieses und jenes und probiert vieles aus. Der Geist nimmt den ganzen Baum und verpflanzt diesen in eine fruchtbare Erde oder er bedankt sich bei dem Baum, der seinen Dienst getan hat, und pflanzt einen anderen Baum, der jetzt besser zu dem Menschen und seiner Umgebung passt.

Der Verstand bewegt sich in Grenzen, er rechnet, wägt ab, schafft neue Fragezeichen, ist immer am Überlegen und bildet sich ein, die Aufgabe von Kontrolle und Analyse erfüllen zu müssen. Er setzt Hingabe mit Dummheit und Wertlosigkeit gleich. Er weiß nicht, dass die wahren Wunder der Geist bewirkt, er weiß nicht, dass der Geist aus der Urquelle heraus erschaffen kann, was der Verstand für unmöglich hält.

Aus der Sicht der seelisch-emotionalen Ebene:

Dieses Gesetz erinnert uns daran, dass wir mehr sind als unser Körper, dass wir mehr sind als unser Verstand. Und dass wir, wenn wir dieses Gesetz verstehen und anwenden, durchaus der Lenker unseres Schicksals sind.

Dieses Gesetz fordert uns auf, an das Höchste in uns zu glauben, mit unseren Energien zu spielen, zu erschaffen, was uns dient, und uns daran zu erfreuen. Und wenn es uns nicht mehr dient, etwas Neues zu erschaffen. Es fordert uns auf, die menschlichen Maßstäbe, Ängste, Drohungen, Bedrohungen, Grenzen und Vorsichtsmaßnahmen zu überwinden und das zu leben, was wir sind: schöpferische, spielende, mutige, staunende Kinder, ohne Angst vor der Macht der Schöpfungsenergie. Diese Angst kommt vom Verstand und ist unbegründet, weil unser Wesen und unsere Menschlichkeit sich nur so viel Macht aneignen können, mit wie viel wir im kosmisch-energetischen Sinn umgehen können. Wir bekommen so viel Macht, wie wir vertragen können - nicht mehr und nicht weniger. Denn die wahre Macht ist die Macht der Liebe - nicht die Macht der Zerstörung und des Egos und des Verstandesbewusstseins.

Dieses Gesetz hebt uns hoch in den seelisch-göttlichen Status. Es erinnert uns an unsere eigene Göttlichkeit, es zeigt uns, dass alles EINS ist. Wir kommen aus der Schöpfungsenergie, aus Samenzelle und Ei, und wir lernen durch Erfahrungen in der grobstofflichen Energie, sprich in der Materie, und werden so wieder zu Schöpfern und EINS mit dem Ursprung.

Wir haben in dieses Leben viel Potenzial und liebevolle Macht mitgenommen, wir versuchen, das Beste daraus zu machen, und zeigen anderen Menschen, die es wissen wollen, wie es geht!

Aus der Sicht der menschlich-materiellen Ebene:

Geist ist Bewusstsein und bedient sich der Seele und somit der emotionalen Wahrnehmung des Körpers, um diese geistig-bewusste Energie lebbar zu machen. Blockaden, die weniger Energie besitzen als der Geist, transformiert dieser mit einer Ausnahme: wenn die Blockade dir als Lernmuster eingebaut wurde, damit du wissentlich wachsen kannst und an der Erfahrung reifst.

Du besitzt Geist und Seele; der Geist bedient sich der Seele, um zu erschaffen. Um den Geist zu entdecken, musst du deine Seele fühlen. Also werde still, schicke den Verstand auf eine andere Autobahn! Gehe in dich, fühle dein Herz, deine Seele, dein Zuhause in dir. Sei ruhig und geduldig, dein Geist wird bei dir in deinem Herzen, wo deine Seele zu Hause ist, anklopfen, und im Team stehen sie dir und der Verwirklichung deiner Wünsche zur Verfügung.

Sie gehören dir, du besitzt sie, sie kommen aus der Quelle wie du, egal welchen Körper du gerade bewohnst. Der erschaffende Geist in Verbindung mit der liebenden Seele möchte dir ein erfülltes, unbeschwertes Leben schenken. Vertraue daher dieser Energie, dieser Kraft, arbeite mit Geist und Seele und verändere deine Wirklichkeit. In diesem Energiefeld des Vertrauens kannst du nichts falsch machen.

Was du auch tust – das Universum tut es besser.

Was du auch glaubst – das Universum weiß es besser.

Was du auch entscheidest – das Universum führt es besser.

Was du auch planst – das Universum organisiert es besser.

Ein Schöpfer kontrolliert niemals die Energie,
er nimmt sie auf und spielt mit ihr.

Eure Intuition ist ein guter Impuls,
der eingebettet ist und getragen wird von
Mitgefühl, Güte, Nächstenliebe, Vertrauen,
Hingabe und Wertschätzung.

4. Energiegesetz

**Bewusstsein erschafft Bewusstsein.
Bewusstsein zieht Bewusstsein an.
Oder: Gleiches zieht Gleiches an!**

Aus der Sicht der kosmisch-spirituellen Ebene:

Aus der kosmischen Sicht ist Bewusstsein das höchste Gut des Menschen. Ein Mensch mit Bewusstsein weiß, wer er ist, und handelt dementsprechend. Eure Lektionen sind nun so aufgebaut, dass ihr in vielen Leben erfahren wollt, wer und was ihr nicht seid, bevor ihr den Sprung in eure Größe, in eure Bewusstheit wagt. Somit sind auf der Erde viele Menschen mit unterschiedlichem Bewusstsein inkarniert, alle mit einem Ziel: Sie wollen wissen, wer sie sind.

Bewusster werdet ihr durch erlebte Erfahrungen, durch Erfahrungen, die ihr mit bestimmten Menschen in bestimmten Situationen in eurem Leben macht. Ihr Menschen macht euch ein Bild von euch und tragt dieses Bild in eure Wirklichkeit hinein. Ihr tut alles, um dieses Bild von euch aufrechtzuerhalten, damit ihr euch mit diesem Bild, das ihr von euch habt, auch identifizieren könnt. Dieses Bild von euch erschafft ein Bewusstsein von euch selbst, und ihr zieht automatisch Menschen an, die das gleiche Bewusstsein von sich selbst haben. Eine Weile fühlt ihr euch verstanden, aufgehoben, nicht mehr allein – bis zu dem Zeitpunkt, wo euer Bewusstsein wachsen will, denn eure Seele will Wachstum, Bewusstsein, Weisheit. Das ist der Grund, warum ihr hier seid.

Oft begegnet ihr in solchen Momenten Menschen mit einem höheren Bewusstsein, wobei ihr feststellt, dass dieser Mensch euch ausgeglichener, toleranter, liebevoller, strahlender entgegentritt, und ihr feststellt, dass dieser Mensch in Fülle und Freude lebt, ohne Kämpfe zu führen oder sich anzustrengen. Eure Seele schickt diesen Menschen als Aufforderung an euch, weiterzuwachsen, euch zu strecken, göttlicher zu werden. Oder aber ihr begegnet Menschen, deren Bewusstsein kleiner ist, die euch zeigen, dass eure mühsam aufgebaute Welt zerbröckelt, und damit euer erworbenes Bewusstsein infrage stellen. Dann habt ihr das Gefühl, ihr verliert, habt keine Perspektive, keine Hoffnung mehr und seid dem Leid näher als eurer Freude. Ihr habt also die Wahl, mit welchem Bewusstsein ihr euch identifizieren wollt. Ihr stellt euer bisheriges Leben infrage: "War das alles?" Ihr hinterfragt euer Leben, eure Freunde, eure Gefühle, eure Ziele. Ihr stellt im Grunde euer jetziges Bewusstsein und das Bild, das ihr euch von euch gemacht habt, infrage. Bewusstsein zog zu Bewusstsein, Bewusstsein zieht Bewusstsein an, Gleiches zieht Gleiches an.

Die Menschen und die Situationen habt ihr angezogen, um zu prüfen, ob es das ist, was ihr braucht. Nicht im Sinne von viel oder wenig, richtiges oder falsches Bewusstsein, sondern nach dem kosmischen Gesetz: Gleiches zieht Gleiches an; damit ihr erkennt, wie gleich oder ungleich ihr euch in eurer Umgebung mit den anderen Menschen - euren Spiegeln - fühlt. Es erinnert euch daran, dass ihr zu dem werden könnt, was ihr euch als höchste Vision von euch vorstellen könnt, nämlich zu dem, der ihr hinter eurer Angst und dem Zweifel wirklich seid. Zu dem könnt ihr werden!

Bewusstseinsveränderungen, Bewusstseinserweiterungen sind wie Sprossen an einer Leiter. Ihr zieht auf jeder Sprosse, die ihr erklimmt, immer das Bewusstsein zu euch, das eine Botschaft für euch hat, nämlich: "Das ist gut für mich, das fühlt sich rund an, ich freue mich!" Oder: "Ich will mich weiterentwickeln, wachsen, nachspüren, verändern!"

Oftmals treffen sich viele Menschen gleichen Bewusstseins auf der gleichen Sprosse der Leiter, um sich gegenseitig zu unterstützen, sich gegenseitig zu inspirieren. Oder aber sie treffen sich auf verschiedenen Sprossen, um sich gegenseitig zu blockieren, sich gegenseitig festzuhalten, sich scheinbare Sicherheit zu geben oder sich gegenseitig etwas zu spiegeln. Menschen, die sich nicht um ihr wachsen wollendes Bewusstsein kümmern, ziehen gleiche Bewusstseine an und schließen mit ihnen Verträge in der Form: "Ich gebe dir dieses und du gibst mir dafür jenes." Und beide sind scheinbar glücklich. Diese Verträge wirken jedoch nur so lange, bis ein Vertragspartner merkt, dass das Gegebene, das Erhaltene nicht wirklich seines ist, weil es nicht seinem eigenen Wesen entsprungen ist. Der eine Vertragspartner wird das Gefühl haben, dass er nicht bekommt, was er braucht, und somit wird dieser nicht mehr geben wollen, was der andere Mensch braucht. Der Vertrag, geschlossen auf der menschlichen Ebene, kann nicht mehr eingehalten werden. Das Neue Bewusstsein klopft an, die Seele und der Geist senden ihre Boten: Die Zeit für Veränderung und wachsendes Bewusstsein ist gekommen. Wieder eine neue Sprosse und wieder Menschen und Situationen, die diesem Neuen Bewusstsein entsprechen; wieder zieht Gleiches Gleiches an - als Chance zum Wachstum, als Chance, der zu werden, der ihr seid, denn: Der Weg ist das Ziel.

Aus der Sicht der seelisch-emotionalen Ebene:

Dieses kosmische Gesetz erinnert uns daran, dass wir hier sind, um zu lernen, auszuprobieren und zu wachsen. Die Seele hält den Vertrag mit uns immer ein, den wir vor jedem Leben mit ihr geschlossen haben. Sie kennt unser Bewusstseinsziel, sie erinnert uns an unser Wachstum und daran, wer wir wirklich sind. Die Seele wertet, verurteilt und richtet uns nicht. Sie geht jeden Weg mit uns, den wir gewählt haben, und billigt jede getroffene Entscheidung. Die Seele weiß, dass wir auf jedem Weg, den wir einschlagen, unsere eigenen Erfahrungen machen. Die Seele denkt nicht in Kategorien von richtig oder falsch; sie hat die Ewigkeit und vertraut uns. Nur wir Menschen unterliegen unserer Zeit.

Die Seele macht keine Fehler, sie begleitet uns immer, egal was wir tun. Sie verurteilt nicht, sie straft nicht, sie liebt uns. Und sie lässt uns die freie Wahl für unsere freie Entscheidung, sie nimmt uns jedoch keine Entscheidung ab. Die Liebe zu uns ist so groß, dass sie nicht in unseren freien Willen eingreift, es sei denn, dieser freie Wille ist lebensbedrohlich. Wenn wir eine innere Entscheidung auf unserer bewussten göttlichen Ebene getroffen haben, sind unsere Seele und unser Geist immer bei uns. Dann werden sich unsere Ziele realisieren und sie werden Wirklichkeit werden. Somit sind unsere äußerlich sichtbaren, materiellen Früchte auch immer die Früchte unseres Bewusstseinsstatus. So erklimmen wir eine Sprosse nach der anderen und haben stetig die Wahl zu bleiben, uns auszuruhen oder weiterzugehen. Somit bestimmt das Ausmaß unseres Willens zum Wachstum den Grad unseres Bewusstseins. Geist und Seele als unsere größten Verbündeten werden uns nur dann klare Zeichen geben und Korrekturen vornehmen, wenn es unserem abgesprochenen Plan nicht entspricht und wir Gefahr laufen, unseren Egowünschen zu erliegen.

Aus der Sicht der menschlich-materiellen Ebene:

Dieses kosmische Gesetz lehrt dich, das zu akzeptieren, was du aufgrund deines Bewusstseinsstatus angezogen hast. Es lehrt dich, alles Erschaffene dankbar anzunehmen und zu segnen, weil es dir die Möglichkeit gibt, immer wieder neu zu wählen und zu wachsen und damit zu verändern. Es lehrt dich Toleranz und Dankbarkeit in Anerkennung der höheren Sichtweise dessen, was du gewählt hast. Jede Sprosse führt zum Ziel; jede Sprosse, jede Entwicklungs- und Bewusstseinssprosse, hat ihre Berechtigung in deinem Spiel des Lebens und zeigt dir, wer du jetzt bist und was du werden kannst.

Eine Erfahrung, die dir nicht mehr dient, wirst du segnend loslassen können, und du wirst in deinem Inneren fühlen, welche Erkenntnisse dir durch diese Erfahrung geschenkt wurden. So erkennst du die Sinnhaftigkeit deines Tuns und bedankst dich bei deinem Geist und deiner Seele für diese Erkenntnisse. Denn das daraus gewonnene Bewusstsein wirst du für deinen weiteren Weg einsetzen, jetzt mehr und mehr angebunden an dein höheres Bewusstsein; und damit wird dein Weg leichter und heller. Denn das geistige Gesetz sagt auch: "Eine einmal gemachte Erfahrung muss der Mensch nicht wiederholen, er ist daran gewachsen."

Wenig Bewusstsein erschafft dir wenig befriedigende menschliche Erfahrungen. Viel Bewusstsein beschert dir Zufriedenheit, Gelassenheit, Frieden und Leichtigkeit. Bewusstsein braucht einen Träger, und das ist deine ureigenste Energie. Für diese Energiemenge trägst du selbst die Verantwortung in der Form, ob sie hoch und hell oder schwer und grau ist.

Menschen machen sich gerne von der Energie eines anderen Menschen, der mehr Energie ausstrahlt, abhängig. Der Mensch mit scheinbar mehr Energie trägt allerdings auch die Verantwortung für die Erhaltung und Verteilung seiner eigenen Energie.

Je höher deine eigene Energie ist, desto mehr bist du dir deines menschlichen Verhaltens in allen Situationen bewusst. Du erkennst, warum du diese oder jene Situation angezogen hast und wie sie dir als Erkenntnis dienen will. Lobe dich für das Erwachen in dir und achte auf deine Energie. Identifiziere dich nicht mit Emotionen, die nicht deine sind, nicht mit Kampf, Querelen, Zweifeln und scheinbarer Ungerechtigkeit, die alle nicht deine sind.

Jeder erschafft sich seine eigene Realität. Segne die Wahl des Gegenübers, zeige Mitgefühl und Verständnis ohne Bewertung, aber mit liebevoll-unterstützender Kraft, und mache es nicht zu deinem Eigenen.

Ein Samenkorn reift nicht auf Asphalt, sondern nur auf fruchtbarem Boden.

Bewusstsein ist nicht teilbar,
es dient dem wachsenden Bewusstsein.

Bewusstsein benutzt Energien als Vehikel.

Die Neue Energie will uns dienen
und zieht uns zur Ehrlichkeit, Bewusstheit und Hingabe.

5. Energiegesetz

Liebe zieht zu Liebe.
Angst zieht zu Angst.
Angst begegnet man mit Liebe!

Aus der Sicht der kosmisch-spirituellen Ebene:

Aus der Sicht der energetischen Gesetze ist alles Energie. Die Energie der Liebe ist heller, klarer, anziehender als das Gefühl der Angst. Energie ist alles das, was auf der höheren Ebene anstatt auf der materiellen-grobstofflichen Ebene seinen Ursprung hat und aus diesem Ursprung heraus in die Materie einwirkt.

Es gibt so gesehen aus der höheren Ebene betrachtet keine Angst-Energie, weil ihr Ursprung menschlich-grobstofflicher Natur ist, sie nämlich aus dem Ego oder Verstandesbewusstsein heraus geboren wurde.

Angst ist ein Gefühl, Liebe ist eine Energie.

Jedes panikmachende, lähmende, ängstliche Gefühl kann transformiert werden durch die Energie der Eigenliebe und der Liebe! Daher sagt das Gesetz: Angst begegnet man mit Liebe! Ihr Menschen habt vor vielen Dingen Angst, die ihr nicht beurteilen, nicht einschätzen, nicht greifen und begreifen könnt. Oder aber ihr habt Angst zu vergeben, euch hinzugeben, die Kontrolle über euch, über eure Grobstofflichkeit und andere Menschen und Situationen zu verlieren. Ihr tut vieles, um der Boss zu werden, zu sein und zu bleiben. Das strengt euch mächtig an, es kostet viel Kraft und schmälert euer Energiepotenzial. Und das macht ihr so lange, bis eure Kraft nachlässt, ihr euch nicht mehr rückversichert, bis ihr diese Illusion der Angst in euren Köpfen durchschaut habt und ihr euch auf eure wahre Kraft und eure innere Macht zurückbesinnt. Jetzt erinnert ihr euch daran, während euch eure Angst mächtig im Genick sitzt, dass ihr als Energie reine Liebe seid, dass ihr in und mit und auf und durch eure Liebe existiert und dass ihr nur aufgrund eurer Liebe wahrlich existiert. So könnt ihr alles erschaffen, auch ohne Angst und ohne Kampf. Ihr könnt erschaffen, was immer ihr euch vorstellen könnt. Denn alles, was ihr euch vorstellen könnt, ist möglich. Was nicht möglich ist, könnt ihr euch nicht vorstellen.

So gesehen ist die Angst euer Motor, um weiterzumachen, vorwärtszugehen, wobei ihr mit jedem neuen Tag wählen könnt zwischen eurer Angst und eurer Liebe. Wie schon gesagt, ist Angst ein Gefühl, nämlich das Gefühl an eine alte Erinnerung, an schmerzvoll erlebte Erfahrungen, die nicht so glücklich für euch waren; aber sie sind vorbei, gehören der Vergangenheit an. Angst erinnert euch daran, dass ihr lernen könnt, euch zu lieben, euch zu achten, euch wertzuschätzen und euch zu vertrauen.

Angst entsteht in Gedanken, in euren destruktiven Gedanken, die vor lauter Angst ein Gefühl der Angst in euch erzeugen, aus dem es scheinbar kein Entrinnen gibt, keinen Ausweg gibt. Das Ego, das Angst hat vor der Macht der Liebe, vor der Seele, dem Wesen, dem göttlichen Licht in euch, reagiert mit Hilferufen, Abwehr, Weigerung, Sturheit, Abgrenzung und künstlichem Schutz. Oft auch mit Arroganz, Eitelkeit, Neid und Egoismus.

Die Angst weiß nichts darüber, dass der größte Schutz für euch Menschen eure Liebe, eure Eigenliebe ist, nämlich diejenige hohe, kosmische Energie, die sich bei den bewussten Menschen wie eine Lichthülle um den Körper legt und alle Angstpfeile von außen abprallen lässt. Der bewusste Mensch weiß, dass diese Liebesenergie immer und überall anwesend ist und dass der angstfreie Mensch diese Energie in sich aufnimmt. Dieser Schutz wirkt jedoch nur, wenn ihr gelernt habt, alle Angst, die euch beschleicht, in eurem Innersten in Liebe zu verwandeln, denn es heißt auch: wie innen, so außen!

Aus der Sicht der seelisch-emotionalen Ebene:

Unsere Seele lässt es zu, dass wir Ängste empfinden, damit diese transformiert werden können. Der schnelle Weg, dort hinzukommen, ist es erst einmal, dass wir uns bewusst machen, dass wir Angst haben. Wir registrieren es mit einem Lächeln, denn wir wissen jetzt, dass diese Angst ein Überbleibsel aus einer alten Erfahrung ist. Die Angst hat eine Botschaft für uns: "Weitermachen, weitergehen und doch mit den guten Ergebnissen aus der alten Erfahrung wachsen!" Die Angst fordert uns auch auf, behutsam und diszipliniert-liebevoll mit uns selbst und unserer Umwelt umzugehen, um nur nicht zu euphorisch, kopflastig und überschnell zu handeln oder zu reagieren. Wir wissen jetzt, dass Angst ein Gefühl ist. Die Seele kennt keine Angst. Vor was sollte die Seele sich fürchten?

Als Nächstes können wir über unsere Angst als Gefühl reden. Wir können dieses Gefühl anderen Menschen offenbaren; dadurch benennen wir unsere Angst, decken unser Ego-Gefühl auf und teilen es mit. Durch die Offenbarung verliert es an Intensität. Wir offenbaren, um der Angst die Macht zu nehmen, weil wir spüren, was wir spüren, weil wir verändern und teilen wollen. Wir offenbaren unsere Ängste nicht, um uns vor Handlungen oder Veränderungen zu drücken oder um falsches Mitleid oder Trost zu erlangen. Das ist der wichtige Unterschied. Dadurch, dass wir zu unserer Angst stehen, nehmen wir ihr die Macht, machen sie zu unserem Eigentum und integrieren sie in unsere Liebe. Jetzt kontrollieren wir die Angst, nicht die Angst uns. Nicht die Angst lenkt und manipuliert unser Leben, wie es in der Vergangenheit geschah, sondern durch die Anerkennung und Offenbarung des Angstgefühls wird es zu einem Teil von uns, und somit ist es bereit zur Transformation.

Wir erkennen, dass unsere Angst unser Helfer ist, als Skala für unser Liebesbarometer: Denn wo viel Angst ist, ist wenig Liebe! Mit jedem Gramm Angst, das wir in Liebe verwandeln, zieht Liebe zu Liebe, und Liebe als Energie transformiert jedes Gefühl, das uns unangenehm ist. Wir sind nicht unsere Angst, wir sind Liebe! Wenn wir das noch nicht fühlen können und nicht wissen, dass wir Liebe sind, dann zeigt uns die Angst, wo wir uns noch nicht genug lieben.

Die Angst erzieht zur Liebe! Je mehr Angst wir als Mensch haben, desto größer ist unser Wunsch nach Liebe.

Folglich zieht Angst zu Angst und Liebe zu Liebe! Deshalb ist es wichtig zu wissen, dass Angst keine Seelenenergie ist, dass wir nicht Angst sind, sondern nur augenblicklich Angst haben: Unser Ich, unser Ego, unsere Gedanken und angstbesetzten Gefühle haben Angst, nicht unser Wesen, unsere Seele, unser Geist und was wir wirklich sind. Angst ist der mächtigste Gegenspieler der Liebe, aber auch der ehrlichste. Und oftmals ist es gut, Angst zu haben, wenn wir noch nicht aus unserem Innersten heraus agieren können. Angst wird zu Liebe, wenn wir sie annehmen, wenn wir uns der Angst stellen, sie zu unserem Freund machen und sie fragen, welche Botschaft sie für uns hat. Dann verwandelt sie sich in Energie, die die Sonne in uns anknipst und die Schatten vertreibt.

Wir fühlen uns seelisch geborgener in einer menschlichen Gesellschaft, wo Liebe als Energie spürbar ist. Liebe zieht zu Liebe, und die Energie der Liebe ist ein Schutzschild gegen Angst.

Dieses Gesetz erinnert uns daran, dass es einen Unterschied gibt zwischen Gefühlen und Energien. Wir alle kennen die Energie der Liebe, denn wir sind aus ihr gemacht. Wir sind inkarnierte Liebe und haben Gefühle. Dieses Gesetz lässt uns erkennen, wie weit wir in der Liebe sind, und erinnert uns daran, dass unsere Gefühle wandelbar sind, nicht aber die Liebe.

So sagt die Seele: Wo Angst ist, ist keine Liebe. Vor allem und zuerst ist da keine Eigenliebe, denn unser Ego beugt sich schlussendlich unserer Liebe in uns. Über Leben und Leben lernen wir, mit unseren Gefühlen besser umzugehen und diese zu deuten, um zu erkennen, um aus positiven und negativen Gefühlen eine innere Neutralität der Gefühlslage zu erlangen. Dieses Gesetz lässt uns die Wahl, uns durch Leben und Leben, durch viele verschiedene Gefühle hindurchzuarbeiten, um damit Altlasten wie Wertlosigkeit, Mutlosigkeit, Verzweiflung und Ängste aus dem Dunkeln ins Licht zu bringen. Nur denkt daran, helft zuerst euch selbst, glaubt zuerst euch selbst, liebt zuerst euch selbst, denn dadurch liebt ihr auch bedingungslos "alles, was ist", und alles, was euch begegnet.

Die Kunst für uns besteht darin, jeden Moment unseres Lebens vollkommen zu genießen und uns nicht zu fürchten, nicht vor Vergangenem und nicht vor Zukünftigem.

Aus der Sicht der menschlich-materiellen Ebene:

Alles, was deine Gefühle dir zeigen wollen, ist, dass du sie als Lehrmeister anerkennst, ohne einen Unterschied zwischen guten und schlechten Gefühlen zu machen. Ein gutes Gefühl will gelobt werden, ein schlechtes Gefühl will Transformation. Also nimm deine Angst in deine liebenden Arme, bedanke dich bei ihr, dass sie dir in früheren Situationen gedient hat. Begrüße sie wie einen lieben Freund und erkenne ihre beschützende Botschaft. Integriere sie in deine Liebe zu dir und erwarte in Freude deine nächste geschaffene Situation, in der du schon angstfreier agieren kannst als vorher. Deine Angst war nie dein Feind. Du anerkennst und integrierst sie, damit sie dir dient. Somit steht sie deinem lichtvollen Wachstum nicht mehr im Weg.

Wenn du deine Angst nicht anerkennst, sie versteckst oder in projizierender Weise auf andere wirfst, wird sie sich vergrößern, weil sie sich mit den Ängsten der anderen Menschen mischt. Dann machst du Geschäfte mit deiner Angst, klammerst dich fest, bist hilflos und ohnmächtig und nährst deine eigene Angst mit den Angstgefühlen anderer Menschen. Wenn du deine Angst versteckst und nicht anerkennst, wird sie mit größerer Kraft immer wieder deinen Weg kreuzen. Deine Ohnmacht zeigt dir, dass du ohne Macht bist, deine Angst in Liebe zu verwandeln. Die Gefahr, dass sich dein Ego aufbläht, um Macht zu demonstrieren, ist dann sehr groß. Die Macht deiner Liebe ist die wahre Macht, die du besitzt, die dir gegeben wurde und die aus der Ohnmacht des Egos führt.

Liebe ist die einzige Energie, die sich vervielfältigt,
indem man sie teilt, und sie ist ein Schutzschild gegen Angst.

Jede Katastrophe trägt den Segen der Erkenntnis in sich.

Die Wahrheit ist ein Kind der Liebe.

Ohne Wahrheit keine Eigenliebe, kein Wachstum –
sondern Stagnation und die ewige Wiederholung
der Selbstlüge in der Illusion.

6. Energiegesetz

**Energie folgt den Gedanken,
der Gedanke erschafft das Gefühl.
Energie geht immer den Weg des
geringsten Widerstandes und ist immer in Bewegung.
Energie richtet nicht, bewertet nicht,
kennt keine Schuld und Moral.
Energie will stets Ganzheit und
Vervollkommnung in höchster Form.**

Aus der Sicht der kosmisch-spirituellen Ebene:

Durch Gottes universellen Geist wurde "alles, was ist" erschaffen, und durch das Wort der Offenbarung wurde es Fleisch, das heißt, geistige Energie wird in materielle Form gebracht. Alles, was existiert, besteht aus Energie. Da Gleiches Gleiches anzieht, ziehen sich gleiche Energien an, die im Geist, in der Vision von etwas zu Erschaffendem geboren wurden, und diese Energien sind dazu da, geistig Erschaffenem eine materielle Form zu geben. Wenn sich genug gleiche Energieteilchen zusammengefunden haben, nimmt diese Energie eine Form an; diese wird Realität zur Freude der Menschen und zur Freude dieser Energie. Ihr könnt euch gut vorstellen, dass eine Energie, die aus dem Geist geboren wird, mehr Schubkraft und Klarheit zur Erschaffung der Ganzheit besitzt als eine Energie, die ausschließlich aus euren Gedanken resultiert. Diese Energie, die ihr erschafft, achtet nicht darauf, warum sie geboren wurde, sie will nur ihren Auftrag, ihre Bestimmung erfüllen, nämlich das in die Materie bringen, zu dem sie berufen wurde durch die geistige Vision, den geistigen Auftrag der Menschen. Aber ihr erinnert euch jetzt auch wieder daran, dass alle kosmischen Energien eigenen Energiegesetzen unterworfen sind. Energie erschafft Materie, der Geburtsort ist der Geist. Bevor ihr Menschen jedoch die Gesetzmäßigkeiten des Geistes wiedererkennt, lernt ihr, über euren Verstand und über eure Gefühle zu erschaffen und zu verwerfen. Somit erzeugt ihr zuerst eine Energieform mit eurem Verstand und haltet diese Gedanken mit eurer Konzentrationsfähigkeit und eurem Willen aufrecht. Nun könnt ihr keine wahrhaftigen Realitäten und Ereignisse erschaffen ohne Beteiligung von Geist und Seele. Solange ihr Menschen jedoch euren Geist und eure Seele noch nicht als euren inneren Meister anerkannt habt, lernt ihr euch mehr und mehr kennen, und zwar über euren Verstand und eure Gefühle. Es ist zwar nicht die höchste Form der Schöpfungsenergie, aber es funktioniert dann und wann, besser und besser, oder auch nicht.

Es funktioniert nämlich dann, wenn eure Gedanken so rein wie möglich sind in der Vorstellung von dem, was ihr erschaffen wollt. Die Gedanken in euch erzeugen ein Gefühl, und dieses Gefühl in euch zeigt euch, wie rein und klar euer Anliegen wirklich ist. Wenn ihr so wollt, ist das Gefühl die Prüfstelle in euch, die fragt: “Willst du das wirklich?” Oder: “Kannst du mit den Konsequenzen umgehen, wenn sich dein Wunsch erfüllt?” Oder: “Hast du dein Motiv für diesen Wunsch überprüft?” Oder: ”Dient die Erfüllung dieses Wunsches dir und anderen?” Oder: “Hast du überprüft, ob dein Ego das will oder dein Innerstes?” Euer Gefühl, das den geschaffenen Gedanken und die zu erschaffende Energieform überprüft, ist ein unbestechlicher Hinterfrager eurer Wünsche und eures Wertes: “Könnt ihr in Liebe annehmen, was ihr wünscht?” Oder: “Seid ihr es euch wert?” Womit euer Seinswert und nicht euer Ich- und Egowert gemeint ist. Wenn die erschaffene Energie auf Widerstand in euch trifft, nämlich aufgrund von Hindernissen in den Gedanken in der Form von “Wenn und

Aber" oder "Wenn, was dann ...?" oder auf der Gefühlsebene in Form von "Was geschieht, wenn oder wenn nicht?" oder "Was sagen die anderen dazu?" oder "Habe ich das verdient?", so wählt die Energie den Weg des geringsten Widerstandes und sucht sich einen anderen Weg als den, den ihr euch gewünscht habt. Euer Wunsch ist erfüllt, wenn ihr keinerlei Widerstand in euch fühlt, sondern wenn stille Freude und Dankbarkeit in euch aufkommen und ihr in euch "wisst", dass euer Wunsch schon erfüllt ist und ihr dies fühlt. Ihr erkennt, wie dieses Gesetz euch zu Disziplin und zu Klarheit auffordert. Ihr müsst eure Wünsche nicht aufgeben, ihr solltet jedoch Weigerungen und Blockaden wegräumen, die der Erfüllung eurer Wünsche im Wege stehen. So wachst ihr mehr in euren Geist und in eure Seele hinein, werdet zum wahren Erschaffer eurer Wirklichkeit. Schön ist es, dass sich Menschen bei der Erfüllung ihrer Wünsche gegenseitig unterstützen. Wenn es darum geht, einen Menschen zu heilen, so konzentriert ihr gute, heilende Energie auf diesen Menschen, ihr übertragt eure Energie mit euren konzentrierten, gebenden, liebevollen Gedanken. Diese Energie, die ihr übertragt, weiß, wohin sie fließen muss, sie spürt keinen Widerstand, bewertet nichts auf ihrem Weg, sie hilft bei der Heilung, weil aus Liebe zum anderen geboren. Und dem kranken Menschen geht es meist besser, wenn er diese fließende, heilende Energie in Liebe annimmt.

Es ist wunderbar, dass die Menschen jetzt immer feinstofflicher und sensibler werden, Energien mehr spüren und fühlen können ohne Angst. Ihr kennt den Unterschied zwischen schwerer, ziehender, trauriger Energie und beschwingter, leichter, fröhlicher Energie. Alle Energie, die existiert, dient euch und fordert euch auf, sie zu gebrauchen, zu benutzen, mit ihr zu spielen, mit ihr zu erschaffen. Alle Energiemuster, die euch in eurem Umfeld begegnen, wurden von Menschen erschaffen, ob euch dies angenehm oder unangenehm ist.

Die Energie in sich bewertet dies nicht. Je sensibler ihr werdet, desto feiner reagiert ihr auf Energie. Fühlt ihr euch unwohl in dem Energiefeld, so trefft ihr die Wahl, euch aus dieser für euch groben, dunklen Energie zu entfernen. Die andere Möglichkeit ist, dass ihr euch - wenn ihr euch liebt und andere und Energie handhaben könnt - vielleicht als Transformator zur Verfügung stellt. Ihr verändert Dunkles in Helles, Schweres in Leichtes, Angst in Liebe - und dies allein durch eure Anwesenheit, durch euer Bewusstsein und durch eure Kenntnis um die Energiegesetze und eure Liebe. Ihr nennt dies: Energie halten, transformieren, heilen. Allerdings geschieht dies nicht mit dem Anspruch auf Veränderung in bewertender Form. Es geschieht nur mit dem klaren Motiv des Seins, auf den Gesetzen der Liebe basierend. Diese hohe transformierende Energie wird euch nicht dienen, wenn ihr verändern, beeindrucken oder verbessern wollt. Diese höchste Energie entspringt immer der Ganzheit der Liebe (Geist und Seele) und dient einzig und allein der Ganzheit der Liebe, der Einheit von "allem, was ist", zur Herrlichkeit Gottes. Je mehr ihr Liebe in euch habt, für euch habt, desto freudiger dient euch diese Energie. Denn Liebe wird mehr, wenn sie sich teilt, nicht weniger. Sie gehorcht nicht eurem Ego oder eurem menschlichen Willen, nur dem Höchsten in euch. Energie als lebendige Bewusstseinseinheit weiß selbst, wie und wo sie am besten dient, aber sie erlaubt euch Menschen, mit ihr zu arbeiten, sie dient euch, um ein Energiemeister zu werden, zur Freude der Schöpfungsenergie. Und als Dank für eure Mitarbeit stellt sich die Energie euch, eurem Selbst zur Verfügung, damit ihr mit ihr das Beste erschaffen könnt, inspiriert werdet und somit noch sensibler, aufmerksamer, liebevoller und heiler werdet. Ihr werdet über diese Energiearbeit ein Vertreter der Liebe. Diese Energie lässt euch teilhaben an der Macht der Liebe!

Aus der Sicht der seelisch-emotionalen Ebene:

Alle Ebenen, alle Dimensionen, alles, was existiert, besteht aus Energie. Auch auf unserem Planeten begegnen wir tagtäglich den verschiedensten Energieformen und Energiewahrnehmungen. Dieses Gesetz erinnert uns daran, dass wir zwar feste Formen haben, mit materiellen, grobstofflichen Dingen umgehen, dass der Ursprung alles Materiellen jedoch geistige Energie ist.

Somit können wir mit Energien alles erschaffen, vervollkommnen, verändern, heilen und zum Besten hervorbringen, was im Sinne der Liebe ist und aus dieser Energie geboren wird.

Liebe ist eine Energie, kein Gefühl.

Liebe drückt sich aus in unserer Welt, wenn wir aus Liebe für die Liebe Dinge erschaffen, die uns und anderen Menschen, der Erde, den Pflanzen, den Tieren und somit der Liebe als Grundenergie dienen. In der Schwingung unserer Eigenliebe bekommen wir die Macht der Liebe an die Hand als Schöpfungsenergie, als Geschenk für alle.

Diese Macht der Liebe wird den Menschen zuteil, wenn wir wahrhaftig und ehrlich zu uns und anderen sind. Wenn unsere Egoanteile und Persönlichkeitsmerkmale sich unserer Liebe hingegeben haben, so dass wir keine falschen Erwartungen mehr haben und ausschließlich der Liebe dienen, ohne andere verändern zu wollen, ohne zu bewerten oder ohne Lob und Dankbarkeit als Gegenleistung zu erwarten. Denn diese Macht der Liebe und die damit verbundene Meisterschaft im Umgang mit Energien können wir Menschen uns nicht erarbeiten, uns nicht erkaufen und nicht erzwingen. Die Liebe als Energie ist eine Gabe an uns Menschen als Geschenk des Universums für unser Wachstum, gegeben, um Bewusstseinsveränderung bei uns zu unterstützen, die uns hinführt zu unserer menschlichen Neutralität - in Erinnerung an unsere Göttlichkeit. Dann sind wir reif, diese Gabe, dieses Geschenk zu empfangen, denn wir haben gelernt, die geistigen Gesetzmäßigkeiten zu verstehen und sie entsprechend demütig zu handhaben.

Dieses Gesetz zeigt uns auf, dass wir der Schöpfer werden können, der wir immer waren. Ein Schöpfer erschafft auf und durch kosmische Energien im Wissen um die geistigen Gesetzmäßigkeiten, unter Ausschluss von nur menschlichen und verstandesmäßigen und gefühlsgeladenen Gesetzen. Ein Schöpfer erhebt sich über diese Ge- und Verbote, Einschränkungen und scheinbaren Ungerechtigkeiten. Er erschafft und wirkt mit und durch die Energien aus der höchsten Ebene und kreiert Situationen und Wirklichkeiten, die ihm und allen damit verbundenen Menschen dienlicher sind als das Vergangene. Verweilt nicht in bestimmten Wirklichkeiten, sondern erinnert euch daran, dass diese Realitäten euch aufzeigen, was euch noch hemmt, was euch blockiert und von der schöpferischen Handhabung eurer Energien fernhält. Begrüßt jede neue Erkenntnis in euch und werdet nicht müde, Schöpfer werden zu wollen, oder besser: Erinnert euch daran, dass ihr Schöpfer seid, und benutzt dazu das uralte Wissen und das Handwerkszeug, das euch mit den Energiegesetzen an die Hand gegeben wird.

Energie ist immer in Bewegung, ihr Ziel ist die Sichtbarmachung des Geistigen, sie ist immer schöpferisch tätig. Ein Mensch, der sich als Opfer selbst leidtut, wird diese Energie nicht spüren können, weil er sich nicht bewegt und Angst vor Veränderung hat. Somit fließt keine Energie und die Realitätserschaffung kommt ins Stocken.

Wenn wir aus Angst, etwas Falsches zu tun, gar nichts tun, dann fühlen wir uns von der kosmischen Energie verlassen.

Aus der Sicht der menschlich-materiellen Ebene:

Es ist die Aufgabe eines jeden Menschen, sich durch sein Tun und seinen Willen wieder an den Fluss der sich bewegenden Energie anzuschließen. Dabei ist es gleichgültig, *was* du tust. Es kommt darauf an, *wie* du es tust. Bewegung führt generell zu Bewegung, zurück zum Fluss, hinein in Veränderung. Wenn du an diese ursprüngliche, schöpferische Energie angeschlossen bist, führt dich diese Energie direkten Weges heraus aus dem scheinbaren Jammertal, heraus aus der Opferhaltung und direkt hinein in deine wahre Wesensenergie, dahin, wo ein jeder Mensch zu Hause ist, in seine eigene Schöpfungskraft, seine eigene Göttlichkeit. Energie ist schneller als Lichtgeschwindigkeit, sie durchdringt jeden Raum und ist nicht an lineare Zeit gebunden. Es ist die reinste Energie der Liebe, die sich nicht innerhalb unseres Raumes und unserer Zeit erst auf den Weg begibt, um ihr Ziel zu erreichen. Nein, sie existiert im Hier und im Jetzt, in jedem kleinsten Atom. Schöpferische Energie kennt keinen Unterschied zwischen Opfer- und Schöpferverständnis eines Menschen. Allerdings befruchtet sie mit Freude und Schnelligkeit jeden reinen Wunsch des Menschen in Eigenliebe und Demut der Schöpfungskraft gegenüber.

Was du aus reinstem Herzen in Verbundenheit mit deinem Geist und deiner Seele, aus deiner göttlichen Substanz heraus tust, kann niemals falsch und schlecht sein. Deine Intuition ist dein Barometer für die Wahrnehmung deiner eigenen Tiefe. Schöpfung in Selbstliebe ist immer verbunden mit der kosmischen Wahrheit. Denn die Wahrheit ist ein Kind der Liebe. Du hast das Recht, Energien zu erspüren, und du hast die Verantwortung dafür, wie du mit diesen Energien umgehst. Du hast das Recht, dein Gegenüber liebevoll aufzuklären darüber, was dir guttut und was du ablehnst. In deiner energetischen Verantwortung hast du das Recht, nein zu sagen. Denn in dieser energetischen Verantwortung bist du für dein Schwingungsfeld verantwortlich und bist somit für andere ein Vorbild. Also überprüfe deine Gedanken, die deine Gefühle erschaffen, bei der Erschaffung deiner Wirklichkeiten. Benutze deine Intuition als Hilfsmittel, die dir in der entsprechenden Situation zeigt, ob du reden oder schweigen sollst, ob du die Wahrheit vertreten sollst oder dich neutral aus der Situation entfernen sollst.

Schöpft leidenschaftlich,
sagt das Neue Energiegesetz des Geistes
und der Seele. Wenn das Leben fließt,
ist Leidenschaft (Ekstase im Innern)
ein natürlicher Zustand.

Entscheidet euch für eine Welt
voller göttlicher Wunder und Liebe.

Euer Leben ist eine konstante Wiederkehr
von zu treffenden unbegrenzten Entscheidungsmöglichkeiten.

Übt euch darin, Entscheidungen auf der Ebene
eurer göttlichen Einheit zu treffen.

7. Energiegesetz

Bindung und Erwartungen an etwas oder jemanden erschaffen Leid.

Aus der Sicht der kosmisch-spirituellen Ebene:

Ihr Menschen habt in eurer Evolutionsgeschichte gelernt, in Familien, Gruppen oder sonstigen Verbänden zusammenzuleben. So habt ihr euch gemeinsam besser schützen können vor Feinden, Katastrophen und anderen Widrigkeiten; zusammen seid ihr stark. Ihr habt soziale Gesetze geschaffen, um eure Gemeinschaft zu schützen, und habt somit Regeln für das Untereinander im Miteinander erlassen.

Ihr habt euch auf ein Miteinander zum Wohle der Gemeinschaft eingestellt. Dieses Miteinander habt ihr durch menschliche Gesetze, die euer Verhalten innerhalb einer Gruppe oder auch innerhalb eines Volkes vorgeben, geregelt. Diese Gesetze bringen dem einzelnen Individuum das Wohlwollen und den Schutz der Gemeinschaft, verlangen von euch aber auch Anpassung an die bestehenden Gesetze zum Wohle der Allgemeinheit sowie die Verpflichtung, diese Gesetze einzuhalten. So habt ihr Menschen viel über soziales Verhalten in Gemeinschaftlichkeit erfahren. Eigenschaften wie Rücksicht, Mitgefühl und Anteilnahme sind von euch bewusst gewählt worden. Das war gut bis hierher, und deswegen sagen wir jetzt: Bindung und Erwartungen erschaffen Leid.

Der Mensch in sich ist grundsätzlich frei, auch in und mit einer Gemeinschaft. Die Bindung an eine bestimmte Gemeinschaft erzeugt Trennung und Ablehnung einer andersdenkenden oder anders funktionierenden Gemeinschaft gegenüber. Denkt nur zum Beispiel an eure verschiedenen lehrenden Religionsgemeinschaften und die daraus bis heute resultierenden, unüberwindbar erscheinenden Zwistigkeiten und geführten Kriege. Menschen, die sich aus Gründen wie Angst vor dem Alleinsein, Angst, allein nichts erreichen zu können, und dergleichen an andere Menschen binden wollen und dann erwarten, dass ihre Ziele dadurch besser und leichter zu realisieren sind, dürfen dies mit ihrer freien Wahl, ihrem freien Willen tun. Wahrscheinlich lernen diese Menschen durch ihre Anbindung Rücksicht, Toleranz, Mitgefühl und soziales Verhalten.

Freiheit, Vertrauen, Eigenverantwortung und Eigenliebe basieren jedoch auf dem Gesetz, dass mir kein Mensch wirklich das geben kann, was ich glaube, gerade am meisten zu brauchen. Wenn sich ein Mensch an einen anderen Menschen bindet, erwartet er automatisch von diesem Menschen, dass dieser ihm das gibt, was er gerade am meisten braucht: Liebe, Geborgenheit, Schutz, Verständnis, Mitgefühl, Anerkennung und Vertrauen. Der Mensch, der sich bindet, gibt dafür ein Stück seiner Eigenständigkeit und seiner Freiheit auf, und er erwartet dafür eine Gegenleistung, nämlich die gänzliche Erfüllung seiner Bedürfnisse zu seiner Befriedigung. Es ist gleichgültig, ob sich der Mensch an Menschen, Institutionen, Gruppen oder Religionsgemeinschaften bindet; denn wenn er sich bindet, verbindet er sich auch mit den Gesetzen, die in dieser Gemeinschaft gelten, und diese Gemeinschaft erwartet die Einhaltung und Unterordnung unter diese Gesetze und Normen.

Im Gegenzug bekommt das neue Mitglied in dieser Gemeinschaft das, was es sich erhofft hat, was es scheinbar braucht. Zumindest am Anfang fühlt sich das neue Mitglied gut aufgehoben, in Sicherheit und Geborgenheit, es wird anerkannt und verstanden. Über Leben und Leben lernen alle Menschen in Gemeinschaften Gleichheit und Brüderlichkeit, Rücksicht, Mitgefühl, Toleranz - bis zu dem Zeitpunkt, an dem der Mensch das Gefühl bekommt, dass diese gewählte Gemeinschaft als blockierendes, behinderndes, strukturierendes Instrument gegen seine Ganzheit, seine eigene Freiheit, sein eigenes Wachstum wirkt; bis er dies so empfindet.

Die Wahrheit dieser Gemeinschaft ist nicht mehr die Wahrheit des bewusster gewordenen, sich mehr liebenden, andersdenkenden, zur Ganzheit und Vollendung strebenden Menschen. Ein Mensch, der "alles, was ist" liebt, braucht keinen Schutz. Er weiß, dass seine Liebe zu sich und zu "allem, was ist" sein größter Schutz ist. Ein Mensch, der begrenzt gelebt hat, weiß, was ihm Freiheit bedeutet; er wird Strukturen als Lernfelder erkennen und sich über diese erheben - jedoch ohne Kampf und Idealismus, ohne falsche Gefühle und Bewertungen seines bisherigen Umfeldes. Ein Mensch, der sich an nichts und niemanden bindet, erwartet nichts von niemandem. Er segnet, was er sieht, und hat gelernt, alle seine Bedürfnisse und Mangelerscheinungen mit dem innersten Liebesgefühl zu sich, in sich und durch sich selbst zu füllen. Er weiß, dass jeder andere Mensch ihm nicht geben kann, was er wirklich braucht, solange er es nicht in sich gefunden hat und annehmen kann.

Ein anderer Mensch gibt ihm vielleicht am Anfang Zuneigung, Verständnis, Zärtlichkeit, Berührung, Liebe, die sich aber schnell erschöpft, wenn der empfangende Mensch diese Energien nicht wirklich zu den seinen macht, um wirklich satt zu sein. Das, was der andere Mensch geben kann, wird niemals für ein Leben ausreichen, um den Bedürftigen wirklich dauerhaft "satt" zu machen. Neue Bedürftigkeiten, Mangel und das Gefühl, nicht wirklich geliebt zu werden, werden schlussendlich diese Beziehung gefährden, ganz egal, wie viel gegeben wurde. Es hat nicht gereicht! Und weil dieser Mensch sich jetzt gebunden fühlt, sich verbunden hat mit einem anderen Menschen und dennoch das Gefühl von Mangel und Enttäuschung nicht gesättigt wurde, wird dieser Mensch leiden, denn seine Erwartungen wurden nicht erfüllt.

Er wird vielleicht versuchen, über Manipulation von Gefühlen und Worten doch noch zu bekommen, was er seiner Ansicht nach dringend braucht, und er wird doch nie wirklich satt werden und sich hungernd zurückziehen. Denn Bindung und Erwartungen an jemanden oder an etwas erschaffen Leid und Enttäuschung.

Dieses Gesetz hat auch seine Gültigkeit, wenn Menschen sich bindend um etwas Materielles bemühen, wie etwa um mehr Erfolg am Arbeitsplatz. Diese Menschen geben viel Energie, viel Ehrgeiz, kostbare Zeit und Mühe in das, was sie tun und wie sie es tun. Für diese Anstrengung bekommen Menschen Anerkennung in Form von Lob, Selbstwert und Geldenergie. Oftmals verlieren Menschen aber genau das, für das sie sich so sehr angestrengt haben, nämlich Lob, Anerkennung, ihren Selbstwert, ihre Gesundheit, aber manchmal auch Geld und Materie. Oder aber Menschen glauben, alles zu besitzen, was sie sich gewünscht haben, aber dieser Besitz macht sie nicht glücklich.

Aus der Sicht der seelisch-emotionalen Ebene:

Nicht das, was wir besitzen, macht uns glücklich und frei, sondern nur das, wer wir sind, wer wir glauben zu sein, bringt uns die Freiheit unseres Seins! Wir können alles haben und besitzen, was wir wollen. Jedoch immer in Verbindung mit unserer inneren Freiheit, unserer Eigenliebe, unserem Vertrauen zu uns selbst, indem wir fühlen, dass wir diesen Besitz wert sind und dass uns niemand diesen Besitz wirklich streitig machen kann. Wir haben es uns nicht mit Ehrgeiz, Kraft und Leistung und auf Kosten anderer verdient, sondern weil es unser Geburtsrecht ist, glücklich zu sein. Weil es unsere Seele erfreut, alles das zu bekommen, was wir haben wollen, um uns daran zu erfreuen. Weil wir uns achten, uns lieben, ehrlich zu uns sind und dankbar unserer inneren Führung folgen. So dient uns die Materie und nicht wir ihr. Natürlich sind wir den Menschen dankbar, die uns Ereignisse präsentieren, die uns aufrütteln, uns zum Reflektieren anregen. Ebenso sind wir den Menschen dankbar, die uns unterstützen und uns ihre Wahrheit sagen.

Wir erkennen, dass alles, was wir brauchen, schlussendlich in uns ist, darauf wartend und bereit, von uns entdeckt, angenommen und gesegnet zu werden. Wir erwarten nichts von anderen, aber alles von uns selbst, wissend, dass es sich mit unserem wachsenden Bewusstsein zeigen wird. Wir binden uns nicht mehr an Verträge wie: "Gibst du mir dieses, gebe ich dir jenes." Wir verbinden uns mit allem Guten und Schönen in uns. Das Gefühl unseres Vertrauens wird dadurch gestärkt. Wir lieben uns dafür, loben uns und sind bereit, in Würde alles, wirklich alles bedingungslos anzunehmen, was unser Schöpfer uns gibt.

Wir wissen, dass die Menschen Überbringer der Geschenke des Universums sind. Der Schöpfer versteht dies, er erwartet nichts von uns, stellt keine Bedingungen, bindet uns an nichts, denn er weiß, wer wir sind, und er freut sich mit uns an unserer Realitätsschaffung.

Dieses Gesetz erinnert uns daran, was für uns wesentlich und was unwesentlich ist. Es zeigt uns sehr deutlich, welche Bedeutung wir wem oder was zumessen. Wir erschaffen in unserer Illusion wundervolle Dinge, die dem Einzelnen und der Menschheit zur Bereicherung und zum Verständnis des Lebens dienen. Dieses ist seelisch gewollt und dient uns zur Bewusstmachung des Geistes, der unsere Materie erschafft. Unser Geist jedoch verlangt von uns keine Bindung an Materie, er erwartet nichts von uns, er gibt uns bedingungslos, er schöpft, ohne sich zu erschöpfen. Er freut sich darüber, dass wir die geistige Energie in uns erkennen und anerkennen. Er erinnert uns daran, dass wir uns nicht verpflichtet fühlen müssen, und verurteilt die Menschen nicht.

Aus der Sicht der menschlich-materiellen Ebene:

Oft erwartest du von den Menschen, denen du begegnest, dass sie fühlen und wissen mögen, was du gerade brauchst und wie es dir gerade geht. Und wenn diese Menschen deine Erwartungen nicht erfüllen können und dir das Ersehnte nicht geben können, so bist du oft enttäuscht. Jeder Mensch kann jedoch nur das wahrhaftig geben, was er selbst in sich hat und um das er weiß, nicht mehr und nicht weniger, ganz egal, was du erwartest. Das ist das Gesetz.

Gib dir selbst, was du brauchst, und mache die Erfahrung des Flusses, der in dir fließt, der in dir überfließt, so dass du mehr und mehr bekommst, ob du es erwartest oder nicht. Es ist genügend Energie für alle Menschen da, in jeder Hinsicht, zur Erschaffung von allem, was du für dein Fortkommen und zu deiner Freude benötigst. Überfließen ist ein Teilhabenlassen an dem, was und wer du bist. Die Liebe, die du teilst, wird mehr und nicht weniger. Es ist die einzige Energie, die sich nicht erschöpft, sondern sich vermehrt, wenn sie in Liebe verschenkt wird.

Du bist mit Unwesentlichem beschäftigt, wenn du glaubst, dass du nur durch erbrachte Leistungen, demütige Opferhaltungen oder über die Einhaltung und Akzeptanz von menschlichen Verträgen und Bindungen und daraus resultierenden Verpflichtungen zu dem gelangen kannst, was dir wesentlich ist und was du gerade brauchst. Für viele Menschen sind materielle Werte und Dinge wesentlich und wichtig, bis diese Menschen erkennen, dass materielle Werte vergänglich sind. Geistig-seelisch erschaffene Wirklichkeiten bescheren euch Würde, Fülle, Wahrheit und Selbstwert mit Eleganz. Aus dieser Energie heraus befriedigst du deine materiellen Bedürfnisse ohne Anstrengung und Kontrolle, Verpflichtungen, Bindungen und leidvolle Erfahrungen.

Die Illusionsebene dient dir dazu, die Schöpfung zu begreifen, somit dient die Materie dir und nicht umgekehrt, wie einige Menschen immer noch glauben und sich aus diesem Grund mächtig anstrengen, um der Materie zu zeigen, wie gut sie doch sind.

Materie fordert keinen Schweiß und keinen Preis, sie will dem Schöpfer in dir dienen. Menschen, die bewusst sind, binden sich an ihren Wesenskern an, geben ihrem Potenzial Raum. Sie haben gelernt, sich zu vertrauen, erkennen ihren Plan, sind geduldig und demütig in dem Wissen, dass ihre Handlungen im rechten Moment von ihrer Seele und ihrem Geist, ihrer Intuition in die besten Bahnen und Richtungen geführt werden.

Der bewusste Mensch will nichts beweisen, nicht sich selbst und schon gar nicht anderen Menschen. Er erzwingt nichts, er kontrolliert nichts, er bewertet nichts, er sieht in jeder Situation eine Aufgabe zum Wachsen.

Der bewusste Mensch kennt die Gesetze des Kosmos, er weiß, dass Geist Materie erschafft, dass die materielle Welt eine Illusion ist. Er erkennt die Wahrheit, die Kraft und die Liebe hinter der Illusion und sieht diese als Spielwiese für sich und als Bereicherung für seinen Erfahrungsschatz an. Du kannst dich von deiner Wahrheit, Kraft und Liebe gepaart mit deinen Träumen, Visionen und Wünschen leiten lassen, indem du geistig kreierst, deine Ziele mit Energie aufladst und geduldig abwartest, bis sich deine Schöpfung in dieser illusionären Welt materialisiert, zur Freude von "allem, was ist". Damit gehst du eine Verbindung mit deiner Ganzheit ein, die nicht Opfer und Leid, sondern Lust und Fülle garantiert.

An deinen Früchten wirst du erkennen, wer du bist.

In dieser Welt geht es nicht wirklich um Macht und Machterhalt, im Grunde geht es um "Energieklau". Derjenige, der die meiste Energie besitzt, besitzt die größte Macht. Aber derjenige, der die bewusste Macht der Erschaffung besitzt, wird diese niemals missbrauchen. Wenn sich jeder Mensch in dieser ereignisreichen Zeit seiner eigenen Energie bewusst wird und diese verantwortungsbewusst, friedvoll und menschlich einsetzt, muss Energie nicht mehr gestohlen werden, sondern kann sich vervielfältigen zum Wohle aller und für den Frieden auf der Welt.

Freiheit bedeutet Loslassenkönnen.

Wenn du alles loslässt – so bleibt dir dein Gott.

Alle verdrängten Defizite auf der Gefühls-Ebene
und Mangel-Gedanken werden sich
in der Neuen Energie augenblicklich in
deinem menschlichen Leben manifestieren.
Somit kannst du sie erkennen, erwachen,
wachsen und geheilt werden.

8. Energiegesetz

Druck erzeugt Gegendruck – die Lösung ist Ausdruck.

Aus der Sicht der kosmisch-spirituellen Ebene:

In eurer jetzigen Gesellschaftsform erlebt ihr Menschen häufig einen enormen Druck, dem ihr euch entweder zu entziehen versucht oder dem ihr ausweichend nachgebt, um eine Entspannung für euch zu erreichen, die euch eine Verschnaufpause gestattet. Eure Zeit ist jetzt sehr schnelllebig, und schon dadurch fühlt ihr euch oft unter Druck gesetzt von der jetzigen Zeitqualität an sich. Außerdem spürt ihr Druck von Behörden, Arbeitgebern, Partnern, Freunden und von anderen Dingen, die unbedingt schnell getan werden müssten. Wenn es noch druckvoller kommt, fühlt ihr euch auch in euren engsten Beziehungen unter Druck gesetzt, und ihr versucht, dem zu entsprechen, was von euch erwartet wird - ob ihr das gerade wollt oder nicht. Ihr habt oft das Gefühl, dass euch die Zeit davonläuft und ihr nicht in Ruhe und Gelassenheit das zu Ende bringen könnt, was ihr euch vorgenommen habt. Mit dieser Einstellung dient ihr auf Kosten eurer Kraft und eurer Energien dem Äußeren, der Illusion und den Wünschen und Anforderungen der Menschen aus eurem Umfeld. Man hat euch nicht gelehrt innezuhalten, durchzuatmen. Ihr habt nicht gelernt, die Dinge ohne euer Zutun im Vertrauen geschehen zu lassen, zu relaxen, um eurer inneren Stimme zuhören zu können, die euch zuflüstern möchte, was jetzt wichtig und was unwichtig ist. Man hat euch gelehrt, zu funktionieren, schnell und flexibel zu sein, ja, sogar immer besser zu sein als der andere, denn wenn ihr nicht so seid, könntet ihr alles verlieren, was ihr geschaffen habt und mit dem ihr euch identifiziert.

Aber wenn ihr euch selbst nicht erlaubt, euch zu fühlen, mit euch zufrieden zu sein, und nicht fühlen könnt, was ihr braucht, werdet ihr immer die Anforderungen zu erfüllen versuchen, die andere Menschen an euch stellen. Dafür glaubt ihr, von diesen Menschen das zu bekommen, was euch selbst zu geben ihr euch nicht den Raum und die Zeit gebt. Nämlich so etwas für euch Wichtiges wie Anerkennung, Lob, Liebe und Wertigkeit. Ihr versucht, damit glücklich und zufrieden zu sein. Es ist doch logisch, dass euch dieses Lob, diese Anerkennung als Liebesgefühl in eurer Wahrnehmung nicht erreicht, wenn ihr permanent unter Druck steht. Nun hat man euch auch gelehrt, dass der Mensch, der mit Anforderungen, Herausforderungen und Druck nicht umgehen kann, keinen Platz in dieser schnellen, sich dauernd verändernden Welt hat, er hat schon verloren! Oft sucht ihr Menschen euch ein Ventil für den stetigen angestauten Druck, den ihr in euch spürt. Bestenfalls findet ihr ein Ventil in sportlicher Betätigung über den Ausdruck eures Körpers oder aber durch verbalen Ausdruck im "Sichaufregen" und "Sich-Luft-Machen" in sogenannten ungefährlichen Situationen. Schlimmstenfalls nehmt ihr den Druck mit in euer Privatleben und erzeugt Druck in eurer Familie oder eurer Beziehung. Ihr fühlt euch unverstanden und gehetzt von dem Gegenüber. Somit dient euch das Gegenüber als Spiegel, damit ihr erkennen könnt, wie ihr mit euch selbst umgeht.

Wenn aber zwei Menschen gleichzeitig unter stetigem Druck stehen, so sind Streit und Enttäuschung vorprogrammiert; denn jeder erwartet von dem anderen Rücksichtnahme, Verständnis, Mitgefühl und Hilfestellung in seinen alltäglichen Verpflichtungen und Entscheidungen. In noch größerem Ausmaß erzeugt Druck Gewalt gegen Minderheiten, gegen Kinder und gegen wehrlose

Opfer. Oder aber der Druck sucht sich ein Ventil in sexuell abartigem Konsumverhalten oder streitsüchtigen, aggressiven Abwehrmechanismen. Druck wird vom Ego erzeugt, von angelernten Verhaltensnormen, die ungeprüft übernommen wurden, und auch von der Gesellschaft und deren Ansprüchen, die an euch gestellt werden. Und ihr gebt ihnen recht und tragt ihnen Rechnung, indem ihr meint, die an euch gestellten Aufgaben unter Druck bestens erfüllen zu müssen. Der Druck wird oft unbewusst von den euch umgebenden Menschen ausgeübt, weil diese selbst unter Druck stehen. Ihr fühlt euch abhängig, oft auch unterschwellig bedroht, machtvoll gelenkt und ausgenutzt, so dass ihr euch oft ohnmächtig diesen Menschen ausgeliefert seht. Ihr könnt diesen Druck, den ihr wahrnehmt, nicht gegen Autoritätspersonen richten, ohne mit Bestrafungen rechnen zu müssen; davon seid ihr überzeugt. Folglich sucht ihr euch als Druckentlastung schwächere Menschen aus und übertragt euren Druck und Frust auf diese. Und wenn ihr einen Empfänger für eure Druckenergie sucht, so werdet ihr auch einen finden, der sich zur Verfügung stellt, das Spiel mit euch zu spielen. Kurz darauf meldet sich euer schlechtes Gewissen, ihr wisst es, ihr habt einen schwächeren Menschen als Prellbock benutzt für eure druckvollen Energien. Ihr wart nicht in der Liebe, das macht euch aggressiv euch selbst gegenüber, weil es euch anscheinend nicht gelingt, aus diesem Druckkreislauf auszusteigen. Autoritäre Personen mit größerer Macht haben euer Schicksal und euer Leben in ihrer Hand, und ihr müsst funktionieren und bedienen. Das Rad dreht sich schneller und kräftiger, und ihr wisst nicht, wie ihr es anhalten könnt. Ihr habt Angst, dass ihr dann "ausgegrenzt" seid und alles verlieren könntet, was ihr euch mühsam aufgebaut habt.

Die Lösung ist in diesem Gesetz beschrieben, nämlich Druck erzeugt Gegendruck und die Lösung ist Ausdruck. Ausdruck heißt in diesem Fall: Ich zeige mich, wie ich wirklich bin. Ich lebe meine Wahrheit und drücke diese über meinen Körper aus, egal was mein Gegenüber davon hält oder darüber denken könnte. Ich zeige mich auch mit meinen Schwächen und definiere meine in mir gesetzten Grenzen, ich stehe zu mir und meiner Wahrheit, erläutere meine Gefühle in Liebe zu mir und ich traue mich, mich selbst wichtig zu nehmen, mich zu vertreten. Ich fühle mich würdig, ein klares Ja oder ein klares Nein zu äußern, denn ich vertraue meinem inneren Gefühl und folge meiner Eigenliebe und meiner Intuition.

Aus der Sicht der seelisch-emotionalen Ebene:

Der Geist "be-geistert" die Seele. Die somit "be-seelte" Seele drückt sich im Körper, in der Grobstofflichkeit in Wahrheit mit dem vorhandenen Bewusstsein aus. Dieses Gesetz erinnert uns daran, dass unser Körper immer unsere momentane Wahrheit ausdrückt und ausschließlich auf unsere innerste Wahrheit und unser momentan vorhandenes Bewusstsein reagiert, nämlich indem er Freude und Leichtigkeit ausdrückt - oder mit Unwohlsein, Mattigkeit und manchmal gar mit Krankheiten reagiert, um uns auf Unwahrheiten in uns aufmerksam zu machen.

Unser Körper ist unser Tempel, der Tempel unserer Seele und unseres Geistes, und dieser drückt immer das aus, was er fühlt, selbst wenn wir es zu unterdrücken versuchen. Wenn wir es unterdrücken, reagiert der Körper mit Energieverlust, Unwohlsein, Antriebslosigkeit oder mit Hyperaktivität und Schlafstörungen. So gesehen dient uns unser Körper als Wahrheitsbarometer für unser vorhandenes Bewusstsein in Bezug auf uns selbst. Er reagiert auf unsere Gefühle, auf unser Gewissen und auf unsere unterdrückten Wünsche und Bedürfnisse. Er zeigt uns auf, wo wir unsere innere Wahrheit nicht leben. Wenn wir auf den Körper hören, wissen wir genau, wann wir in unserer Mitte, in unserer Wahrheit, in unserem höheren Bewusstsein sind oder wann diese Qualitäten zugunsten angepasster Äußerlichkeiten nicht gelebt, erlebt oder gar unterdrückt werden. Der Körper reagiert als Tempel auf unser geistig-seelisches Bewusstsein, er will im Einklang mit der Ganzheit schwingen immer.

Aus der Sicht der menschlich-materiellen Ebene:
Schwingt der Mensch außerhalb seiner Wesensschwingungen, so spürst du diese Blockaden zuerst als Unwohlsein in deinem Körper. Danke deinem Körper für diese Arbeit, die er unaufgefordert leistet, anstatt ihn abzuwerten, ihn zu beleidigen und zu vernachlässigen. Achte ihn und erlöse ihn von seinen Schattenteilen und Glaubensmustern, indem du seine Schwingungen erforschst, erspürst, diese liebend anerkennst und die Schattenteile somit im Körper transformierst.

Dieses Gesetz erinnert euch daran, dass der Körper, die Seele und der Geist eine Einheit sind, als Einheit in Erscheinung treten möchten, aus dieser wirken möchten, um als Einheit das Beste für dich und die Welt zu erschaffen. Deine wahre Wirklichkeit erschaffst du aufgrund deiner innersten Wesensenergien, nämlich aus Geist und Seele, aus Liebe und Stärke heraus. Dein Körper zeigt dir sehr klar auf, wann du nicht aus deiner Wahrheit heraus lebst, wann du nicht aus deiner Mitte, aus deinem Wesenskern heraus agierst und handelst.

Dein Körper ist dein Aushängeschild für deine geistige Entwicklung und damit für dein spirituelles Bewusstsein. Er gibt dir die Sprache und Gestik als Ausdrucksmittel an die Hand, und die Körpersprache eines Menschen zeigt in seiner Gestik und seiner Mimik dir und den Mitmenschen auf, wer du in Wahrheit bist. Der Körper kann nicht lügen.

Wer Augen hat zu sehen, der sieht.

Du setzt dir selbst Grenzen und teilst diese liebevoll, einfach und klar deinen Mitmenschen mit. Und so steigst du aus – aus dem Rad der Wiederholungen, den endlosen Diskussionen, Streitigkeiten und Rechtfertigungen. Du hast nicht mehr den Anspruch, andere Menschen und deren Umfeld verändern zu wollen, denn du weißt, dass du nur selbst über deine bewusstere Einstellung zu Situationen verändern kannst, um dauerhaften Frieden und Gelassenheit erfahren zu können. Alsdann kannst du anfangen, dir zu vertrauen und dein Innerstes auszudrücken, nämlich das, was du wirklich fühlst, was deine wirkliche Wahrheit ist und warum du dieses nur so und nicht anders machen kannst oder es sein lassen musst. Du kannst deiner eigenen Wahrheit dienen und dieser folgen, damit es aufhört, dass du Dinge tust, die sich für dich nicht gut und richtig anfühlen.

Sage deinem Gegenüber einfach, klar und deutlich mit liebevollen Worten - anstatt mit rechtfertigenden Worten - das, was du fühlst, was du bejahen kannst oder was du verneinen musst. Lass das Ja oder Nein des Gegenübers ohne Diskussionen stehen. Dann erzeugst du keinen unterschwelligen Druck und manipulierst dein Gegenüber nicht.

Gehe vielmehr immer davon aus, dass jeder Mensch in jeder Situation sein Bestes tut. Wenn dieses in deinen Augen nicht das Beste ist, so segne es. Der andere lernt vielleicht noch, er kann es gerade nicht besser tun. Sei dir sicher, wenn er es könnte, würde er es tun! Habe also Geduld und Vertrauen in diesen Menschen, dass auch er wachsen will und bewusster werden will, denn auch er hat eine Seele, die ihn führt. Wenn du dich entschließt, Ausdruck zu üben, und ohne Druck auskommen willst, so wirst du die Erfahrung machen, wie deine Energie, deine Würde, dein natürlicher Stolz und deine Eigenliebe zunehmen. Du identifizierst dich mehr mit dem, was du fühlst, du hörst auf deine innere Stimme, deine Selbstliebe macht dir mehr und mehr bewusst, wer du bist. Du lobst dich selbst für deine Ehrlichkeit und Standfestigkeit. Das macht dich unabhängig und frei. Deine Liebe zu dir selbst nimmt stetig zu, und damit nimmt auch die Liebe zu, die du von anderen Menschen erfährst und jetzt würdevoll annehmen kannst. Die Menschen um dich herum achten und schätzen dich, ja, sie lieben dich für deinen klaren Ausdruck in Liebe und Wahrhaftigkeit. Dadurch fühlen sich die Menschen würdevoll und achtsam von dir behandelt. Jetzt kann und wird es geschehen, dass du den äußeren Belangen und Anforderungen nicht mehr hinterherläufst, mit Leistung und Kampf die Materie und die Menschen bedienst. Durch die Liebe und Wahrhaftigkeit zu dir selbst, durch deine Selbstverständlichkeit und durch deinen klaren Ausdruck und Standpunkt allem gegenüber, was dir widerfährt, wirst du glücklichere, segensreichere, erfüllendere Wirklichkeiten erschaffen. Und dieses Mal ohne Druck, Manipulation und das Gefühl von permanentem Energieverlust und Ohnmacht. Durch die Anwendung dieses Gesetzes kannst du aus dem Rad der Unehrlichkeit, der Abhängigkeit, der permanenten Druckgefühle und Leistungen aussteigen, und sämtliche Ohnmachtsgefühle, die dich blockierten, werden sich auflösen.

Wer ehrlich und mutig ist, der drückt sich aus, aus Liebe zu sich, zu seinem Körper und aus Liebe zu seinen Mitmenschen. Die Wahrheit befreit, und der Ausdruck in und mit der Liebe auf der geistig-seelischen Ebene trägt die menschliche Würde in sich.

Der Körper dankt es euch Menschen mit positiver Ausstrahlung, Charisma, Gesundheit, Leichtigkeit und ansteckender Freude! Denn ich verstecke, was ich nicht liebe - ich offenbare, was ich liebe. Ihr seid Liebe, versteckt euch nicht!

Geist ist Würde und Seele ist Liebe.

Identifiziere dich nicht mit negativer Energie,
du hast sie für diesen Moment,
aber du bist sie nicht. Gehe in deine höhere Schwingung!

9. Energiegesetz

Loslassen schafft Vertrauen und Veränderung.

Aus der Sicht der kosmisch-spirituellen Ebene:

Loslassen zeugt von Vertrauen. Doch ihr Menschen könnt schwer etwas loslassen, weil ihr glaubt, dass die Dinge, die ihr besitzt, euch auch gehören. Ihr Menschen glaubt dies, weil ihr so viel Kraft und Zeit investiert habt, um diese Dinge zu bekommen, und ihr wollt sie behalten. Nun wisst ihr inzwischen aber auch, dass allein der Geist die Materie eurer Welt erschaffen kann und nicht allein euer Ego-Wille.

Euer Geist erschafft Materie aus seiner höchsten Ebene, in Verbindung mit eurer Schöpfungskraft und mit Magie. Euer Ego dagegen erarbeitet Materie durch euren Willen und durch eure erbrachte Leistung. Aus der Sicht eurer Menschlichkeit liegt es in eurer Natur, das endlich so Erschaffene bewahren, verteidigen und als eure Leistung behalten zu wollen. Das ist euer menschlicher Wunsch, vor allem euer Egowunsch, denn das Ego will immer haben, festhalten und es will immer mehr und mehr; es hat niemals genug. Euer Egoteil nimmt dafür sogar Trennungen in Kauf: die Trennung von eurem Wesenskern, die Trennung von eurer Intuition, die Trennung von eurer Seele und euren Visionen und Träumen.

Das Ego glaubt nicht daran, dass es etwas erschaffen kann, was Beständigkeit besitzt, deshalb fordert es mehr und mehr Materie und glaubt, durch Anhäufung von viel Materie euch eine Sicherheit gewährleisten zu können. Euer Ego kann nicht glauben, dass es ohne erbrachte Leistung etwas geschenkt bekommt, es glaubt, sich alles verdienen zu müssen. Das ist seine Wahrheit, weil euer Ego die Kraft des Geistes und der Seele sowie die Kraft der Magie, die mit Hilfe kosmischer Energie erschafft, nicht anerkennt. Das Ego glaubt an die Vergänglichkeit des Materiellen und nicht an die Ewigkeit des Seins von Geist und Seele. Euer Ego anerkennt diese Energien nicht, weil sie nicht materieller Natur sind. Auf der Ebene des Egos und des Körpers, die beide in der Ebene der Illusion zu Hause sind, fällt es euch Menschen oft schwer, etwas loszulassen. Es ist sehr schwer für euch, weil ihr glaubt, dass ihr euch dann wieder mächtig anstrengen müsst, um etwas Gleichwertiges zu besitzen. Ihr kennt die Kraftanstrengung aus eurer Vergangenheit, die ihr aufbringen musstet, um "gut zu sein", "besser zu sein" und Leistungen festzuhalten, um das Gefühl zu haben, in eurem Leben etwas erreicht zu haben. Ein Mensch, der so denkt und handelt, wird immer unter Druck stehen, denn sein Ego will mehr und mehr und hat Angst vor Verlust. So kann aus einem gütigen, sanften, liebevollen Menschen leicht ein arroganter, geiziger, ängstlicher und oberflächlicher Mensch werden, der sich nur noch um seine äußeren materiellen Belange kümmert. Für seine eigene Entwicklung hat er keine Zeit, keinen Raum, denn er hat immer zu tun. Dieses Verhalten kann eine unbewusste Ablenkung von seiner wahren Aufgabe sein und kann eine ganze Zeit lang gut gehen und den Menschen zufriedenstellen. Tatsache ist jedoch, dass kein Mensch irgendetwas Materielles nach seinem Ableben mitnehmen kann, weil das Materielle vergänglich ist, einschließlich des Körpers. Was ihr Menschen wahrhaftig mitnehmen könnt, ist das, was unvergänglich ist: eure Liebe, euer Wissen, eure Erfahrungen, eure Seele und euren Geist. Und alle diese Energien sind seelisch-geistiger Natur. Die Erkenntnisse dieser unvergänglichen Energien werden über die Erfahrungen in vielen gelebten Leben wiederentdeckt, erinnert und integriert. Bewusstseinserweiterung kann nicht geleistet oder erkauft, ersteigert oder erbettelt werden.

Ein bewusster Mensch, der die geistigen Gesetze kennt, hält inne, er erinnert sich und er versucht, sein menschliches Leben mehr und mehr seiner Seele, seinem Geist und seiner Ganzheit anzuvertrauen, anstatt seinem Ego, seinen Gedanken und seinen Zweifeln zu folgen.

Ein bewusster Mensch lässt los, nämlich die Vorstellungen seines Egos und die Ängste aus seiner Vergangenheit, um diese nicht in die Zukunft zu projizieren. Er lässt seine alte Vorstellung darüber los, wie das Leben funktioniert, und besinnt sich auf seine innerste Schöpfungskraft. Die Hinwendung an sein Innerstes zeigt ihm den einfachen, den bewussteren Weg zu seinen gewählten Zielen. Geist und Seele erschaffen Hand in Hand mit Leichtigkeit, nicht wie das Ego über Leistung, aus Mangel, Gier und Angst heraus. Geist und Seele, die Schöpfungskraft im Menschen, trennen nicht, bewerten nicht, geizen nicht und kennen keine Angst. Warum auch? Der Schöpfer ist nicht zu bedrohen oder zu erpressen, er gibt und freut sich an der Fülle und an dem Wachstum und an der schöpferischen Kraft des Menschen. Das Bewusstsein über die Ganzheit von Körper, Geist und Seele hebt die scheinbare Trennung zwischen dem Menschen und dem göttlichen Menschen auf. Der göttliche Mensch erschafft aus seinem Sein, aus seiner schöpferischen Wirklichkeit heraus, Materielles in diese illusionäre Welt hinein. Der Kreis schließt sich, Leichtigkeit des Seins stellt sich ein. Der Mensch erkennt mehr und mehr, wer er ist und woher er kommt; er begreift diese Welt der materiellen Illusion als Spielwiese für seine Lektionen und Lernaufgaben. Er durchschaut die Vergänglichkeit der scheinbaren materiellen Werte, versteht die Angst seines Egos und erkennt die Chance für sein Wachstum, die ihm diese Spielwiese bietet. Dieser Mensch hat gelernt, das Unwesentliche vom Wesentlichen in der materiellen Welt zu unterscheiden, das Unsichtbare und das Sichtbare zu verbinden und aus der Ganzheit heraus zu erschaffen. Himmel und Erde sind in ihm.

Dieser bewusste Mensch kann loslassen, ohne dass er Ersatz braucht für das, was er loslassen will oder loslassen muss. Er weiß, dass er nur das loslassen kann, was sein Geist und seine Seele für das weitere Wachstum nicht mehr benötigen. Dieser Mensch weiß, dass er in diesem Moment das Beste sein Eigen nennt und dass er freundvoll und dankbar das loslassen kann, was ihm nicht mehr dienlich ist. Er vertraut seiner Seele, die weiß, was dem Menschen für sein Wachstum, seine Aufgaben und Lektionen jetzt dienlich ist. Der bewusste Mensch hört nicht auf seine Egoanteile und Schattenteile, die ihn glauben machen wollen, ganz genau zu wissen, was der Mensch jetzt gerade am dringendsten braucht.

Der bewusste Mensch lässt los im Vertrauen, im Wissen um seine Schöpfungsenergie, und er begrüßt das Neue, das ihm geschenkt wird, um wiederum damit zu spielen, daraus zu lernen, daran zu wachsen und sich zu erfreuen an den geschenkten Möglichkeiten.

Euer Loslassprozess kann folglich nur in eurer inneren Einstellung beginnen, schrittweise, um das Ego nicht zu erschrecken, sondern es langsam an eure Geist-Seele-Einheit zu gewöhnen. Jeder Schritt, den ihr tut, hinterlässt in euch mehr Gefühle des Vertrauens, und dadurch dezimiert sich eure Ego-Angst-Energie. Ihr begegnet eurem Selbst näher und tiefer, anerkennt eure Persönlichkeit mehr und mehr, ihr entdeckt eure Potenziale mehr und mehr. Ihr lernt, geistige und materielle Geschenke anzunehmen, selbstverständlicher, dankbarer. Mit dem Wissen um die Spiegelfunktion des Gegenübers könnt ihr lässig darüberstehen und in Krisensituationen ruhig bleiben. So könnt ihr schlussendlich spielerisch vertrauensvoll loslassen, was euch sowieso nie gedient hat. Denn das, was wirklich zu euch gehört, könnt und müsst ihr niemals loslassen, denn es ist ein Teil von euch, ein Teil eurer Ganzheit, und es dient euch.

Das Bewusstsein darüber, dass es für immer und ewig eures ist, gebiert euer Urvertrauen. Und ihr spürt die Einheit mit dem, was euch gehört, ihr begrüßt es freudig, demütig und dankbar, ohne die alte Angst, dass es genommen werden könnte. Denn nur der Mensch, der etwas loslassen kann, wird etwas Neues empfangen.

Wer krampfhaft festhält, was er hat, schafft keinen Platz für Neues, was ihn berühren möchte. Eure Seelen wünschen euch Glück, Fülle, Zufriedenheit, Gelassenheit, Vertrauen und Bewusstheit. Es liegt an euch, an jedem Einzelnen von euch, sich für diesen oder jenen Weg zu entscheiden. Fangt an mit dem Loslassen der nach Sicherheit bestrebten Gedanken und der angstvollen Gefühle. Begrüßt die Leere, die Neutralität, die notwendig ist, damit Neues, Besseres sich in euch und um euch manifestieren kann.

Aus der Sicht der seelisch-emotionalen Ebene:

Alles, was existiert, ist Energie. Wir bestehen aus Energie. Wir erschaffen jeden Moment aus dieser Energie heraus unsere Wirklichkeit, bewusst oder unbewusst; denn alles Erschaffene ist aus geistiger Energie geboren.

Unbewusste Menschen kreieren ihre Wirklichkeit aus Gedankenenergien, aus angstvollen Gefühlen und aus niedrigeren Bewusstseinsebenen heraus zur Befriedigung des Egowillens. Wir wissen jetzt, dass Energien immer das bewirken, was wir möchten. Sie folgen unseren Gedanken und Gefühlen, wir sind die Schöpfer.

Es gibt unter uns Menschen, die unbewusste Ego-Schöpfer sind, und welche, die bewusste Geist-Schöpfer sind. Dieses kosmische Gesetz sagt: Wenn ihr etwas loswerden wollt, so entzieht diesem etwas eure Energie. Vergleicht es mit einem Eimer Wasser, den ihr im Wüstensand ausgeleert habt, und kümmert euch folglich nicht mehr darum, ob das Wasser versickert.

Wir Menschen versuchen oft krampfhaft, etwas loszulassen, und denken immer und immer wieder darüber nach, wie wir dieses Loslassen am geschicktesten anstellen sollen. So werden wir es aber nicht los, im Gegenteil, wir laden es energetisch immer mehr auf. Dieses Gesetz erinnert uns daran, dass alles, was wir jemals erschaffen haben, uns auch irgendwann in irgendeiner Form gedient hat. Und sei es nur dazu, dass es uns bewusst gemacht hat, was wir nicht brauchten, was wir nicht wollten und was uns nicht diente.

Dieses Gesetz erinnert uns daran, dass wir nichts loswerden können, wenn wir die Lösung dafür in unseren Gedanken oder unseren Handlungen suchen. Wir werden nur dann etwas los, wenn wir es zuerst in unseren Gedanken loslassen und somit die Angst verlieren. Wenn wir dann unserer Seele, unserem Geist und unserer Schöpfungsenergie vertrauen und das Alte ziehen lassen, indem wir dem Vergangenen keine Bedeutung mehr zumessen, entziehen wir dem, was wir loswerden wollen, unsere Energie. Und danach passt es nicht mehr in unser neues Bewusstseinsfeld, in unser neues Energiefeld, weil wir unsere Energie jetzt auf das vor uns Liegende und nicht auf das Vergangene richten. Somit lässt die alte Energie uns los und verabschiedet sich, macht friedvoll und freudvoll Platz für neue, bewusstere, leichtere, schöpfer-intensive Energie. Wir erschaffen und schöpfen immer aufgrund unseres Bewusstseinszustandes, mit Hilfe unseres Geistes und unserer Seele. Das Erschaffene ist wirklich unser Eigentum, es ist nicht vergänglich - es ist heilig und göttlich, weil erschaffene Energie bleibt, sich nicht auflöst, sondern sich entsprechend dem derzeitigen Bewusstsein verändert.

Wir können wählen, was wir erschaffen wollen, was immer uns dient oder von dem wir glauben, dass es uns dient. Wir tragen jedoch die Verantwortung für das, was wir erschaffen haben. Dieses Gesetz lehrt uns Vertrauen, es dient und bedient und fordert uns auf, unser Bewusstsein zu fördern, um so gewünschte Wirklichkeiten in unsere Illusion zu bringen, die uns und anderen dienlich sind. Diese erschaffenen Wirklichkeiten nehmen niemandem etwas weg, trennen uns nicht, sondern wir teilen sie und geben jedem Menschen dadurch die gleiche Chance zum Wachstum.

Wer loslässt, gibt sich hin an seine höhere Führung, er kämpft nicht mehr, er will nicht mehr siegen - er will *sein* - und sich selbst genießend begreifen. Unser Geist und unsere Seele wissen, wann und ob wir wirklich im Vertrauen losgelassen haben, ohne äußere Absicherungen, ohne Netz und doppelten Boden.

Aus der Sicht der menschlich-materiellen Ebene:

Nur der Mensch, der loslassen kann, kann auch alles bekommen. Wenn du etwas loslassen willst, segne es mit deiner Liebe und erkenne die Chance zum Wachstum. Denn alles, was du mit deiner Liebesenergie beseelst, kann sich in deiner dankbaren Energie auflösen. Alles, was du von dir wegdrückst, wird durch das dich umgebende kollektive Massenbewusstsein neu aufgeladen und erreicht dich erneut mit großer Heftigkeit.

Du bist dein Schöpfer! Dieses kosmische Gesetz lehrt dich, dich selbst zu beseelen, denn das garantiert dir ein glücklicheres, zufriedeneres, gesünderes Leben.

Du hast Angst, das Alte loszulassen, weil du nicht weißt, was danach kommt. Du hältst fest nach dem Motto: Besser der Spatz in der Hand als die Taube auf dem Dach. Doch du bist auf der Welt, um dich für dich und dein Wachstum zu entscheiden. Wenn du dich in einer Situation befindest, die dir kein Wachstum mehr beschert, dann verlasse die angenehme Komfort-, aber auch Angstzone und gehe den Weg der Herausforderung und deines Wachstums. Du kannst nicht tiefer fallen als in die Hände deines Gottes, der dich immer auffängt. Sieh es als deine Aufgabe an, Entscheidungen zu treffen, die dich tragen, dich beschützen und dir dienen. Lass liebevoll los, was du nicht mehr willst, gehe kurzfristig durch das Tal der Ungewissheit, denn allein durch deine getroffene Entscheidung, etwas loszulassen, wird dein Bewusstsein und dein Wachstum neu belebt. Es werden Türen aufgehen, die deine Geist-Seele für dich erschaffen hat, um dich zu lehren, ein besserer Schöpfer zu sein. Und bedenke, dass du eine einmal getroffene Entscheidung verwerfen kannst, um dich jederzeit neu zu entscheiden, denn du bist ein Schöpfer.

Probiere es aus, und du wirst die Schöpfungskraft in dir als wunderbare Magie fühlend, wissend leben und erleben - als ein neuer Mensch in einem kosmischen Umfeld. Kreiere dein Leben in deinem Sinne, du hast nur eines!

Egal, wer Opfer, wer Täter ist.
Übernimm für dich und dein Leben
die Verantwortung, aus der spirituellen,
übergeordneten Sichtweise heraus.

Lass alle Energie los,
die an dir hängt und nicht zu dir gehört –
egal wie! Sei frei!

10. Energiegesetz

Das Lebensprinzip besteht aus den Energien Sein, Erfahren, Wirken, Handeln. Jede dieser vier Grundenergien erhilft uns zur Ganzheit.

Aus der Sicht der kosmisch-spirituellen Ebene:

Sein

Auf dieser Ebene des Lebensprinzips erkennt jeder Mensch sein göttliches Sein. Entweder er weiß, wer er ist – oder er weiß es noch nicht – oder er weiß zumindest, wer er nicht ist. Der bewusste Mensch wirkt, handelt und erfährt aus seinem Sein. Ein unbewusster Mensch wirkt, handelt und erfährt aus seinem Schein.

Der bewusste Mensch hat die Erfahrungen in Bezug auf Wirken und Handeln durchlebt und ist in jedem Moment der, der er jetzt ist. Er ist angeschlossen an seine ursprüngliche Schöpfungskraft und misst dem Handeln, Wirken nicht mehr so viel Bedeutung bei, weil er weiß, dass all seine Erfahrungen ihn in diesen Zustand des Seins gebracht haben. Der bewusste Mensch wirkt durch sein Sein, ohne wirken zu wollen. Er handelt in Verbindung mit seiner Seele-Intuition, ohne auf das Echo aus der Umwelt zu achten. Er weiß, dass er ist, wer er ist, und steht über menschlichen Katastrophen, leidvollen Erfahrungen und selbstdarstellenden Handlungen.

Wir erklären den ersten Schritt des Lebensprinzips als Wirken im Bewusstsein darüber, wer ihr seid. Ein Bettler kann gegebenenfalls mehr wirken und bewirken als der bestgekleidete Gentleman.

Ihr versteht "Sein" als Verständnis von dem, wer ihr seid, in dem Bewusstsein, wie ihr eine Wirkung auf andere Menschen erzielt. Bei einem bewussten Menschen, der in seinem Sein verankert ist, bewirkt der oberflächliche Schein nichts, denn er schaut tiefer. Er beurteilt einen anderen Menschen nicht aufgrund seiner Äußerlichkeiten. Da er weiß, wer er selbst ist, weiß er darum, wer sein Gegenüber ist. Er hat gelernt, diese Welt der Illusionen auf sich wirken zu lassen, und er erkennt mit seiner Intuition, was ihm dienlich ist und was eine negative Wirkung auf ihn hat. Der bewusste Mensch will nicht wirken mit ... oder durch ... oder im Besitz von ... ; er wirkt durch und mit seinem ihm bewussten Potenzial. Seine Klarheit macht ihn neutral, sein Sein macht ihn liebevoll. Das heißt nicht, dass solch ein bewusster Mensch alle weltlichen Luxusgüter ablehnt. Er kann sich an diesen durchaus erfreuen. Jedoch erfreut sich der bewusste Mensch an diesen weltlichen Luxusgütern, weil sie *ihm* dienen, nicht er ihnen. Er schmückt sich womöglich mit diesen Gütern, benutzt diese, umgibt sich mit ihnen, aber er braucht diese Dinge nicht, um sich selbst aufzuwerten, sich geliebt zu fühlen, anerkannt zu werden. Er integriert diese äußeren Güter in seine Welt, er schmückt seine Welt mit ihnen, aber er identifiziert sich nicht über diese. Er benutzt sie freudvoll, weil sie ihm dienen, aber er dient nicht der Materie und gibt ihr keine Macht. Er schmückt sich mit ihr und schont dadurch seine Kraft. Er weiß aber auch, dass er gut ohne sie leben kann.

Erfahren

Alle Erfahrungen, die ihr jemals gemacht habt, dienten eurem Wachstumsprozess. Es gibt in jedem Leben gute und schlechte

Erfahrungen. Aus der kosmischen Sicht sind die schlechten Erfahrungen genauso wie die guten, weil wir wissen, dass ihr Gefühle habt, aber nicht eure Gefühle seid. Eure Gefühle dienen euch dazu, aus schlechten Erfahrungen gute zu machen, denn kein Mensch will auf Dauer schlechte Gefühle haben.

Die Erfahrungen des weniger bewussten Menschen, der sich als Opfer fühlt, werden wohl schmerzhafter sein als es die des bewussten Menschen oder Schöpfers. Die Erfahrungen sind die äußeren und inneren Früchte eurer vergangenen Realitätsschaffung. Der unbewusste Mensch arbeitet länger und mit größerem Energieaufwand daran, seine schmerzvolle, düstere Erfahrung in eine positive Erfahrung zu verändern als der bewusstere Mensch, der nach den geistigen Gesetzmäßigkeiten lebt.

Der bewusste Mensch lernt aus seinen gemachten Erfahrungen, er übernimmt die Verantwortung für vergangene Realitäten und ist stolz darauf, diese Zeiten heil überstanden zu haben. Der bewusste Mensch übernimmt die Verantwortung und zieht aus allem, was war, ein positives Fazit für sein Jetzt und sein Morgen. Er verändert schmerzvolle Erfahrungen in positive Wachstumsschübe, und somit wächst sein Bewusstsein.

Wirken

Eure Gesellschaft ist so aufgebaut, dass fast alles, was ihr tut, darauf ausgerichtet ist, bei anderen Menschen eine gewisse Wirkung für euch zu erzielen. Diese Wirkung verfehlt ihr Ziel nicht, und so handelt ihr dementsprechend. Denkt nur an eure Werbekampagnen, die euch zum Kaufen, zu gezieltem Handeln animieren. Mit dem erworbenen Produkt macht ihr dann eure Erfahrungen, gute oder weniger gute. So weit, so gut. Jetzt kommen wir zum bewussten Sein: Eure Werbung sagt euch, dass ihr jemand seid, wenn ihr dieses oder jenes Produkt besitzt; ihr seid jemand Besonderes durch den Besitz dieses Produktes. Oberflächlich betrachtet machen die Werbemanager ihre Arbeit gar nicht mal so schlecht, wie an den steigenden Verkaufszahlen zu erkennen ist. Dieses Gesetz ist jedoch ein kosmisches Gesetz, kein Werbespot, das euch daran erinnert, dass ein Mensch nicht das ist, womit er sich äußerlich schmückt; wir nennen das Maskerade.

Aus kosmischer Sicht tut ihr nicht etwas, um etwas zu bewirken oder Anerkennung haben zu wollen, sondern ihr tut es, um daraus etwas zu lernen. Aus unserer Sicht wirkt ihr, und ihr werdet von den euch umgebenden Menschen eurer eigenen Wirkung entsprechend reflektiert. Diese Menschen sagen und reflektieren euch, wie ihr auf sie wirkt; denn was ihr ausstrahlt, ist die Spiegelfunktion, über die wir schon oft gesprochen haben. Kosmisch gesehen wirkt ihr strahlend und einladend, wenn ihr wisst, wer ihr seid. Ihr bewirkt Gutes, seid ein Vorbild und gebt anderen Menschen durch eure Liebe Anstöße zu Veränderung und bekommt selbst Anstöße durch ihre Hilfe, die ihr in euch reflektiert.

Ihr tut dies jedoch nicht, um mehr scheinen zu wollen, als ihr seid, sondern um euer Wirken über den anderen Menschen in euch zu erspüren. So erkennt ihr, wer ihr wirklich seid. Nur ein Wirken aus der Ganzheit heraus bewirkt ganzheitliche Veränderungen. Ein ausschließlich menschliches Wirken ist ein "Wirken-Wollen", um zu bewirken und um Achtung und Liebe zu bekommen für das, was der Mensch im Besonderen im Außen zur Schau stellt.

Handeln

Hier ist es die Frage: Handelt ihr aufgrund eures erfahrenen Seins und eures schwingungsmäßigen Wirkens oder handelt ihr aufgrund projizierender Schwingungen anderer Menschen?

Eure Realitätsschaffung zwingt euch oft zu handeln, um zu wachsen. Denn Energie, die feststeckt, kann nichts bewirken. Also gibt es das unbewusste Handeln, das Tun, egal was, nur tun, tun als ob. Oder wirklich tun, um euch zu dienen oder anderen. Handelt ihr aus euren tiefsten Schichten heraus, wird es euch sicherlich zum Erfolg führen. Handelt ihr, weil ihr glaubt, etwas schnell tun zu müssen, ist der Misserfolg vorprogrammiert.

Der bewusste Mensch hält inne, bevor er handelt. Er weiß, dass er für sein Handeln verantwortlich ist und dass es für ihn und seine Nächsten nicht im Sinne der Ganzheit ist, wenn er vorschnell, ungeduldig, ärgerlich, ängstlich etwas tut, nur um etwas getan zu haben. Kosmisch-fundiertes Handeln bedeutet, sich Zeit zu lassen, die zu treffenden Entscheidungen geistig und emotional auszuloten und zu erfühlen. Er bindet auch Verstandesbewusstsein in seine Entscheidung mit ein, ohne jedoch dem Verstand die alleinige Entscheidung ungeprüft zu überlassen. Denn dem Verstandesbewusstsein und dem Ego ist nicht zu trauen. Handeln heißt für einen bewussten Menschen, auf die innere Stimme der Seele und des Geistes zu hören, auf Botschaften und Zeichen zu achten und erst dann zu reagieren und zu handeln, wenn ein klares Ja als stille Freude wahrnehmbar ist.

Ein bewusster Mensch nimmt sich die Zeit, die er braucht. Er lässt sich weder drängen noch überreden oder gar verunsichern. Er glaubt zuerst an sich selbst und nicht an Worte und Taten anderer Menschen. Er erfüllt die Erwartungen, die er an sich selbst hat, nicht das, was andere Menschen von ihm erwarten.

Aus der Sicht der seelisch-emotionalen Ebene:

Dieses Gesetz gibt uns Menschen vier Schritte als Lebensprinzip an die Hand, die uns zu unserer Ganzheit führen. Somit erinnert uns dieses Gesetz daran, dass es Gültigkeit auf allen sichtbaren und unsichtbaren Ebenen besitzt, bewusst oder unbewusst. Wir sagen "wie oben so unten". Leben existiert auf verschiedensten Ebenen, die Ganzheit ist ebenso überall wie scheinbar nirgends zu finden. Dieses kosmische Gesetz kann uns als Leitfaden dienen, um unsere Ganzheit in uns wiederzuerlangen, egal auf welcher Ebene wir zu Hause sind. Wo und welche Erfahrungen wir machen und welches Wissen wir daraus ziehen, alle Erfahrungen führen uns irgendwann in unserem Leben zur Ganzheit. Indem wir uns an dieses Gesetz erinnern und es bewusst zur Anwendung bringen, kommen wir in kürzerer Zeit unserer Göttlichkeit gelassener und freudvoller näher.

Sein, Erfahren, Wirken, Handeln erfahren wir zuallererst in unserer materiellen Welt, um dann zu erkennen, was wir wirklich brauchen, wer oder was uns wirklich dient und mit wem oder was wir uns identifizieren. Dieses Gesetz beinhaltet die Gesetze der Wahl zwischen "wichtig" und "unwichtig", "dienlich" und "sinnlos" ebenso wie "entscheiden können und dürfen" und "Entscheidungen verändern". Dieses kosmische Gesetz erläutert uns nochmals, dass jeder seine eigene Realität schafft. Wenn diese geschaffene Realität uns nicht gefällt, sollten wir in uns gehen, um herauszufinden, was uns wirklich fehlt, was unsere wahren Bedürfnisse sind, damit unser Wirken, unser Handeln und unsere Erfahrungen zu unserem Sein sich verdichten können. Im Kosmos ist nichts unmöglich. Wenn sich uns Grenzen und Ängste aus der Ego-Ebene zeigen, geht es darum, diese zu überwinden, um der zu werden, der wir *sind*. Die Ganzheit als Einheit ist nicht teilbar, nicht trennbar, wir sind immer ganz in der höchsten und tiefsten Ebene unseres Seins, ob wir dies wissen oder nicht. Wir erleben Trennung und Teilung in unserem Leben und in unserer materiellen Ebene - um die Ganzheit in uns wiederzufinden. Denn der Mensch, der Trennung nicht erlebt hat und nicht kennt, weiß nichts von der Ganzheit.

Trennung ist Illusion. Die Vorstellung von Ganzheit schafft Ganzheit.

Aus der Sicht der menschlich-materiellen Ebene:

An deinem Tun werde ich erkennen, wer du bist. An deinem Handeln erkenne ich den Zustand deines Bewusstseins. An deinen Erfahrungen erkenne ich den Zustand deiner Erkenntnisse. An deinem Wirken erkenne ich den Zustand deiner Schwingungen.

Der Mensch ist so geschaffen, dass er von diesen vier Stufen zuallererst die Stufe des Handelns bedient. Wenn du also aus deinen schmerzvollen Erfahrungen heraus handelst, wirst du schmerzvolle Erfahrungen erleben. Wenn du dein Handeln allerdings in Verbindung mit deinem Sein überdenkst und erfühlst, werden sich dir andere Perspektiven aufzeigen. Diese Perspektiven erfordern womöglich Mut und Willenskraft von dir, deiner Wahrnehmung bezüglich deiner Handlungen zu vertrauen. Du kannst jedoch einen friedvollen Weg suchen, dein Handeln dem Gegenüber liebevoll zu erklären. Das Gesetz zeigt dir, dass, wenn dein Handeln nicht aus deinen Erfahrungen, deinem Wirken und deinem Sein heraus geschieht, Misserfolg vorprogrammiert ist.

Also segne deine Erfahrungen als wunderbare Erkenntnisse, strahle in deinem Wirken und überstrahle mit deinem Sein deine Umgebung, und die Taten werden ihre Früchte zeigen.

Deine Zukunft ist die geheilte Vergangenheit.
Sie ist vorbei – lass deine Vergangenheit hinter dir
und strebe vertrauensvoll vorwärts.

Die Neue Energie sagt, es gibt einen Plan,
und deine Geist-Seele kennt ihn.

11. Energiegesetz

**Ein Opfer wird als Opfer bedient.
Ein Schöpfer wird er-füllt und beschenkt.**

Aus der Sicht der kosmisch-spirituellen Ebene:

Opferhaltungen von Menschen sind in eurer Welt nicht unbekannt. Ein Mensch, der keine Perspektive zu haben scheint, der leer und ausgebrannt ist und sich von allen Menschen und allen guten Geistern verlassen fühlt, bemitleidet sich gerne selbst. Ein Mensch, der sich in solch einer Krisensituation befindet, sucht dann Verständnis, Trost und Rat bei einem menschlichen Freund. Außerdem ist solch ein Mensch abgeschnitten von seinem innersten Potenzial. Ohne Hoffnung und Vertrauen in euch selbst benötigt ihr aufbauende, liebevolle Energien, die ihr am leichtesten von einem anderen Menschen erhalten könnt - und vor allen Dingen dann, wenn sich der Mensch als Opfer darstellt, um Mitgefühl zu bekommen. Einige Menschen sind in solchen Krisensituationen nicht nur unglücklich und verzweifelt, sondern auch noch krank, depressiv und antriebslos. Dieses Verhalten zeigt euch, dass sich das Gegenüber in einer Opferhaltung befindet.

Außerdem gibt es eine versteckte, nicht gleich erkennbare Opferhaltung bei euch Menschen. Diese Menschen erkennt ihr daran, dass sie nach außen hin vital, aktiv und kraftvoll erscheinen. An sich selbst erleben diese Menschen jedoch oft eine latente Aggressivität, müssen sich selbst immer wieder neu antreiben. Sie haben dadurch häufig einen gewissen Erfolg und fühlen sich dennoch tief in sich unverstanden und missbraucht. Diese Menschen in der Opferhaltung kritisieren oftmals die scheinbar erfolgreicheren, aber in ihrem Verständnis egoistischen, ungerechten und rücksichtslosen Menschen. Warum sollte sich der jammernde, sich selbst bemitleidende Mensch anstrengen? Das fragt er sich oft selbst und blockiert sich dadurch. Denn er will doch niemals so rücksichtslos, egoistisch und gestresst sein wie sein Gegenüber, das er kritisiert und abwertet. Beide Verhaltensmuster spiegeln Opferbereitschaft wider. Das eine Muster zeigt dieses durch Jammern, Energieklau und Passivität. Das andere Muster zeigt sich über Leistung, scheinbaren Erfolg, jedoch ohne wahre Liebe und eigene Anerkennung und Würde der Person.

Erst durch eine veränderte Einstellung, durch Bewusstwerdung und neue innere Einsichten sowie Mut und Vertrauen zu Veränderungen in ihrem Leben werden aus Opfern Schöpfer. Der Mensch in seiner Grundsubstanz ist kein Opfer, sondern Schöpfer. Nun zieht aber Gleiches Gleiches an. Eure Seele will Wachstum und Bewusstsein, nicht Leistung oder Krankheit. Aus diesem Grund kreieren sich die Menschen, die sich in ihrem Bewusstsein als Opfer fühlen, egal wie sehr sie sich auch bemühen, Opferrealitäten: Krankheit, Tod, Verlust, Trennung, Einsamkeit, Ärger, Streit. Dies erfahren diese Menschen oft so lange, bis sie für innere und damit auch für äußere Veränderungen bereit sind. Der Mensch schafft sich äußerlich ein Chaos, um sich selbst die Erlaubnis zu geben, innerlich zu wachsen. Er schafft sich oft unbewusst dieses Chaos, um neue, bewusstere Entscheidungen treffen zu können, die ihm vor dem Chaos nicht wichtig oder nicht sichtbar waren. Ein Mensch, der sich in der illusionären Welt in Sicherheit wiegt, wird neue Einsichten und Veränderungen nur dann zulassen, wenn seine Sicherheit bröckelt oder er diese verloren glaubt. Menschen, die sich als Opfer fühlen, egal wie sie dies nach außen präsentieren, sind in der Falle ihres Egos oder ihres "kleinen Ichs". Da das Ego immer mehr haben will und niemals genug hat, muss der Mensch viel Mühe und Kraft aufbringen, um dieses zu befriedigen. Und das "kleine Ich" wird immer jammern und immer das Gefühl haben, es stehe an der letzten Stelle. Sehr viel Energie ist dann notwendig, um das so Erreichte zu halten, zu kontrollieren oder zu vermehren. In der jammernden Opferhaltung sind Unzufriedenheit, Hilflosigkeit, Unmut, Antriebslosigkeit, Resignation oder auch Neid zu finden. Alle verfügbaren Energien werden von diesen Menschen nicht für Veränderungen, Disziplin, Eigenlob oder gar Eigenliebe eingesetzt, sondern diese Energien richten sich fast ausschließlich auf das Negative. Sie richten sich auf das noch nicht Erreichte und auf den nicht geliebten Menschen.

Innerlich getroffene Entscheidungen, die schöpferische, selbstbewusste, zufriedene Menschen hervorbringen, werden immer auf der Geist-Seele-Ebene beschlossen und im Außen verwirklicht. Kein Mensch hat das Recht und die Kraft, andere Menschen oder Situationen verändern zu wollen. Denn etwas verändern wollen heißt, dass es so nicht gut ist, wie es ist, dass es verbesserungswürdig ist; das heißt, dass man es bewertet und nicht in seiner Gesamtkonstellation wahrnehmen kann. Das Ego und das "kleine Ich" haben nicht die Kraft zu dauerhaften und bewussten Veränderungen. Nur ein demütiges, transformiertes Ego lässt Veränderungen aus der Geist-Seele-Sicht zu und folgt diesen.

Der Wunsch des Egos nach Veränderung zeigt euch Menschen, wo noch Bewertungen, falsche Machtansprüche und Manipulationen am Werk sind. Es zeigt euch klar auf, wo keine Liebe vorhanden ist und diese ersetzt wird durch Lüge in euch; es zeigt euch auf, wo ihr der materiellen Ebene noch verhaftet seid und dieser dient.

Aus einem Menschen, der sich als Opfer fühlt, wird ein Mensch, der weiß, dass er Schöpfer ist, wenn er aufhört, den menschlichen

Gesetzen zu dienen, und sich den kosmischen Gesetzen zuwendet. Dieser Mensch ist bereit für Veränderungen im Innen und Außen. Er hinterfragt seine Motive vor seinem Tun, er wertet und bewertet nicht, er fühlt, wenn er aus seinem Herzen heraus handelt und wann er aus seinem Ego heraus handelt. Er ist vorbehaltlos bereit, alles das, was ihm begegnet, anzuerkennen, zu akzeptieren, ja, alles segnend zu begrüßen, weil er die Chance für sein Wachstum in jeder geschaffenen Situation seines Lebens erkennt. Er begegnet seinen Ängsten mit Vertrauen und seinem Ego mit Disziplin. Er denkt nicht in Schablonen wie "Entweder-oder", sondern weiß um das kosmische "Sowohl-als-auch". Dieser Mensch weiß, dass, was ihm auch begegnet und widerfährt, es gerade jetzt das Beste für ihn ist; denn er weiß: Gottes Plan gelingt immer, des Menschen Plan nicht.

Ihr seid nicht in diese Welt getreten, um euch als Opfer zu fühlen. Wenn ihr Menschen euch dennoch so fühlt, zeigt euch eure Realitätsschaffung, was euch noch fehlt, um euch eine positive, schöpferische Wirklichkeit zu erschaffen und in ihr zu leben.

Menschen, die an die kosmische Schöpfungsenergie angeschlossen sind, haben Mut, Stärke, Tatkraft, Standfestigkeit, Disziplin, Ehrlichkeit, Aufrichtigkeit, Toleranz, Akzeptanz, Vertrauen, Geduld, Eigenliebe, Würde und Humor. Mit diesen Eigenschaften in ihrem Energiefeld dienen sie nicht der Materie und den Menschen, indem sie sich anpassen, sich verstecken oder sich über ihr Tun beweisen wollen. Sie dienen sich selbst, ihrer Wahrheit, ihrer Würde, ihrer Achtsamkeit, ihrer Liebe - und damit dienen sie dem großen Ganzen!

Deshalb sagt dieses Gesetz: Opfer dienen der materiellen Ebene und werden somit als Opfer bedient.

Schöpfer befruchten, weil ihre Energie auf andere Menschen fruchtbar einwirkt und das Beste in diesen Menschen befruchtend zum Vorschein bringt - die Saat, die aufgeht. Das ist bedingungslose Liebe!

Aus der Sicht der seelisch-emotionalen Ebene:

Dieses kosmische Energiegesetz soll uns daran erinnern, dass es keine Opfer unter uns Menschen gibt. Ihr seid in euer Leben getreten, um Bewusstsein zu erlangen darüber, dass ihr liebende Schöpfer seid. Opfer verhalten sich nicht wie Schöpfer, sie dienen nicht ihrem Innersten, sondern den gegebenen Äußerlichkeiten. Dieses Gesetz schult uns im Umgang mit Abhängigkeiten, falscher Rücksichtnahme, Macht und Machtlosigkeit und mit Bewertungen und Neutralität.

Die Seelen machen keine Fehler, auch wenn uns der höhere Sinn nicht immer gleich bewusst ist.

Aus Opfern können leicht Täter werden, und jeder Täter fühlt sich wiederum als Opfer.

Es wäre, in Erinnerung dieses Gesetzes, für uns möglich, Opfer und Täter als Spiegel zu betrachten und das Rad der wiederkehrenden Diskriminierung, der gelebten Rache und der wiederholten Wertungen in die Richtung der gelassenen Neutralität und Liebe zu lenken. Opfer und Täter bestrafen sich schlussendlich immer nur selbst, weil sie es scheinbar nicht schaffen, zum Schöpfer zu werden. Unsere Geist-Seele-Ebene bewertet und bestraft uns nicht. Diese Ebene findet keine Bestrafungsform für das, was wir wirklich sind: Schöpfer.

Die Geist-Seele-Ebene weiß, dass wir so lange mit Opfer-Täter-Realitäten konfrontiert sind, bis unser Geist und unsere Seele wieder energetischen Zutritt zu unserem Herzen haben können, um uns fühlend verstehen zu geben, wer wir wirklich sind.

Wir erfahren durch unsere Opfer-Täter-Spiele, wer wir nicht sind und was wir nicht wollen, bis unser menschlicher Wille sich in Demut, Vertrauen und Dankbarkeit unserem innersten, göttlichen Willen beugt und wir somit der Schöpfungsenergie dienen und als Schöpfer Früchte ernten.

Aus der Sicht der menschlich-materiellen Ebene:

Wir leben in einer schnelllebigen, bewusstseinsverändernden und interessanten Zeit. Wir und du kennen die Situationen aus vergangenen Zeiten, in denen wir alle mal Opfer waren und manchmal sogar Schöpfer. Wir bewegten uns sprunghaft zwischen diesen Energien, wobei mal die Opferenergie größer war und mal die Schöpfungsenergie Früchte gebracht hat. Diese Zeiten des energetischen Hin und Her sind seit Anbruch der Neuen Zeit sinnlos geworden, weil sie unserer Seele und unserem Geist keinen klaren Auftrag erteilen, wie wir uns sehen und was wir sein wollen. Opferhaltungen gaben in der Vergangenheit Menschen einige Vorteile: Sie konnten Energie stehlen, sie konnten sich kleinmachen, sie konnten sich in ihrer Opferenergie ausruhen und mussten keine Verantwortung für Entscheidungen und ihre Taten übernehmen. An ihrem Elend waren immer andere schuld, manchmal andere Leute, manchmal die Kindheitserinnerungen, die Eltern, die Schule, die Freunde. Oft sogar haben sie das ganze Leben schuldig gesprochen. Vorangegangen sind die mutigen, bewussteren und angstfreien Menschen, die dem Neuen Bewusstsein als Basis dienten, um sich in der Menschheit zu verankern. Das heißt nicht, dass die Menschen, die mit Neuem Bewusstsein vorangingen, nach menschlichem Ermessen alles "richtig" gemacht haben. Fehler zu machen gehört zum Menschsein.

Ein bewusster Mensch steht jedoch für seine Fehler ein, die er als Mensch gemacht hat, wohl aber mit der Motivation, seine Bewusstwerdung voranzutreiben, denn er hat gelernt, dass bewusstes Wachstum schrittweise vonstatten geht und kein Mensch perfekt sein muss.

Ein jammernder Mensch wird kaum in der Lage sein, sein Energielevel so weit anzuheben, dass er schöpferisch tätig werden kann zum Wohle aller. Dieser Mensch sollte geistig und seelisch überprüfen, warum er in einer Opferhaltung ist, diese dankbar hinterfragen, sie absegnen und in seiner Vergangenheit belassen - um die neuen Erfahrungen, geboren aus der alten Opferbereitschaft, mit klarerem und Neuem Bewusstsein in sein Leben zu bringen.

Leidenschaft ist das Gegenteil von Trägheit.

Schöpferischer Fluss ist ewiglich,
denn das ist deine Verbindung zu deinem Höchsten.
Erwarte alles von dort
das Höchste erwartet nichts von dir.

Du hast unermessliche Energie zur Verfügung
für deine Schöpfung.

12. Energiegesetz

Jede Beziehung ist wertvoll, sie dient eurem Wachstum. Es gibt wertvolle, besondere und heilige Beziehungen.

Aus der Sicht der kosmisch-spirituellen Ebene:

Jede Beziehung, die ihr eingeht, wird von eurer Seele arrangiert, abgesegnet, beschützt und liebevoll gelenkt, ob ihr dies wahrnehmt oder nicht. Es gibt bei euch Menschen auch Beziehungen, die ihr aus einem Mangel- oder Einsamkeitsgefühl heraus eingeht. Auch diese Beziehungen toleriert eure Seele, weil ihr die Wahl habt, weil Gleiches Gleiches anzieht und weil ihr auch in diesen Beziehungsarten, die aus Angst, Mangel, Gier oder Leidenschaft eingegangen werden, wichtige Lernerfahrungen machen könnt. Die Seele toleriert eure Wahl, sie hat als Zeit die Ewigkeit, sie weiß, dass ihr wachsen könnt, egal welche Wahl ihr auch trefft. Die Zeit und die Wahlmöglichkeit gehören euch, ihr entscheidet, wie ihr sie nutzt, ob bewusst oder unbewusst. Eure menschlichen Eigenschaften lassen euch oft aus Einsamkeit, Angst vor dem Alleinsein, im Jetzt und zukünftig, oder aus emotionalem und materiellem Mangel heraus auf Partnersuche gehen. Ihr wisst jetzt, dass Gleiches Gleiches anzieht. Ihr begegnet also dem Menschen, den ihr jetzt braucht, mit dem ihr den Vertrag "Ich gebe dir dieses und du gibst mir jenes" arrangiert habt. Ihr habt die Wahl, euch auf den anderen Menschen einzulassen, um mit ihm und durch ihn zu wachsen.

Wertvolle Beziehungen

Diese eingegangenen Beziehungen bezeichnen wir als *wertvolle Beziehungen*. Sie sind wertvoll, weil sie euch in vielen Eigenschaften schulen. Ihr lernt in den wertvollen Beziehungen, euch auszudrücken, euch abzugrenzen und nicht zu manipulieren, um nicht manipuliert zu werden. Ihr lernt, euch wertzuschätzen ohne falsche Rücksichtnahme und Arroganz. Ihr lernt, gelassen und tolerant auf den Partner zu reagieren, indem ihr nicht alles, was der andere sagt oder tut, so persönlich nehmt. So wird euch die Spiegelfunktion bewusst. Ihr übt euch in Friedensbemühungen ohne Kämpfe und ohne den Anspruch, den anderen eurer Vorstellung entsprechend verändern zu wollen. Ihr übt in Eigenliebe und Selbstwert, die Kontrolle aufzugeben und eure Eifersucht in bewussten Selbstwert zu verwandeln. Mit und durch den Partner erkennt ihr eure Schattenteile, eure Glaubensmuster und eure Ängste. Ihr konfrontiert euch mit Neid, Habenwollen, falscher Macht, Rechthabenwollen, Abhängigkeit, Wut, Zorn und Ängsten wie zum Beispiel der Angst, verlassen zu werden. Wie ihr jetzt erkennen könnt, kommen alle diese Muster aus euren Schatten, aus vergangenen Erfahrungen, aus denen eure unbewussten Ängste resultieren. Euer Ego und euer Schatten haben Angst, nicht eure Seele. Eure Seelen lassen euch immer wieder gewähren, geben euch, was ihr gerade braucht, um eure Schattenteile erkennen und transformieren zu können. Wo könntet ihr dies besser lernen als in euren engen emotionalen Beziehungen? Diese bieten euch das Lernfeld für euer schnelles Wachstum.

Diese wertvollen Beziehungen sind also Lektionsbeziehungen und dienen dem Erkennen und der Transformation von Ego- und Schattenteilen in euch. Eure Seele weiß dies, kennt euch und unterstützt jede gewählte Beziehung so lange, wie sie die Möglichkeit zum Wachstum auf beiden Seiten als gegeben sieht. Ist Wachstum auf Dauer wegen Weigerungen nicht mehr möglich und sinnvoll oder ist ein weiteres Zusammensein mit diesem Menschen nicht in eurem göttlichen Plan, so wird diese Beziehung zu Ende gehen. In ersterem Fall hat das Ego wohl gesiegt! Es sei denn, dass durch bewusstes Arbeiten beider Menschen tief in sich selbst eine neue Wahrheit und ein Neues Bewusstsein geboren werden, somit entsteht durch die stetige liebevolle Arbeit an der Beziehung eine neue Energiequalität. So gesehen kann aus einer vormals wertvollen Beziehung eine besondere Beziehung oder gar eine heilige Beziehung heranwachsen. Dieses geschieht aber leider nicht sehr oft, denn in der wertvollen Beziehung kämpfen die Egoanteile beider Menschen oft gegeneinander, und die daraus resultierenden Wunden und Verletzungen verhindern oftmals eine Fortführung der Beziehung und damit das Wachstum für beide. In diesen Fällen ist es aus Sicht der Seele oft besser, mit einem anderen, geeigneteren Partner weiterzuwachsen. Dann können die einmal gemachten und erlernten Erfahrungen in die neue Beziehung integriert werden. Alte wertvolle Beziehungen haben oft tiefe Verletzungen und Enttäuschungen hervorgebracht und somit das Wachstum für beide Partner sehr behindert. In einer anschließenden Beziehung habt ihr schon gelernt, bewusster und liebevoller miteinander umzugehen, weil die Erfahrungen in den gelebten Beziehungen euch heute dienlich sind. Bei Trennungen von wertvollen Beziehungen sollten beide Partner jedoch versuchen, ohne Gram, Hass, Wut und Rache die Verbindung segnend zu beenden.

Dankt dem Partner, den ihr verlasst oder der euch verlassen hat, für seine Spiegelfunktion. Dankt ihm für das, was euch über euch selbst in und durch diese gelebte Beziehung bewusst geworden ist. Segnet das, was ihr angezogen habt, dankt eurem Innersten für die Chance der bewussteren Erkenntnisse und geht in Frieden auseinander.

Nun wünscht sich jeder Mensch Liebe, Geborgenheit, Achtsamkeit, Zärtlichkeit, Vertrauen und Hingabe. Ihr wisst jetzt, dass euch Beziehungen daran erinnern, dass ihr von einem anderen

Menschen nicht das bekommen könnt und an ihm nicht das wahrnehmen könnt, was ihr selbst nicht in euch fühlt. Die Liebe, die ihr fühlt, ist immer die Liebe, zu der ihr selbst zum jetzigen Zeitpunkt fähig seid. Es ist eure Liebe, eure Achtsamkeit, eure Zärtlichkeit, eure Geborgenheit und euer Vertrauen.

Wenn ihr in den wertvollen Beziehungen mehr und mehr Wachstum und Bewusstsein erfahren habt, so zieht auch hier Gleiches zu Gleichem.

Besondere Beziehungen

Die Beziehung, die ihr jetzt wählt, ist wiederum von der Seele abgesegnet, denn sie weiß, was ihr jetzt braucht und was in dieser Entscheidungsphase gut für euch ist. Diese Beziehung lebt und wird belebt durch mehr Tiefe in euch. Beide Partner sind ihren Seelen schon näher, denn viele eurer Ego- und Schattenteile wurden in den wertvollen Beziehungen transformiert. Jetzt ist es Zeit für eine *besondere Beziehung*. Diese besonderen Beziehungen sind energetische Ergänzungsbeziehungen auf einer höheren Schwingungsebene. Ihr erkennt diese Beziehungen an ihrer größeren Anziehungskraft und an dem Vertrauen, das sich beide Partner schon anfänglich entgegenbringen. In den besonderen Beziehungen gehen die Partner natürlich achtsam, in Würde, liebend miteinander um. Sie respektieren die Eigenarten des anderen genauso wie die andere Meinung oder Einstellung des Partners, sie geben sich gegenseitig Freiheiten durch das Vertrauen in die Liebe. In den Ergänzungsbeziehungen geht es um die Ergänzung, die Anerkennung des Wesens des anderen, Ergänzung in Spiegelfunktion als ein Geschenk. Beide Partner wissen, dass sie in dieser Beziehung liebevoll miteinander wachsen dürfen, dass jeder ein Geschenk für den anderen ist.

In den besonderen Beziehungen, die nicht die Mehrheit ausmachen, gibt es keine Streitigkeiten – man tauscht Gefühle und

Wünsche aus in Neutralität - ohne Bewertung, ohne Diskussionen. Besondere Beziehungen zeichnen sich aus durch Toleranz, liebevollen Ausdruck, Ehrlichkeit, Treue, Achtsamkeit, Geduld, liebevolles Zuhören, tiefes gegenseitiges Empfinden und Verstehen. Natürliche Würde und das liebevolle Miteinander unter Bewahrung der besonderen Individualität des anderen zeichnen diese besondere Beziehung aus. In diesen Ergänzungsbeziehungen ergänzen sich die Energien von Liebe, Vertrauen, Geduld und Freiheit. Dadurch werden diese Energien mehr, und die Vermehrung dieser Energien befruchtet die Beziehung und die sich darin befindlichen Menschen. Weil beide Partner gelernt haben, sich selbst mehr zu lieben durch die Anerkennung und Achtung ihres Wesens, kann jeder den anderen bedingungsloser lieben und sein lassen, ohne leidvolle Enttäuschungen, unerfüllte Erwartungen und den damit verbundenen Anspruch auf Veränderung oder Anpassung des Partners. Diese Beziehungen funktionieren nicht, sie werden gelebt und gefeiert; sie befriedigen nicht, sondern sie lassen sich so sein, ohne sich klein oder als Opfer zu fühlen. Die natürlichen würdevollen Grenzen des anderen werden in dieser Beziehung liebevoll geachtet und respektiert. Der Partner wird nicht benutzt oder ausgenutzt, er wird geliebt, gewürdigt und dankbar geachtet. Somit hat jede besondere Ergänzungsbeziehung, die ihr Menschen lebt, eine Vorbildfunktion für die Menschen, die in wertvollen Beziehungen leben.

Die Chance, aus einer besonderen Ergänzungsbeziehung mit dem gleichen Partner in eine heilige Beziehung hineinzuwachsen, ist größer als der Schritt, von einer wertvollen Beziehung in eine besondere Beziehung mit dem gleichen Partner zu wechseln.

Heilige Beziehungen

Eine *heilige Beziehung* findet sich seltener in eurer Welt, weil diese Beziehungen viele verarbeitete Erfahrungen aus mehreren gelebten Leben voraussetzen. Diese Form der Beziehung zwischen zwei Menschen wird von Geist und Seele initiiert, um nochmals einen Wachstumsschub für zwei Menschen zu gewährleisten. Mit den gemachten Erfahrungen in besonderen Ergänzungsbeziehungen wachsen zwei Menschen durch noch tiefere Erkenntnisse und mit einem höheren Bewusstsein in eine heilige Beziehung hinein.

Auch eine heilige Beziehung dient als Vorbild für andere Menschen und symbolisiert die Ganzheit.

Der Geist und die Seele bringen zwei Seelenpartner zusammen, um tieferes Wachstum und Verständnis anzubieten, das häufig in einer übergeordneten Aufgabe oder Berufung mündet, die vor dieser Inkarnation von beiden Menschen gewählt wurde. Die Seele bestimmt den günstigsten Zeitpunkt des Zusammentreffens beider Seelenpartner. Hier hat das Ego keine Mitsprache, kann also mit dem Egowillen nichts bewirken. Erst wenn beide Partner eine gewisse Seelenreife und ein gewisses Maß an Bewusstsein in ihrem Leben erlangt haben, werden beide Menschen zusammengeführt. Der Grund für diese seelische Maßnahme liegt in der enormen Anziehungskraft und dem Magnetismus, den beide Menschen gegenseitig aufeinander ausüben. Erst die Transformation ihrer Ego- und Schattenteile führt zu Eigenliebe und Selbsterkenntnis, und dieses kosmische Bewusstsein erschafft die Voraussetzung für das Zusammentreffen zweier Seelenpartner in gegenseitiger Liebe. Ansonsten würden sich diese gleichschwingenden Energien eher abstoßen als anziehen, sich eher gegenseitig verschlingen, als sich zu einer neuen Einheit, im Wissen um die Ganzheit, zu ergänzen.

Erst wenn beide Menschen wissen, wer sie sind, und eine starke Persönlichkeit haben, können sich diese begegnen, ohne Angst zu haben zu vergehen und ohne die Angst, sich in dem anderen zu verlieren, um zum Wohle aller ihre Aufgabe erkennen und vollbringen zu können.

Seelenpartner, die sich begegnen dürfen, haben immer eine übergeordnete, kosmische Aufgabe zu erfüllen aufgrund der Verdoppelung der Liebesenergien, aber gleichzeitig haben sie auch ihr eigenes Wachstum zu intensivieren und zu vervollständigen.

Heilige Beziehungen, die aus Ergänzungsbeziehungen hervorgegangen sind, haben oft Vorbildcharakter für andere Beziehungen, werden aber oftmals von beiden Partnern glücklich und dankbar, ohne große Herausforderungen liebend gelebt, ohne dass sie ihrer Vorbildfunktion zu viel Bedeutung beimessen. Sie genießen es einfach.

Heilige Beziehungen leben und erleben in Wahrheit, in Klarheit, in Liebe, Vertrauen und Würde die vollkommene eigene Akzeptanz und die des Partners. Hier wird bedingungslose Liebe gegeben und erfahren, und der Partner wird vorbehaltlos geliebt, ganz unabhängig davon, was er sagt oder nicht sagt, was er tut oder nicht tut. Es ist auch gleichgültig, wo sich beide Partner aufhalten, die Energie der Seelenpartnerschaft verbindet sie über Grenzen hinweg. Diese Liebe zu dem Partner verlangt nichts, sie fordert nichts, sie erwartet nichts, sie bewertet nichts, sie verbietet nichts, sie trennt nicht! Diese bedingungslose Liebe ist zuerst in dem Menschen selbst erwacht, und dieser Mensch weiß um seine Liebe. Er braucht nichts mehr, fordert nichts mehr von seinem Partner und bekommt doch alles in Liebe. Diese Liebe gibt und versiegt doch nie. Diese gebende Liebe gibt, ohne zu versiegen, sie schöpft aus der eigenen Wahrhaftigkeit und wird somit Wirklichkeit! Und weil diese bedingungslose Liebe keine Bedingungen stellt, befruchtet sie sich selbst und wird demnach mehr und mehr statt weniger und weniger.

Diese bedingungslose Liebe, auch Agape genannt, befruchtet, sie bedient nicht - sie fließt über - und beseelt alles, was ihr begegnet. Sie berührt alles, was ihr begegnet, ob dies dem Gegenüber bewusst ist oder nicht. Die Liebe ist da und wird durch Menschen, die bedingungslos lieben, bewusst gemacht über ihr Menschsein in Liebe. Die heilige Beziehung, von Seelenpartnern gelebt, führt zur Einheit, zur Ganzheit, zur Vollkommenheit und zum Erkennen beider Wesen in ihrem Wesenskern. Hier geschieht Vereinigung ohne Angst, Egogrenzen und Schattenmuster, außerhalb von Moral oder Scham. Hier feiert die Liebe ihr größtes Fest, weil beide Partner sich in der Liebe, mit der Liebe und auf der Liebe bewegen und schwingen. Alles, was sie tun, geschieht aus der Ursubstanz der Liebe, und diese Liebe vereint alles, transzendiert alles, verzeiht alles, heilt alles und gebiert Liebe. So zieht Liebe zu Liebe.

Aus der Sicht der seelisch-emotionalen Ebene:

Dieses Gesetz zeigt uns auf, dass alle Beziehungen, die wir im Leben eingehen, in erster Linie uns und unserem stetigen Wachstumsprozess dienen. Beziehungen, in denen wir leben, zeigen uns auf, spiegeln uns, wie liebesfähig wir wirklich sind und wie bedingungslos wir zu uns selbst stehen. Wir haben immer den Partner, den wir für unseren jetzigen Wachstumsprozess brauchen, und das gilt auch für den Partner. Das ist keine Strafe, sondern eine Chance für unser bewusstes Wachstum. Der Wunsch nach bedingungsloser Liebe ist in jedem Menschen als Gefühl der Sehnsucht nach Ganzheit und Erfüllung eingepflanzt. Diese Sehnsucht nach Erfüllung unserer Liebesenergie spornt uns an und lässt uns immer mutiger werden und immer wieder unsere gewählten Beziehungen hinterfragen.

Trotz vieler erlebter verletzter Gefühle und schmerzvoller Enttäuschungen sowie erlittener Verletzungen arbeitet unsere Seele mit und durch unser Sehnsuchtsgefühl. Dieses klopft in Liebe immer wieder bei uns an, um uns daran zu erinnern, dass wir hier sind, zuerst um zu lieben - und nicht ausschließlich, um geliebt zu werden.

Wir sind hier auf diesem Planeten, um uns daran zu erinnern, dass wir Liebe sind, dass wir lieben dürfen und dass wir in und mit dieser Liebe zu uns unser eigener Schöpfer werden können. Solange wir dies noch nicht bewusst erfahren und fühlen, fühlen wir uns oftmals um die Liebe betrogen und stellen diese infrage, indem wir die Liebe nur an Äußerlichkeiten festmachen. Dann wird die Liebe, die uns entgegengebracht wird, niemals ausreichen, und wir werden immer das Gefühl von Hunger und Mangel haben.

Aus der Sicht der menschlich-materiellen Ebene:
Wenn du dich aufgrund von Verletzungen, die du in Beziehungen erfahren hast, verschließt, wählst du die Opferbereitschaft und das damit verbundene Leid. Besser ist es, seine eigene Heilung durch erneute Öffnung deines Herzens zu erfahren, um dein Wachstum wieder anzuschieben, indem du deine Liebe zu dir in dir neu entdeckst und diese wiederum in deinem Umfeld wahrnehmen kannst.

Dieses Gesetz fordert dich auf, dich nicht zu verlieben, denn dies bedeutet eine Ego-Energie zur Befriedigung deiner Mangelerscheinungen, sondern zu lieben. Erst dich und dann den anderen. Denn das Gesetz, wie du es kennst, lautet in Wahrheit: "Liebe dich selbst wie auch deinen Nächsten." Nicht umgekehrt.

Du kannst deinen Nächsten nicht lieben, ohne wahre Eigenliebe zu dir selbst zu spüren, denn du kannst nur das Gefühl geben, was in dir ist.

Dieses Gesetz erinnert dich nochmals daran, dass Liebe kein Gefühl, sondern eine Energie ist!

Das wird von uns Menschen oft verwechselt. Es ist richtig, dass ein warmes Gefühl uns zur Liebe hinführt. Dennoch ist Liebe eine eigenständige Energie. Wir verwechseln oft ein Gefühl mit der Energie. Wir haben also Gefühle, die uns zeigen wollen, wo wir in unserer spirituellen Entwicklung wahrhaftig stehen. Wir haben diese Gefühle als Lehrmeister, die uns zeigen, wo wir nicht ganz sind. Unangenehme Gefühle zeigen uns deshalb, wo wir Energielecks haben und wo wir aus der Balance geraten sind.

Die Kunst besteht darin, nicht auf den negativen Gefühlen zu beharren, sondern diese als Lehrmeister für verändertes Verhalten anzuerkennen. Ein bewusstes Anerkennen der negativen Situation durch bewusstes Verstehen bewirkt also eine Veränderung unserer Gefühlslage, und so wird aus einem unbewussten Opferverhalten ein selbstkritischer, eigenverantwortlicher, schöpferischer Mensch, der seine Gefühle als lehrende Meister anerkennt, weil sie ihm zum bewussten Verhalten verhelfen. Jede Beziehung lehrt dich schlussendlich, geistige energetische und menschliche Kommunikation in Wahrheit zu dir selbst zu leben.

Eine wertvolle Beziehung ist eine Lernbeziehung, wo Vereinigung ausgeschlossen ist, wenn sie sich nicht zur besonderen oder heiligen Beziehung entwickelt.

Das wird von uns Menschen oft verwechselt. Es ist richtig, dass ein warmes Gefühl uns zur Liebe hinführt. Dennoch ist Liebe eine eigenständige Energie. Wir verwechseln oft ein Gefühl mit der Energie. Wir haben also Gefühle, die uns zeigen wollen, wo wir in unserer spirituellen Entwicklung wahrhaftig stehen. Wir haben diese Gefühle als Lehrmeister, die uns zeigen, wo wir nicht ganz sind.

Eine besondere Beziehung ist eine Austauschbeziehung, in der Kommunikation auf allen Ebenen als Verbindung zwischen zwei Menschen und nicht als Trennung und Angriff verstanden wird. Es ist kein Kampfplatz für unerfüllte Wünsche und Gefühle.

Eine heilige Beziehung ist eine Beziehung, in der zwei bewusste, sich liebende Menschen, die wissen, wer sie sind, zur Freude von Geist und Seele eine freiheitliche Verbindung eingehen. Sie erfahren Einheit, Verschmelzung und Ganzheit im Körper; jegliche Form der Trennung ist aufgehoben. Körper, Geist und Seele zweier Menschen verbinden sich in Einheit zur Ganzheit.

Wenn du dich sehr alleine und hilflos fühlst, sehnst du dich innigst nach einem Partner/einer Partnerin. Du glaubst, mit ihm/ihr könntest du dein Leben genussreicher gestalten. Du wechselt deine Beziehung eventuell häufig – immer in der Hoffnung, jetzt endlich den oder die Richtige gefunden zu haben, nur um schlussendlich festzustellen, dass du härter und gröber in dir und nach außen geworden bist. Jede enttäuschende Beziehung hat dich mehr an deiner Liebe zweifeln lassen. Wenn du dich ungeliebt fühlst, fühlst du dich wertlos. Wenn du dich wertlos fühlst, bist du in der Opfer- und Mangelhaltung. Ein stetiger, sich wiederholender Kreislauf. Je öfter dir das passiert, desto verschlossener wirst du. Diese traurige Realitätsschaffung zeigt dir auf drastische Weise, dass du nicht um Liebe betteln musst, dich nicht verbiegen musst, um endlich zu erkennen, dass du immer Liebe warst und immer Liebe sein wirst. Wenn du diese gemachten Leiderfahrungen in positiverem Licht sehen und sie segnen kannst, wird sich deine innere Energie verändern, weil du nicht mehr mit dir selbst ins Gericht gehst. Was war, das war, und du ziehst deine positiven Erkenntnisse daraus. Du gehst, so gut du kannst, wieder in dein Herz und vertraust deinem seelischen Öffnungsprozess. Du bist und warst niemals wertlos, hilflos, hässlich oder nicht liebenswert; du hast dir nur gestattet, die Sicht der anderen zu deiner eigenen zu machen.

Egal, welchen Makel du auch noch an dir finden magst, es ist weiser, diesen Makel in deine Liebesenergie zu integrieren. Was ist schon ein Makel gegenüber so vielen positiven Eigenschaften und Liebenswürdigkeiten, die du besitzt.

Erhöhe somit deine Schwingung, und bitte deine Geist-Seele, dir jetzt deinen wahren Partner zu senden, mit dem du wachsen und dich ergänzen kannst, damit ihr zwei Liebende seid, die der Liebe dienen und mehr und mehr zur Ganzheit geführt werden. Denn du bist der Schöpfer, und deine Seele wird dir niemals einen Wunsch verwehren, der dich glücklicher und vollkommener macht.

Der, dem du begegnest, ist nicht dein Eigentum; er ist zu dir gekommen und du bist zu ihm gekommen, um alle Teile in euch zu vervollkommnen.

Gegensätzliche Energien sind da,
um sich zu vereinigen, um schlussendlich
in der Einheit und Ganzheit aufzugehen.

Erkenntnisse aus Vergangenheiten für dein Jetzt und
damit für deine Zukunft einzusetzen, heißt:
das Leben zu meistern.

Mentale menschliche Erklärungen
grenzen die Existenz von intuitiven kosmischen Weisheiten aus.
Die göttliche, allmächtige Gerechtigkeit kann niemals
mit menschlichen Erklärungen analysiert oder diskutiert werden.

13. Energiegesetz

Die sieben Stufen zu einer glücklichen Beziehung sind:

– Zärtlichkeit
– Nähe
– Tiefe
– Liebe
– Vereinigung in Einheit
– Verschmelzung
– Ganzheit (Agape)

Aus der Sicht der kosmisch-spirituellen Ebene:

Das Wissen um die Existenz dieser sieben Stufen bringt euch Menschen in jeder Beziehung weiter, denn ihr erkennt eure eigenen Fähigkeiten oder Blockaden, indem ihr diese Stufen beschreitet. Das Überschreiten jeder einzelnen Stufe verbindet euch mehr und mehr mit euren Eigenschaften und Fähigkeiten, macht euch aber auch auf eure Ängste und Widerstände aufmerksam. Dieses geistige Gesetz behält seine Gültigkeit selbst dann, wenn ihr das Gefühl habt, dass euer Partner diese Stufen nicht genauso schnell und intensiv erlernt und überschreitet wie ihr. Vielleicht braucht der Partner mehr Zeit, mehr Vertrauen oder er hat größere Widerstände und Ängste aufgebaut gegen sein eigenes Wachstum. Messt diesem Verhalten keine Bedeutung bei, macht einfach weiter in dem Vertrauen, dass, wenn ein Glied einer Kette bewusster wird, die anderen Glieder der Kette es früher oder später auch werden.

Ihr, die ihr dieses Energiegesetz kennt und anwendet, seid der Vormacher, das Vorbild. Ihr arbeitet bewusst mit euren Fähigkeiten an euren Ängsten, das allein garantiert euch bewusstes Erwachen, erfahrenes Handeln und stetiges geistiges Wachstum - ihr seid die Gewinner. Euer Partner wird die positive Veränderung an euch bemerken und bemüht sein, es euch gleichzutun. Denkt an das Gesetz der Gliederkette, nämlich: Das, was ein Glied der Kette sich bewusst gemacht hat in der Ganzheit, dient der Ganzheit in allen Gliedern der Kette.

Sollten die Weigerungen und Ängste des Partners jedoch so groß sein, dass bewusstes Wachstum zurzeit nicht möglich erscheint, so kann er sich aus eurem Energiefeld entfernen, und ihr werdet einen "gleicheren" Partner anziehen, sozusagen als Früchte eurer Arbeit, eures bewussten Wachstums und zur Vervollständigung der sieben Stufen, die euch zu mehr Bewusstheit führen.

Zärtlichkeit

Zärtlichkeit als erste Stufe ist in eurer hochtechnisierten Welt nicht gerade in Mode. Es gibt Menschen, die sind zärtlicher zu ihrem Auto oder ihrem Computer als zu ihren Mitmenschen. Zärtlichkeit setzt Mitgefühl voraus und die Fähigkeit, sich in einen anderen Menschen gefühlsmäßig hineinversetzen zu können. Da ihr Menschen selten den Wunsch nach Zärtlichkeit auszudrücken gelernt habt, habt ihr auch verlernt, zärtlich miteinander umzugehen. Ihr habt oft Angst, dem anderen zu nahe zu treten oder Zärtlichkeiten zuzulassen, weil ihr nicht sicher seid, was der andere damit bezwecken will.

Wir sprechen hier von den natürlichen Zärtlichkeiten, wie sie zwischen Pflanzen und Tieren geschehen, ohne Erwartungen, ohne Ängste, ohne Manipulation.

Zärtlichkeit aus kosmischer Sicht ist die kurze, aber liebevolle Gleichschwingung der Aurafelder zwischen zwei Menschen. Es ist der zärtliche Austausch von Liebe und Sympathie. Zärtlichkeit zwischen euch bewirkt ein Streicheln und Aufschütteln eures Ätherkörpers, der etwa zwei bis sechs Zentimeter als fühlbarer Körper aus eurem physischen Körper herausragt. Nicht umsonst erlebt ihr im Austausch von Zärtlichkeiten eine wohlige Wärme und oft eine "Gänsehaut". Zärtlichkeit aus energetischer Sicht ist nicht "Anmache", wie ihr es oft versteht, sondern das Streicheln, Berühren. Das In-den-Arm-Nehmen des anderen Menschen meint: Deine Energie ist mir angenehm, ich berühre dich in Anerkennung dessen, was du bist. Oder: Ich tröste und schütze dich mit meiner Zärtlichkeit, weil ich deine jetzigen Gefühle verstehe, aber nicht aufhöre, an dich zu glauben. Oder: Ich berühre dich in Achtsamkeit, weil ich der Schönheit in dir hofiere. Oder: Ich berühre dich zärtlich an deinem Körper, um mich bei ihm für das, was du sagst und tust, zu bedanken. Oder: Ich schenke dir meine Zärtlichkeit, um mich mit dir zu vereinen.

Zärtlichkeiten tun eurem Körper gut, er nimmt diese Energien dankbar an, er öffnet und regeneriert sich mit den zärtlichen Gefühlen und fühlt sich beachtet und geliebt. Euer Körper denkt sich nichts dabei, wenn die gegebenen Zärtlichkeiten von Herzen kommen und ehrlich-neutral empfunden werden. Empfindet ihr die empfangene Zärtlichkeit nicht ehrlich und nicht von Herzen kommend, so ist euch diese Berührung unangenehm und ihr werdet euch gegen diese Form der Zärtlichkeit verwehren. Dieses werdet ihr tun, wenn ihr glaubt, dass ihr euer Energiefeld schützen müsst. Solange ihr glaubt, euch schützen zu müssen vor unangenehmen Energien, so müsst ihr dies auch tun.

Bewusstere Menschen mit einer höheren Schwingung haben allerdings ein klares Energiefeld um sich, das sie automatisch vor graueren Energien schützt und das einen natürlichen Schutzmantel darstellt, der andere Menschen zurücktreten lässt. In diesem Fall entscheidet der bewusstere Mensch, ob er Zärtlichkeiten von dem Gegenüber zulassen will und somit dem Gegenüber von seiner Energie abgibt, um sein Energiefeld zu belichten, oder aber ob er diese Form der Zärtlichkeit abwehrt. Der bewusste Mensch wird eher sein eigenes Energiefeld schützen und sich dieser Form der Zärtlichkeit verwehren.

In der Anwendung aller sieben Stufen gilt allerdings auch das Gesetz, dass ihr erst geben müsst, wenn ihr etwas bekommen wollt. Ihr könnt von dem anderen nicht bekommen, was ihr selbst nicht bereit seid zu geben.

Also geht in euch und forscht nach der Blockade in euch, die euch scheinbar daran hindert, bedingungslos zu geben. Überprüft, wie ihr selbst mit der Zärtlichkeit zu euch und in Verbindung mit eurem eigenen Körper umgeht. Zärtlichkeit ist die Ouvertüre zur Handhabung bedingungsloser Liebe. Wie viel Zärtlichkeit gebt ihr selbst jeden Tag eurem Körper und euer Grobstofflichkeit?

Nähe

Nähe ist die zweite Stufe, um sich selbst innerhalb einer Beziehung kennenzulernen. Die Energie der Nähe in annehmender oder gebender Form ruft schnell Egoteile hervor. Denn das Ego möchte gerne den Grad der zu empfangenden Nähe selbst bestimmen, da es Angst hat, die Kontrolle über den Körper und die eigenen Emotionen zu verlieren. Ihr erkennt euer angstvolles Egoverhalten in den Momenten, wenn ihr Zärtlichkeiten schon genießen könnt, wenn sich das Gefühl von Liebe und Nähe in euch ausbreitet und euer Ego euch aber jetzt aus dieser wohligen Situation herausholen möchte, indem es euch eingibt, dass etwas Wichtiges im Außen zu tun ist. Dann läuft euer Egoteil vor der

Nähe davon. Denn Nähe zulassen bedeutet, angstfrei die tieferen Energien des anderen in sich zu integrieren. Bei vielen Menschen resultiert ihre Angst vor Nähe aus der Tatsache, dass ihr eigener Gefühlskörper noch nicht geklärt ist. Das heißt, dass sie die direkte Nähe des anderen noch nicht aushalten können, denn sie haben Angst, fremde Gefühle in sich hineinzulassen.

Wie ihr Menschen mit Nähe umgeht, zeigt euch, wie geklärt euer Emotional- oder Gefühlskörper schon ist und in welcher Art ihr mit euren Gefühlen und denen anderer Menschen umgeht. Habt ihr die Verantwortung für eure Gefühle übernommen? Wisst ihr, dass eure Gefühle eure Sache sind und nicht manipulierend, abladend auf andere übertragbar sind? Ist euch bewusst, dass alle eure Gefühle, auch die, die unangenehm sind, euch eure Schatten aufzeigen mit der Bitte, dass ihr sie liebevoll transformiert und damit klärt?

Menschen, die Nähe anbieten und zulassen können, haben einen geklärteren oder sich klärenden Emotionalkörper, ein nicht kontrollierendes Verhalten, eher ein Erkennen des Wesens in sich und in dem anderen, und sie segnen das Potenzial im Gegenüber. Sie können sich dadurch selbst und andere bewusster wahrnehmen und ihre Gefühle neutral ausdrücken.

Die Energie von Nähe ist das Liebkosen und Erfühlenkönnen der eigenen Seelenschwingung und damit die Entdeckung der Wesensenergie des anderen. In Beziehungen lernt ihr Menschen am ehesten, euch auf den anderen und euch selbst einzulassen. Ihr lernt zu vertrauen und euch und den anderen zu akzeptieren und zu tolerieren. In euren gewählten Beziehungen könnt ihr euch mit dem anderen Menschen kennenlernen, euch entwickeln, euch lieben lernen und zu dem werden, was ihr seid: Liebe.

Tiefe

Die Liebe, die ihr seid, fordert euch auf, die dritte Stufe des kosmischen Gesetzes zu erleben, nämlich die *Tiefe*. Die Erfahrungen, die ihr mit der Zärtlichkeit und der Nähe gemacht habt, führen euch automatisch in die Tiefe, in eure eigene Tiefe und in die Tiefe des anderen. Nämlich in die Tiefe in das hinein, was ihr wirklich fühlt, in die Tiefe über das, was ihr wirklich als wahr empfindet, in die Tiefe eurer eigenen Gefühle, die euch nicht mehr ängstigen, und somit habt ihr eine Ahnung in eurer tiefsten Tiefe darüber, wer ihr seid und warum ihr hier seid.

Tiefe aus kosmischer Sicht ist die innere Verbindung zwischen eurer Seele und eurem Geist, in Zusammenarbeit mit eurem geklärten Emotionalkörper, der nicht mehr von eurem Ego und Ängsten kontrolliert wird.

Euer Gefühlskörper sucht die Anbindung an den Geist, an den Schöpfer, an den inneren Meister in euch, um in der Tiefe eures Seins Vertrauen, Mut, Hoffnung, Selbstwert wieder zu fühlen und wiederzufinden, um ein Schöpfer werden zu können. Tiefe setzt Wahrheit und Vertrauen zu sich selbst und in den Partner voraus. Die Tiefe erstickt die Oberflächlichkeit in einer Beziehung.

Die Tiefe lädt ein, in sich selbst einzutauchen, hochzuholen, was über viele Leben verschüttet war, dies eventuell mit dem Partner zu teilen durch die Offenbarung der tiefsten Tiefen und Ängste, ohne dass ihr Erwartungen habt oder mit euren Gefühlen manipuliert. In eurer Tiefe, angebunden an eure Göttlichkeit, werdet ihr durch die Offenbarung eurer tiefsten Schattenteile immer Anteilnahme, Verständnis, Trost und Liebe von einem anderen Menschen erfahren. Dieser spürt die Wahrheit und Ernsthaftigkeit in eurem Wunsch nach Wachstum in ehrlicher Offenbarung.

Liebe

Die nächste Bewusstseinsstufe nach der Tiefe ist die Stufe der *Liebe*, jene Entwicklungsphase, in der Worte zwischen Partnern kaum noch nötig sind. Ihr schaut euch an und versteht euch. Ihr wollt nichts mehr verändern, ihr wisst, dass die Liebe euch trägt, euch befruchtet und euch beschützt. Jeder Partner hat so viel Eigenliebe zu sich selbst, dass er den anderen bedingungslos sein lassen kann, machen lassen kann, auch wenn einer der Partner das Motiv des anderen nicht immer nachvollziehen kann. Auf dieser Stufe hat sich euer Ego der Liebe in euch gebeugt. Es fühlt sich gut an im Schutze eurer Liebe, eures Wesens unter der Schirmherrschaft von Geist und Seele. Alles ist gut, und ihr erlebt jeden Augenblick in euch und in der Zweisamkeit bewusster als vorher. Ihr genießt diesen Zustand der göttlichen Gelassenheit in der Zweisamkeit oder auch alleine. Eure Gefühle sind klar und in der Balance, und ihr beginnt, Liebe als Energie wahrzunehmen, als Seinszustand, die in der Beziehung, über der Beziehung und mit der Beziehung schwingt. Alles, was ihr tut, tut ihr aus Liebe, und Liebe ist es, was euch gegeben wird anstatt Abwertung und Kritik. Alle Ecken und Kanten in euch sind glatt geschliffen, eure Sexualität ist tiefer und erfüllender, ihr erlebt in und mit euren Körpern das Feiern und die Freude über eure wahrnehmbare Liebe zu euch und anderen und "allem, was ist".

Vereinigung in Einheit, Verschmelzung und Ganzheit sind die nächsten drei Bewusstseinsstufen, die ihr in der Liebe erfahrt.

Vereinigung in Einheit

Vereinigung in Einheit hebt eure Angst vor dem "Sich-fallen-Lassen" auf. Auch eure letzten Egowiderstände, auch eure letzten Gefühlswallungen geben auf und lassen sich in euer Sein fallen. Erst wenn diese Hingabe in euch selbst vollzogen ist, könnt ihr euch mit dem Partner in Einheit vereinen. Die Vereinigung in Einheit geschieht zuerst auf der körperlichen Ebene durch Hingabe des Körpers an euer Sein und dann als Hingabe an den Partner, im alltäglichen Leben und in eurer Sexualität.

Verschmelzung

Verschmelzung bezeichnet die Verschmelzung beider Menschen auf der Seelenebene und die damit verbundene Erfahrung, dass sich der Mensch und die Seelen nicht durch die Verschmelzung auflösen, sondern tief in ihre eigene Liebe zu sich eintauchen, um noch größer, gestärkter und bewusster aus diesem Verschmelzungsprozess hervorzugehen. In eurer Sexualität erlebt ihr diese Prozesse am nachhaltigsten.

Ganzheit

Ganzheit bezeichnet das Ganzwerden beider Menschen auf der Geistebene und die damit verbundene Erfahrung, dass alles, was existiert, geistigen Ursprungs ist. Geist in Verbindung mit Geist bringt Kraft, Stärke, Klarheit und Wahrheit hervor. Zwei Menschen, die sich auf der geistigen Ebene in der Ganzheit begegnen, sind bewusste Schöpfer ihrer Wirklichkeit geworden. Sie lehnen sich zurück und erschaffen mit der Kraft des Geistes. Gesegnet durch die Verschmelzung der Seelen in Liebe, formen diese beiden Menschen ihre Realität, die in ihrer Grobstofflichkeit und über ihre beiden Körper erlebt und erfahren wird. Der Kreis schließt sich, beide Menschen haben ihren wahren Ursprung in der Ganzheit, zu der sie jetzt zurückkehren, wiederentdeckt, jedoch mit der Erkenntnis über ihre bewusste Identität und der Erkenntnis darüber, wer sie wirklich sind.

Alle Ängste, alle Vorstellungen von Getrenntheit, alle alten Muster, alle negativen Gefühle und Schattenteile sind durch die Eigenliebe und das wachsende Bewusstsein transformiert und haben sich in der Ganzheit in Transzendenz aufgehoben.

Die sieben Stufen hin zu glücklichen Beziehungen und damit die sieben erlernten, gelebten, befreienden Bewusstseinsstufen zu eurem eigenen Glück, eurer eigenen Liebe, eurem eigenen Wiedererkennen sind gemeistert worden und bescheren euch göttliche Gelassenheit, inneren Frieden und eine heilige Glückseligkeit.

Aus der Sicht der seelisch-emotionalen Ebene:
Dieses Gesetz dient uns Menschen in der Form, dass wir aufgrund der sieben genannten Stufen des Bewusstseins in unseren jeweiligen Beziehungen erkennen können, wo wir selbst stehen.

Die Bewusstseinsstufen "Zärtlichkeit, Nähe, Tiefe" lernen wir in den wertvollen Beziehungen.

Die Bewusstseinsstufen "Liebe, Vereinigung in Einheit" finden wir als Lernfeld in den besonderen Beziehungen wieder.

Die Bewusstseinsstufen "Verschmelzung und Ganzheit" erfahren wir in dem Lernfeld, das uns in den heiligen Beziehungen zur Verfügung steht.

Durch die bewusste Anwendung dieses Gesetzes erkennen wir den liebevollen und ehrlichen Umgang mit uns selbst, und zwar sowohl auf der körperlichen als auch auf der spirituellen Ebene. Damit verändert sich unsere Wahrnehmung von uns selbst und von anderen Menschen.

Unsere Seelen möchten uns in der Ganzheit als bewusste, individuelle Schöpfer wieder begrüßen können. Sie bieten uns Spiegelpartner und Lernsituationen an, um unser Wachstum zu garantieren, und vertrauen auf unser Sehnsuchtsgefühl, das uns immer wieder nach Verschmelzung, Ganzheit und Einheit streben lässt.

Aus der Sicht der menschlich-materiellen Ebene:

Wir wollen nach Hause. Dieses Gesetz zeigt dir Stufe um Stufe auf, welche alten Ängste du noch befreien musst, um deinem eigenen Selbstwert Raum zu geben. Wie du deine Hoffnungslosigkeit wieder in Urvertrauen verändern kannst. Wie du ohne zu viele Schmerzen mit Trennungen umgehen solltest, ohne dich selbst aufzugeben. So zeigt dir deine Seele schlussendlich deinen Weg von der scheinbaren Getrenntheit in dieser Grobstofflichkeit zurück zur Agape, zurück nach Hause.

Wenn du in deinen Beziehungen nicht mehr kämpfst, sondern gelassen tolerierst, ist dir die Möglichkeit gegeben, durch die bewusst gelebte Liebe in kleinen Beziehungsverbänden mehr Frieden und Liebe auf diese Welt zu bringen. Alles, was groß wurde, wurde klein geboren, und alles Bewusstsein, was einstmals klein war, wird größer durch das Leben an sich, durch die gemachten Erfahrungen und den Wunsch nach Liebe und Frieden.

Jede Stufe, die du hinter lässt, bringt dich der Ganzheit ein Stück näher. Es ist ein wunderbares Gefühl, zu lieben und geliebt zu werden, ohne Verpflichtungen und Erwartungen. Was nicht heißt, dass du mit allem, was dir widerfährt, grundsätzlich einverstanden bist. Du findest nur eine liebevollere Art und Weise, dich zum Ausdruck zu bringen. Dann ist es ein wunderschönes Gefühl, sich als Mensch so satt und gesättigt zu fühlen, sich an sich selbst zu erfreuen und sich selbst treu zu bleiben.

Es ist so ein überwältigendes Gefühl, sich frei und unabhängig zu fühlen, sich niemandem verpflichtet zu fühlen und sich alles geben zu können. Es baut sich auf, wenn du liebevoll mit dir selbst umgehen kannst, wenn du deinem Körper in deinem Energiefeld achtsam begegnest und dich liebevoll und wahrhaftig ausdrücken kannst, ohne Angst zu haben, abgelehnt oder angegriffen zu werden.

Es tut so gut, sich selbst endlich zu mögen, auch in der eigenen Unvollkommenheit.

Habt keine Angst! – Vergesst euer Lachen und
euren Humor nicht!

Wenn du dich am meisten liebst,
transformierst du gerade deine Ego- und Schattenanteile.

Für das Universum bist du unverzichtbar und
ewiglich sicher im Sein.

14. Energiegesetz

Sexualität ist eine Schöpfungsenergie,
ie uns Verschmelzung, Hingabe und Ganzheit lehrt.
Die Sexualenergie ist ein Kind der Liebes-Energie.

Aus der Sicht der kosmisch-spirituellen Ebene:

Die Sexualität ist gerade in dieser Zeit ein aktuelles Thema, weil alle Werte neu definiert werden. In fast allen öffentlichen Medien wird in der einen oder anderen Form über Sexualität berichtet, denn ihr versucht, Sexualität in ihrem Ursprung zu verstehen und zu erspüren.

Sicher ist: Ihr seid alle aus der Sexualität hervorgegangen; erschaffen hat euch jedoch die Sexualenergie, resultierend aus der Schöpfungsenergie.

Hier entscheidet der kosmische Plan, nämlich die Schöpfungsenergie, wie, wann und ob aus der Vereinigung zweier Menschen ein neues Leben entsteht. In der Schöpfungsenergie, die ihr in eurer Sexualität auslebt, entscheidet ihr bewusst oder unbewusst über eure Zukunft, wobei ihr bewusst oder unbewusst euren selbstgewählten Lebensplan erfüllt. Ihr begegnet einem Menschen und habt Sexualität mit diesem, um daraus etwas zu lernen. Ihr wählt die Kinder, mit denen ihr wachsen wollt, und die Kinder wählen die Mütter und Väter, mit denen sie sich bewusst entwickeln können. Die Seele macht keine Fehler.

Das heißt, auch die nicht ins Leben getretenen Kinder haben Botschaften für die Erzeuger und sie lernen selbst als Wesen etwas über die Handhabung der Schöpfungsenergie.

Der Moment der Vereinigung von Mann und Frau erschafft je nach Plan ein Menschenwesen aus der Ursprungskraft der Schöpfungsenergie, nämlich Mann, Frau, Kind = 1 + 1 = 2 + 1 = 3. Das heißt, die Yin- und Yang-Energien erschaffen ein neues menschliches Bewusstsein, in Absprache mit allen Beteiligten bezüglich des zu erfüllenden Lebensplans.

Nun entsteht nicht aus jeder sexuellen Vereinigung ein neues Menschenwesen, und doch geschieht bei jeder Vereinigung energetisch ein Zusammenfließen männlicher und weiblicher Energie, die etwas Neues erschafft, ob ihr euch dessen bewusst seid oder nicht.

Das, was da als Neues erschaffen wird, ist bestenfalls Öffnung, Hingabe, Einheit und Verschmelzung. Diese Gefühle erzeugen in euch das Gefühl der Liebe. Ihr liebt und werdet geliebt, und diese Energie erschafft ein Kind der Liebe, das der Liebe als Energie dient, auch wenn dieses auf der physischen Ebene nicht sichtbar wird, es nicht geboren wird.

Gerade die Sexualität ist ein Bereich eurer Körperlichkeit, wo ihr am empfindlichsten reagiert, weil ihr aus der Sexualenergie entstanden seid. Intuitiv wisst ihr jedoch, dass Sexualität euch an die Schöpfungsenergie näher heranführen kann. Alle Menschen leben und erleben ihre Sexualität mit dem Bewusstseinsgrad, den sie im Moment erreicht haben. Wir können sagen: So wie ihr euch in eurem intimsten Bereich verhaltet, so glaubt ihr zu sein. Deshalb ist eure Sexualität die Kraft, die euch aufzeigt, wie ihr selbst ganz intim mit euch umgeht.

Sexualität geschieht meistens in eurer Intimsphäre, abgeschottet von anderen Energien und Einflüssen. Ihr seid euch selbst und eurem Partner am nächsten, und es geschieht etwas mit euch, Gefühle wallen auf, steigern sich und erlösen sich - oder auch nicht. Diese Gefühle entstehen, während ihr Sexualität habt, und sie steuern euch in der Wahrnehmung der Sexualität - wenn ihr sie nicht künstlich beeinflusst, um von eurer eigenen Tiefe und Hingabe abzulenken.

Es geschieht etwas mit und in euch, es fließt etwas in euch, verändert euch, und wenn ihr es zulassen könnt, liebt ihr eure Sexualenergie. Ihr fühlt die Lust, die Kraft, die Vereinigung und Verschmelzung von zwei Energien. Ihr gebt euch dieser Yin-Yang-Verschmelzung körperlich hin und erfahrt dadurch in eurem grobstofflichen Körper durch eure Liebe und Hingabe an die Sexual-Schöpfungsenergie für kurze Momente die Aufhebung des grobstofflichen Körpers in Feinstofflichkeit, manchmal mit und manchmal ohne Orgasmus. In längeren oder kürzeren Augenblicken fühlt ihr Losgelöstheit, Leichtigkeit, Glück, Einheit, Liebe. Ihr fühlt eure Seele, euren Geist, und alles ist Seligkeit. Somit dient die Sexual-Schöpfungsenergie der Aufhebung von Trennungen auf allen Ebenen, sie verbindet, sie vereint, sie heilt, sie erschafft Neues, sie transformiert Angst, sie bringt Fülle und Wertschätzung in Eigenliebe und verbindet den Körper mit Geist und Seele.

Diese Sexual-Schöpfungsenergie ist transformierend und machtvoll, sie ist ein Kind der Energie Liebe.

Liebe ist auch Macht, nämlich die Macht, alles Dunkle zu erhellen. Die Religionen wissen das und haben die Sexualität deshalb bewusst mit so vielen Tabus, Lügen und Bestrafungen belegt, aus denen für euch Menschen viele Schmerzen, Verletzungen und Enttäuschungen und Schamgefühl resultieren. In jeder Zeitepoche wurde auf die eine oder andere Art versucht, eurer Sexualität wieder den bewussten, ursprünglich spirituellen Sinn zurückzugeben. Viele Institutionen und Mächte haben dieses zu verhindern versucht, weshalb eure Sexualität oft pervertierte und sich von ihrer Ursprungsenergie weiter und weiter entfernte. Nun ist es so, dass manchmal eine Energie erst kollabieren muss, bevor ihr euch wieder der wahren Identität dieser Sexualenergie und der darin verborgenen Kräfte bewusst werden könnt. Somit ist jegliche Form des sexuellen Missbrauchs eine unbewusste, unverstandene, Angst machende Kraft, die unweigerlich zu Trennung führt und nicht der Ganzheit dient.

Aufgrund der vielen gemachten Erfahrungen in Bezug auf eure Sexualität reagiert ihr entweder exzessiv, ausschweifend, trotzig, suchend, ausprobierend oder aber ablehnend, schamhaft und verklemmt. Oder ihr reagiert auf Sexualität scheinbar neutral, oberflächlich dem Ganzen keine große Bedeutung beimessend. Aufgrund eurer Unwissenheit bezüglich der Sexualenergie lebt ihr eure Sexualität oft aus den Eigenschaften der Angst und der Schuld und aus Schamgefühlen heraus - doch in der Hoffnung, Tiefe, Vereinigung in Liebe zu erleben, angetrieben von eurer Sehnsucht nach Hingabe. Nun ist es jedoch so, dass ihr in der Sexualität am verletzlichsten seid und eure Schattenteile sich tief in eure sexuelle Energie zurückgezogen haben, zumal wenn ihr mit Moral, Schuld, Scham und Angst konfrontiert worden seid. Möglicherweise habt ihr sogar versucht, durch das Ausleben mit vielen verschiedenen Sexualpartnern diese Schattenteile in euch zu heilen, und ihr habt dabei möglicherweise erlebt, dass ihr euch immer mehr von euch selbst entfernt habt. Einsamkeit, Frustration, Minderwertigkeit, Bedürftigkeit und Mangelbewusstsein oder auch Angst, Trotz, Enttäuschungen, Verbote, Rachegefühle dem anderen Geschlecht gegenüber haben sich breitgemacht.

Habenwollen, Geliebt-werden-Wollen, eine innere Leere ausfüllen wollen - all das hat euch in diese Form der sexuellen Vielfältigkeit geführt. In der kosmischen Sicht ist dies nicht moralisch zu sehen. Wir wundern uns nur über die Verschwendung eurer Energie. Denn trotz des großen Angebotes wurde euer Hunger immer größer, indem ihr versucht habt, eure eigene Liebe in der Sexualität zu finden. Oftmals habt ihr nur Abhängigkeit, Begierde, Leistung, Schmerz und Trennung erfahren. Die momentane körperliche Befriedigung hat euren Mangel an Liebe, eure körperliche Leidenschaft oder gar eure Lust nach Nähe und zärtlicher Hingabe befriedigt. Jedoch nur für einen kurzen Augenblick, da eure Seele, euer Herz, euer Innerstes nicht wirklich berührt wurden. Somit habt ihr die Liebe, die ihr allein über den Körper gesucht habt, nicht gefühlt.

Nun zieht auch hier Gleiches wieder Gleiches an.

Angst zieht Angst an, körperliche Befriedigung zieht körperliche Befriedigung an, Mangel zieht Mangel an, Scham zieht zu Scham. So gesehen macht ihr mit eurer Sexualität eure Erfahrungen in Bezug auf euch selbst. Wenn ihr euch selbst hinterfragt, so fühlt ihr, welches Gefühl in euch die Oberhand hat und euch somit eure sexuellen Erfahrungen beschert.

Menschen, die vor ihren gefühlsmäßigen Erkenntnissen Angst haben, entsagen ihrer Sexualität. Oder sie verstecken diese hinter einer schambesetzten, perversen, aggressiven Haltung. Sie verbannen die Sexualenergie in die hintersten Winkel ihres Seins, und sie verstecken diese Energie vor ihrer Außenwelt, bis sich diese Energie irgendwann eigene Ventile als Ausdruck suchen wird.

Schlussendlich dient das Erleben eurer Sexualität dazu, euch näher an euch selbst heranzubringen und euer Bewusstsein schöpferisch zu unterstützen. Denn so, wie ihr euer Bewusstsein geschaffen habt, kreiert ihr euch eure sexuellen Erfahrungen und Erlebnisse.

Aus der Sicht der seelisch-emotionalen Ebene:

Dieses Gesetz erinnert uns daran, dass unsere Sexualität kein ausschließlich körperliches Gefühl ist, sondern durch die schöpferische Sexualenergie gespeist wird. Das ganze Universum besteht aus dieser schöpferischen Sexualenergie und erschafft auf ihr, mit ihr, verbindet sich mit ihr, transformiert, heilt, beschützt und beruhigt. Diese Energie lebt aus sich selbst heraus und erfüllt sich aus sich selbst heraus. Sie spiegelt sich in der Natur, in den Tieren, den Pflanzen, durch Sterben und Werden wider. Unser ganzes Universum, "alles, was ist", besteht aus dieser Schöpfungsenergie und folgt deren Gesetzen. Unsere sexuelle Energie ist unsere Natur, und wir bestimmen, wie wir mit ihr umgehen. Als Menschen mit höherem Bewusstsein ist dies unsere Wahl. Das Universum ist kein moralischer Richter, und unsere Seelen stellen uns frei, wie wir unsere sexuelle Schöpfungsenergie ausleben wollen.

Wenn wir uns zurückerinnern, wie heilend, transformierend und machtvoll diese Energie in uns ist, werden wir sie in uns fühlen, sie begrüßen, huldigen und lieben und vorsichtig liebevoll mit ihr umgehen. Wir werden sie rein und unschuldig, spielerisch und kraftvoll in uns fühlen, in uns segnen und uns somit mit dem, was wir sind, an diese Energie hingeben, mit dem Gefühl, dass wir Zuhause sind. In der Sexualität werden wir mit dieser Energie den Partner oder die Partnerin in Liebe und Achtsamkeit annehmen, um diese lustvolle Leidenschaft in einem kosmischen Orgasmus, im Verschmelzungstanz des Körpers, des Geistes und der Seelen zu feiern. So werden wir unser Einssein wieder spüren, um unsere Ganzheit und Unvergänglichkeit aufs Neue zu fühlen, um daraus die Kraft zu schöpfen für all unser Tun. Dann wird die Sexualität kein Geheimnis mehr für uns sein, wir werden sie als das erkennen, was sie ist: die schöpferische Kraft zwischen Himmel und Erde, ein Instrument für unsere Bewusstseinsentfaltung, das uns dient und uns immer zur Verfügung steht, um uns emporzuheben, zu heilen, das Schöpfungsenergie gewährt und uns schlussendlich transzendiert.

Aus der Sicht der menschlich-materiellen Ebene:

Die Sexualenergie ist ein Kind der Liebe, weil sie aus der Schöpfungsenergie entsteht. Es ist ein tiefes, kraftvolles intimes Potenzial in dir, das dir zur wahren Empfindung deiner wahren Körperlichkeit zur Verfügung steht. Die Sexualenergie in dir ist der Schöpfer an sich. Er schenkt dir das Leben, gewährt dir die Fülle, schenkt dir Freude und Heilung und fordert dich auf, dich an dich selbst hinzugeben. Hingabe geschieht im Jetzt, so, wie du dich gerade fühlst und wahrnimmst. Es ist kein Zukunftstheater. Es ist eine hohe und gleichzeitig tiefe Schwingung, aus der heraus du alles erschaffen kannst, was sich dir in der Materie zeigen soll.

Es ist reinste Kraft, reinste Kraft und reinste Magie. Sei dir selbst wertvoll genug, liebend und würdevoll mit dieser Energie umzugehen. Genieße diese Ekstase, die du in deinem Körper, im Geist und in deiner Seele erfährst, wenn du dich ihr vertrauensvoll hingibst. Jetzt bist du der Schöpfungsebene sehr nahe, aus der heraus du entstanden bist und die dir alle deine Wünsche erfüllt, die in deinem Lebensplan eingebaut sind.

Nur ein göttliches,
offenes Herz kann geben,
ohne zu erwarten.

Diese Zeit voller Gnade und
Sehen entschädigt euch für all eure Mühen.

Deine Seele begegnet jedem Aspekt in dir
mit Wertschätzung, nicht mit Bewertung.

15. Energiegesetz

Die Macht der Liebe definiert sich in dem Wissen über Seele, Geist und Körper:
Seele = Liebe = ich bin (weiblich)
Geist = kosmischer Wille = ich weiß (männlich)
Körper = Wahrhaftigkeit = ich tue (Kind)

Aus der Sicht der kosmisch-spirituellen Ebene:

Seele

Die *Seele* ist der weibliche Teil im Körper des Menschen, ihr Sitz ist im Herzen. Dieser Teil ist wahrnehmbar über das Gefühl, besser ausgedrückt über eure Intuition.

Der Geist in euch liebt es, wenn die Seele ihn berührt. Ihr nehmt eure Seele wahr über den Grad eurer Liebesfähigkeit zu euch selbst und damit auch zu anderen Menschen. Die Seele lehrt euch: Geduld, Transformation, bedingungslose Liebe, Achtsamkeit, Gleichmut, Vertrauen, Wahrhaftigkeit, Mitgefühl, Friedfertigkeit, Großmütigkeit, Gnade, die Weisheit des Herzens, Zärtlichkeit, Nähe, Tiefe, Hingabe, emotionale Unabhängigkeit, Leichtigkeit.

Die Seele inspiriert euch, euch und "alles, was ist", zu lieben. Sie inspiriert euch immer und immer wieder, sie versucht, euch daran zu erinnern, wer ihr seid. Sie wird nicht müde, euch zu eurem Wachstum und zu eurer Bewusstseinserweiterung zu führen. Eure Seele liebt euch, sie ist in euch, über euch und um euch herum. Sie fordert euch auf, alles, was geschieht, aus der Sicht der Seele zu sehen, um euch selbst und andere beseelen zu können.

Sie fordert euch auf, ihre leise Stimme doch zu vernehmen, die sie euch über eure Intuition offenbart.

Eure Seele arbeitet über die Intuition, über euer Gewissen, mit und durch eure Träume und schenkt euch innere und äußere Zeichen und Bilder. Ihre Sprache und ihre Energie sind sanft, fröhlich-leicht, beruhigend, tröstend, gelassen, manchmal humorvoll, aufmunternd, emotionsfrei liebend. Die Seelenenergie bewertet nichts und niemanden, sie trennt nichts und niemanden, sie richtet nicht und sie straft nicht.

Im Gegenteil: Sie möchte Verbindung - nicht Trennung. Sie lehrt Frieden - nicht Kampf: Sie opfert nicht und fordert keine Opfer - sie trägt und erträgt alles - sie nährt und befruchtet euch und bietet euch immer den Weg der Liebe an.

Wenn ihr es so verstehen wollt, ist sie eure kosmische fürsorgliche, schützende, liebende, nährende, transformierende Mutter. Diese Mutter liebt euch so sehr, dass sie euch keine Entscheidung abnimmt, die ihr in eurer Wahlmöglichkeit auf Erden zur Bewusstseinsentwicklung besitzt. Sie begleitet euch, ob ihr wissend oder unwissend seid, auf jedem eurer gewählten Entscheidungswege. Sie ist geduldig, liebend, denn sie besitzt die Unsterblichkeit außerhalb von unserem Raum und unserer Zeit.

Wenn ihr ganz tief in euch hineinfühlt, hinter eure Schattenteile, Weigerungen, Ängste und Zweifel, dann könnt ihr sie wahrnehmen. Die Seelenenergie, die euch zuflüstert: ICH BIN und du BIST ICH und ICH BIN du! Alle Erfahrungen, die ihr bisher gemacht habt und noch machen werdet, die euch Schmerzen, Trauer, Wut, Ängste und Einsamkeiten beschert haben, werden nicht als Strafe für was auch immer von eurer Seele geschickt, sondern von euch, anfangs unbewusst, später bewusst kreiert, um euch selbst zu erlösen, um bewusster zu werden, um in bewusster Erinnerung zu erkennen:

ICH BIN, ICH EXISTIERE, ALSO BIN ICH.

Geist

Der *Geist* ist der männliche Teil im Körper des Menschen. Der Sitz des Geistes ist im Herzen, er ist verbunden mit der Seele und mit eurem himmlischen Geistkörper. Er lädt die inspirierende Seele zur Zusammenarbeit ein und erschafft mit der Energie “Ich bin eins mit der Seele”, er steht im Einklang mit dem geistigen, kosmischen Willen und schafft neue Wirklichkeiten. Der Geist kennt die Potenziale, die die Seele ihm aufzeigt, und er weiß um die Aufgaben und Lektionen des Menschen, bezogen auf seinen Lebensplan. Der Geist weiß, was mit diesem “ICH BIN” zu tun ist, um den Menschen in seine Göttlichkeit zurückzuführen.

Ihr nehmt den Geist wahr in euch über den Grad eurer Klarheit und eures Bewusstseins. Der Geist lehrt euch: Klarheit, Mut, Standfestigkeit, das Punktuieren eurer Kraft, Wahrheit, Gelassenheit, den ehrlichen Ausdruck bezüglich eures Standpunktes, glasklare Erkenntnisse, Aha-Erlebnisse. Und er fordert euch auf, in Eigenverantwortung, Demut und Vertrauen die kosmischen Gesetze anzuwenden, Achtung und Würde vor euch selbst und anderen zu haben und daraus mit der Schöpfungskraft zu erschaffen. Er lehrt euch, zu agieren statt zu reagieren, er treibt euch an zu Höherem, denn er weiß, was ihr braucht, und das ist nicht immer das, was ihr gerade wollt. Der Geist fordert euch auf zu wollen, nicht aus euren Negativ-Egos, sondern aus der höheren geistigen Ebene heraus. Er spornt euch an, das Wissen zu leben, denn euer Wille ist sein Wille und umgekehrt.

Der Geist "be-geistert" euch mit seinem Wissen, das weit über euren Intellekt hinausgeht. Der Geist liebt es, von euch eingeladen zu werden und euch mit seinem allumfassenden Wissen zu dienen. Der Geist arbeitet nicht über Gefühle wie die Seele, er steht allerdings über dem oft kollabierenden Verstand, wenn dieser nur neue Fragezeichen zeichnet. Wenn ihr also den Verstand beruhigt und ihn loslasst und in eure Seele, euer Selbst eintaucht, bringt euch der Geist die Antworten bezüglich eurer Fragen. Der Verstand muss erst ruhig werden, damit ihr die geistigen Antworten hören könnt, denn eurem Verstand erscheinen diese Antworten nicht logisch.

Die Antworten des Geistes sind brillant, sie sind die kosmische Intelligenz, sie sprengen jegliche Logik, jegliches Sicherheitsdenken und jegliche Struktur.

Der Geist ist frei von solchen Zwängen, er dient der höheren Sichtweise, der göttlichen Ordnung, den kosmischen Gesetzen. Er weiß, wer ihr seid - und warum ihr vergessen solltet, wer ihr wahrhaftig seid. Er kennt eure Stärken und Schwächen, er kennt eure Potenziale und eure Aufgaben. Sein Zuhause ist die Freiheit des Geistes, nicht die emotionsbeladene Illusion. Er agiert aus der Wahrhaftigkeit, aus der Einheit heraus, nicht aus der emotionalen Trennung heraus. Der Geist verbindet die Bewusstseinsanteile und führt diese zur Ganzheit zurück. Er gibt dem, was dem Menschen widerfährt, einen neuen, bewussteren, freiheitlich-bindenden Sinn. Er weiß um die göttliche Ordnung und schert sich nicht um eure menschlich strukturierte Gesetzmäßigkeit. Er schert sich nicht um Moral, um Scham und Schuld, denn er ist kristallklar und messerscharf aus sich selbst heraus - immer der Wahrheit dienend. Er ist nicht manipulierbar über Menschen, nicht korrumpierbar und nicht zu beeindrucken durch menschliches Tun. Er segnet, wer ihr seid, nicht unbedingt, was ihr tut.

Der Geist erschafft eure Realität, und eure Realität zeigt euch auf, welches geistige Bewusstsein ihr gerade habt. Er besitzt eine immense Kraft, mit der er eure Wirklichkeiten verändern kann oder andere Wirklichkeiten schafft, denn er weiß!

Wenn eure Seele "Zeichen" und "Zufälle" erschafft, so erschafft euer Geist "Wunder".

Euer Wille, eure Wahl, eure Entscheidungskraft sind das Instrument, mit dem ihr euren Geist einladen könnt, euch zu begeistern. Allerdings solltet ihr vorerst tief in eure Seele eingetaucht sein, alle destruktiven Gefühle hinter euch gelassen haben, alle Weigerungen und Ängste mit eurer Eigenliebe zur Ruhe gebracht haben, alle unruhigen, ungeduldigen und trennenden Gedanken verabschiedet haben. Erst dann kommt der Schöpfungshammer: Seele und Geist arbeiten in euch, Hand in Hand, und die kosmische Mutter und der kosmische Vater lenken euer Leben, geben euch Antworten und Richtungen. Ihr erkennt mehr und mehr, wer ihr seid, das Leben wird leicht, freudvoll, gelassen, alles ist gut und richtig, wie es ist, und ihr vertraut eurer inneren göttlichen Führung. Ihr seid noch in diesem Körper, aber ihr seid euch selbst und eurem Zuhause ein ganz großes Stück nähergekommen. Wenn ihr eure Seele und euren Geist in euch selbst wahrnehmen könnt, so könnt ihr das auch bei jedem anderen Menschen tun. So erschafft eure seelische und geistige Arbeit Synchronizitäten mit eurer Göttlichkeit und der Göttlichkeit eines jeden anderen Menschen. Göttlichkeit und Göttlichkeit erzeugen Einheit und Ganzheit, so ist jegliche Form der scheinbaren Trennung aufgehoben.

Euer Körper ist das Instrument, der Tempel von Seele und Geist. Er ist aber auch mit seinen Zellstrukturen der Hüter aller eurer Schattenteile und Glaubensmuster. Euer Körper stellt euch all diese Energien zur Verfügung und zeigt euch über seine grobstofflichen Reaktionen auf, ob ihr in, auf und mit eurer Wahrheit lebt oder nicht.

Körper

Der *Körper* reagiert auf das, was in euch und um euch herum geschieht. Sein Wunsch ist es, eins zu werden mit Geist und Seele. Er will leichter, transparenter, transzendenter, lichtvoller, liebevoller, charismatischer und strahlender und somit völlig gesund sein.

Er zeigt euch Menschen, wie ihr fühlt und denkt, er spiegelt euch euer Bewusstes und Unbewusstes wider. Er reagiert auf eure Liebe mit Liebe und Durchlässigkeit. Er reagiert auf geistige Klarheit mit Mut, Kraft und Stärke. Er reagiert auf eure Herzenswahrheit mit liebevollem Ausdruck in Achtsamkeit und Würde zu euch und anderen. Der Körper reagiert auch auf eure Glaubensmuster und Schattenteile, die tief in seinen Zellen verankert sind. Er will diese ins Licht bringen, er schüttelt sich, er ruft um eure Erkenntnis an, er weigert sich zu funktionieren. Er reagiert mit Unlust und Mattigkeit oder Unruhe und latenter Aggressivität, sogar mit funktionellen Störungen und Krankheiten. Dann bestraft ihr Menschen euren Körper oft noch, ihr vernachlässigt ihn, ihr beschimpft ihn. Ihr habt vergessen, dass auch er euer Diener ist, den ihr erschaffen habt. Dieser hält nur aus, speichert, sammelt, sortiert und gibt preis. Damit gibt er euch in seiner Sprache zu verstehen, wo es dunkel in euch ist und was ins Licht will! Ihr hört ihm nicht zu, ihr handelt nicht im Einklang mit ihm, ihr fragt ihn nicht nach seiner Wahrheit! Er kennt die Wahrheit in euch, er gibt euch immer wieder Zeichen, wenn ihr etwas tut, was ihr besser lassen solltet, somit lehrt er euch! Er reagiert mit Grummeln im Bauch, Kopfdruck, Schweißausbrüchen, Unruhigsein, Schlafstörungen, Schmerzen hier und da, wenn ihr euch vergewaltigt, euch nicht vertretet, eure Gefühle nicht wertfrei ausdrückt, nicht liebevoll zu euch seid, euch überfordert und so weiter. Er zeigt euch eure Intuition, euer Gewissen, eure Wahrheit und eure Lügen auf. Er zeigt es euch über seine körperlichen Reaktionen während eurer Handlungen unmissverständlich auf, und er fordert euch damit auf, das Geistig-Seelische in Ordnung zu bringen, damit er von den schlechten Gefühlen, dem unruhigen Gewissen, den Lügen und damit von den Schattenteilen und Glaubensmustern befreit wird. Nur dann kann er sich lichtvoll erheben und zu einem himmlischen Instrument werden.

Der Körper tut. Er handelt entsprechend eurer Bewusstseinsebene, er bewertet euer Tun nicht. Er tut, was ihr denkt und fühlt, er bringt dieses zum Ausdruck: Unechtes oder Echtes, Lügen und Wahrheiten. An der Körperhaltung und der Gestik und Mimik eines Menschen könnt ihr sein Innerstes erkennen, denn der Körper drückt in dieser Körpersprache aus, was ihr gerade wie tut: bewusst oder unbewusst, offen oder versteckt, angreifend oder vertrauensvoll, geduldig oder aggressiv, mitfühlend oder oberflächlich. Der Körper tut, wenn man ihn lässt, er ist euer Helfer, Begleiter, euer Gefährt, um in der Grobstofflichkeit das Feinstoffliche in euch bewusst zu machen. Er arbeitet und verrichtet seine Funktionen ohne euer bewusstes Zutun, er atmet ein und er atmet aus. Er gibt euch Impulse und Signale, Zeichen, aber auch wundersame Heilungen. Er hilft euch in eurer Entwicklung, wenn ihr ihn lasst und auf ihn hört, anstatt ihn, wie manche Menschen es tun, störrisch, starr, kalt, handlungsunfähig und kontrollierend zu verschleißen.

Der Körper fordert euch auf zu tun, denn Tun schafft Erleben, Erleben schafft Erfahrungen, Erfahrungen erschaffen Wissen und gelebtes Wissen schafft Weisheit. Nichts tun, heißt dann, festzustecken und zu versauern. Und dann ist es sein Bestreben, sich wieder zu öffnen und in die Balance zu kommen.

Der Körper spürt die Liebe zu ihm über euer Tun, über den Grad eures Wissens und eurer Wahrheit. Und mit jeder Erkenntnis verändert er seine Schwingungen: Er wird heller, klarer, leuchtender, charismatischer und leichter. Das ist sein oberstes Ziel, denn dieses Kind als körperliche Energie will zu Mutter und Vater, wir sind Gottes Kinder!

Aus der Sicht der seelisch-emotionalen Ebene:

Dieses Gesetz zeigt euch auf, dass es in Wahrheit keine Trennung gibt zwischen Körper, Geist und Seele. Die Trennung erscheint euch als solche nur in eurer grobstofflichen Materie. Alle Teile sind immer miteinander verbunden und arbeiten im Einklang zum Wohle und zur Bewusstmachung und Erlösung der Menschheit. Körper, Seele und Geist sind eins, nur die Wahrnehmung dieser Energien aus der menschlichen Sichtweise ist verschieden.

Der Mensch, der die kosmischen Drei verstanden hat und lebt, besitzt den Schlüssel zum Universum:

Er liebt.

Er weiß.

Er tut.

Unsere Seele hat jedoch einen direkteren Zugang zu unserer Intuition und unseren Gefühlen. Folglich versucht sie, uns auf diesen feinen Ebenen spüren zu lassen, was wir geistig noch nicht hören wollen oder was unser Verstandesbewusstsein für nichtig und unmöglich erklärt.

Unsere Seelen würden niemals den Geist hinterfragen, denn sie wissen, dass sie beide von der Ganzheit kommen und dem Menschen in seiner Grobstofflichkeit als Unterstützer und Behüter zu Diensten sind. Wenn wir eine Lösung brauchen, fragen wir unsere Seele. Diese gibt unser Anliegen weiter an den Geist, der die Antwort hat, immer. Unsere Seele versucht dann, über Meditation, Träume, Zufälle und Synchronizitäten uns diese Antwort über unsere Gefühle, über innere Bilder und manchmal sogar in direkten Worten zu übermitteln. Das ist für uns Menschen besonders schön! Weil wir unseren Geist nicht immer so klar erfahren können wie unsere Seele, hören wir ruhig auf das, was unsere Seele uns zu sagen hat, denn es ist immer auch das, was unser Geist uns übermitteln will.

Aus der Sicht der menschlich-materiellen Ebene:

"Sag mir, was du tust, und ich sage dir, wer du bist."

"Zeig mir, wie du etwas tust, und ich erkenne, wer du in Wahrheit bist."

Direkter kannst du dir und deiner Umwelt nicht präsentieren, wer du in Wirklichkeit bist.

Das geliebte Kind in uns, genährt durch unsere Weisheit und Liebe, wird sich immer und immer wieder über unseren Körper auszudrücken versuchen. Es zeigt uns auf, wo wir verziehen haben und ob wir schon eins sind in uns, ohne unseren kindlichen Teil verbannt oder sogar abgeschnitten zu haben. Es wird unsere Liebe erwidern, denn es fühlt sich geliebt, geführt und beschützt von der inneren Mutter (Seele) und dem inneren Vater (Geist). Wenn wir uns entwickeln, so möchte das innere Kind mit uns gehen, Freude, Leichtigkeit und Liebe erfahren, egal welche Kindheit es erlebt hat.

Ein geliebtes inneres Kind ist freundlich, gefühlvoll und gerecht. Oft taten wir Dinge in unserem Leben, die unser inneres Kind erschreckt haben, und es zog sich traurig und manchmal zornig in sich zurück. Unsere Aufgabe ist es, uns dieser Energie bewusst zu werden und dem Kind jetzt in unserem Erwachsenenalter das zu geben, was es jahrelang vermisst hat. Durch unsere Anbindung an unsere Geist-Seele haben wir die Möglichkeit, alle Traumata des Kindes in ein heilendes Miteinander zu verwandeln. Wenn dieses Kind nicht geliebt wurde, so ist es jetzt an der Zeit, dass wir es in den Arm nehmen, es loben und nähren und gut versorgen. Wie gesagt, unser Körper wird es uns zeigen, wenn unser Kind von uns und unserem Bewusstsein getrennt ist. Die Einheit aller unserer Teile erschafft für uns wunderbare Realitäten, da der männliche, der seelische und der kindliche Teil friedlich zusammenarbeiten und sich gegenseitig befruchten. Daraus entsteht:

Ich liebe, ich weiß, ich tue. Also zeige mir, wie du was tust, und ich sage dir, wer du in Wirklichkeit bist.

Gehe nicht davon aus, dass jemand anders
etwas an deiner Stelle für dich erledigt.

Der Weg zur Einheit führt allein über dich.

Für deine spirituelle Reise hast du Geist,
Seele und Körper mitgebracht.

Der Lebenssinn wird einer Seele genommen,
wenn du dich ihrem gewählten Weg verschließt,
weil sie ohne Eigenverantwortung
kein Wachstum erfahren kann.

16. Energiegesetz

Das Leben bedeutet nicht
“alles hinnehmen und aushalten”.
Es lehrt euch vielmehr
“alles annehmen und bewusst verändern”.

Aus der Sicht der kosmisch-spirituellen Ebene:

Von euren Eltern und Lehrern habt ihr oft gelernt, dass das Leben schwer ist, dass man es irgendwie ertragen muss, sich arrangieren muss, das Beste aus den Gegebenheiten machen muss, sich aber fügen muss. Man hat euch beigebracht, dass ihr keine Wahl habt, dass es euer bestimmtes Schicksal ist, dass ihr es hinnehmen und aushalten müsst.

Ihr müsst gar nichts, außer diesen Körper irgendwann verlassen, und selbst da habt ihr noch die Wahl, wie und wann und ob überhaupt. Dieses Verhalten des duldsamen Hinnehmens und Aushaltens ist eine typische Opferhaltung, die euch handlungsunfähig und ohnmächtig macht. Warum solltet ihr euch auch engagieren, um schöpferisch zu werden, wenn euch beigebracht wurde, dass ihr sowieso keine Chance habt? Es ist besser, ihr versucht es erst gar nicht, denn mit dieser Einstellung werdet ihr scheitern, und eure Glaubensmuster, dass ihr hinnehmen und aushalten müsst, werden sich bestätigen. Nun gibt es einige Menschen, die gegen diese eingetrichterten Glaubensmuster rebellieren, sie sind dagegen – egal gegen was sie sind, sie wollen sich nicht zufriedengeben mit der Opferhaltung und der Ohnmacht. Sie wollen nicht alles hinnehmen und still aushalten. Sie richten ihre Kraft auf die Gegenenergie, so werden sie zum Täter, sie rennen sich den Kopf ein und ernten doch nur Unverständnis und Blessuren. Beide Wege scheinen keine wahre innere Zufriedenheit zu garantieren. Nachdem ihr die kosmischen Gesetze kennt, versteht ihr jetzt, dass es so nicht zu eurer Zufriedenheit funktionieren kann. Denn Opfer zieht zu Opfer - Täter ist die Gegenenergie zu Opfer, sie zieht Täter an und braucht die Opfer, um sich selbst als Täter und nicht als Opfer zu begreifen. Kosmisch gesehen gibt es keinen Unterschied zwischen Opfern und Tätern, denn beide Energien zerstören und trennen, und jegliche Form von Druck erzeugt Gegendruck. Das Opfer zerstört sich selbst über Leid und Selbstmitleid in der gewählten Ohnmachtshaltung, und durch seine passive Grundeinstellung erschafft dieser Mensch Lebensumstände, in denen er sich als Opfer fühlt. Der Mensch in der Opferbereitschaft erhofft sich Gnade, Erlösung und Anerkennung, indem er alles aushält, alles hinnimmt und leidet. Er wartet auf die äußere Erlösung, die Veränderung seiner Situation, ohne in sich selbst Veränderungen vornehmen zu können. Denn ohne bewusste Erfahrungen und willentliche Veränderungen sowie eigens getroffene Entscheidungen wird aus einer Opferhaltung niemals eine Schöpferkraft. Und für seine Opferhaltung erntet der Mensch niemals kosmische Lorbeeren.

Der Täter - als die aktive, nach Veränderung strebende Gegenenergie - zerstört sich selbst, weil er Veränderungen, Entscheidungen zwar im Außen bewirkt, manchmal sogar mit Gewalt, aber nicht, weil er ein Schöpfer ist, sondern weil er Angst hat, ein Opfer zu sein. Dann wäre er ohnmächtig, willenlos und manipulierbar. Deshalb geht er in die Tat, um verändern zu wollen, notfalls mit Gewalt; er will ändern, womit er nicht einverstanden ist, er zeigt auf, was in seinem Sinne nicht gerecht ist, nicht ordentlich, nicht richtig ist. Er wird sich den Kopf einrennen, seine Kraft wird verpuffen, er wird sich äußerlich verletzen oder innerlich ausbrennen, und dann fühlt er sich wieder als Opfer, und sein Engagement war sinnlos. Das, was er am meisten vermeiden wollte, was ihn zum Täter hat werden lassen, das, vor dem er am meisten Angst hatte, das holt ihn jetzt wieder ein. Nichts ist gewonnen, der innere Frieden hat sich nicht eingestellt, der Mensch mit dem Täterverhalten wird abweisend, stur, er zieht sich raus, verschließt sich. So schließt sich der Kreis, Täter und Opfer bedingen sich und haben die Chance, durch bewusstes Erkennen und Handeln zum Schöpfer zu werden, verpasst. Das bewusste Leben lehrt euch "alles annehmen" und dann "bewusst verändern".

Ihr könnt nicht verändern, bevor ihr das, was ihr gerade kreiert habt, nicht wirklich in euch angenommen habt. Es ist leichter für euch, das anzunehmen, was euch dient, euch Freude bereitet, euch Vorteile beschert. Ihr genießt diese Energien und freut euch, so viel Glück gehabt zu haben oder dass ihr so viel geleistet habt und diese glücklichen Umstände wahrlich verdient, weil ihr sie euch erarbeitet habt. Jegliche Form von Verdienst, Glück und Fülle ist jedoch das Verdienst eurer veränderten Einstellung, es ist das Verdienst der Arbeit in euch selbst! Es sind die Früchte für euer spirituelles bewusstes Wachstum.

Nun haben scheinbar unbewusste Menschen auf eurer Erde wohl augenscheinlich weniger Vorteile, Glück und Fülle. Möglicherweise stecken diese Menschen in ihren Glaubensargumenten fest und verstehen sich selbst als Opfer oder Täter. Sie haben das Bewusstsein darüber, dass sie stets die Wahl haben und erst alles annehmen müssen, was sie geschaffen haben, um dann bewusstschöpferisch verändern zu können, noch nicht erlangt. Sie kämpfen noch mit sich und anderen, hadern mit ihrem Schicksal und machen Menschen, Gott und die Welt verantwortlich für ihre miserable Lage. Sie haben das Bewusstsein für die eigene spirituelle Verantwortung noch nicht entwickelt. Sie erkennen ihre leidvolle, menschliche Misere noch nicht als Chance für ihr Wachstum an, sie wollen noch leiden und suchen Hilfe bei anderen Menschen.

Um diese menschliche Leidensphase zu beenden, könnten sie sich selbst einen geistig-seelischen Schub versetzen. Sie könnten sich daran erinnern, dass sie unsterbliche Wesen göttlichen Ursprungs sind, ausgestattet mit vielen Potenzialen, die sie in diesem Leben für ihre Aufgaben und Lektionen mitgebracht haben. Diese bewusste Erkenntnis könnte sie in ihre spirituelle Eigenverantwortung führen und erlösen von jeglichen Schuldzuweisungen und Bewertungen. Mit dieser Einstellung kämen Menschen dem kosmischen Gesetz, das sagt "Erst annehmen, dann bewusst verändern", sehr nahe. Diese Menschen begreifen dann allmählich, dass "alles, was ist", ihre Schöpfung ist, eine Realität, die sie sich selbst geschaffen haben aufgrund ihrer unbewussten Gedanken, Gefühle, Ängste und Wertvorstellungen. Sie erkennen langsam in ihrem Leid die Chance für ihr Wachstum. Sie erwarten und fordern nicht mehr von anderen Menschen eine Verbesserung ihrer Umstände, sondern sie werden sich selbst ihrer Fähigkeiten als schöpferischer Mensch bewusst. Der erste Schritt, das, was ist, anzunehmen, egal wie leidvoll es auch sein mag, ist getan. Denn jede Erfahrung von Leid hat eine versteckte positive Botschaft in sich.

Der zweite Schritt erinnert den Menschen an sein Potenzial, er besinnt sich auf seine innersten Fähigkeiten, er liebt all das, was er als gut und richtig in sich fühlt.

Der Selbstwert steigt, er sieht wieder Licht am Horizont. Er lebt nicht mehr von den gestohlenen Energien anderer Menschen, die er in der Opferhaltung über das Erheischen von Mitleid bekommen hat. Und er braucht keine Bestätigung, kein Lob und keine Anerkennung von anderen Menschen für sein kräftezehrendes Verhalten in der Täterhaltung, um sein Gewissen bezüglich seiner Ego-Taten zu beruhigen. Die Potenziale haben eine höhere Kraft als seine Ängste und sein Misstrauen. Indem ihr das Gute immer wieder in euch nährt, wird es größer, und irgendwann schluckt es eure Angst und euer Misstrauen.

Der dritte Schritt ist die innere Auseinandersetzung mit sich selbst, das gefühlsmäßige Hinterfragen der eigenen Motivation, das Bewusstmachen und Erkennen von Mechanismen, angenommenen Gewohnheiten, Verhaltensmustern und Beweggründen.

Dieses Hinterfragen der Motivation führt zur Bewusstmachung und dem Erkennen von Schattenteilen, Glaubensmustern und Kernglaubenssätzen. Ihr Menschen nehmt Veränderungen im Bewusstsein oft erst dann vor, wenn ihr auch Gutes, Feines, Liebevolles dadurch erfahren wollt und die Wahrnehmung von euch selbst dadurch bestärkt wird. Auf diese positive Grundeinstellung reagiert eure Geist-Seele und ist immer bereit, euch aus dunklen Tälern zu einer lichtvollen Erkenntnis eures Selbst zu führen.

Aus der Sicht der seelisch-emotionalen Ebene:

Wir erkennen in unserer unendlichen Liebe zu unserem Selbst unsere Vollkommenheit. Dann laden wir nicht mehr nur unsere Ängste auf, wir müssen nicht mehr ertragen und laden nicht mehr ein, uns als Abfalleimer zu benutzen. Durch das Verständnis dieses Gesetzes wissen wir sehr genau, dass unsere Geist-Seele uns nicht mehr auflädt, als wir im Moment tragen können. Das heißt, wir werden mit rücksichtsvoller, liebender Energie so langsam oder so schnell bewusst gemacht, wie wir das Bewusstsein begreifen können. Also, wenn wir beginnen, Veränderungen zu begrüßen, so wird unsere Geist-Seele das ihrige tun, um uns in unserer Entwicklung tatkräftig zu unterstützen. Durch das "Annehmen" unserer geschaffenen Umstände geben wir unserem Selbst schon das Signal, dass wir Veränderungen unserer momentanen Umstände bewirken möchten, und wir bekommen alle Hilfe, die uns auf diesem Weg der Bewusstseinsveränderung unterstützt.

So treffen wir die Wahl, zu dem zu werden, der wir wahrhaftig sind, und wir erkennen in unseren Katastrophen die Chance zur Erlösung all dessen, was wirklich nicht mehr zu uns gehört. So verändern wir bewusst unser Leben in uns und somit auch unsere materielle Wirklichkeit.

Wir wählen jetzt bewusster, hinterfragen und fühlen bewusster, wir handeln bewusster in Bezug auf uns selbst und finden dadurch die Antworten, die wir gesucht haben. Somit werden wir unabhängiger von den äußeren Umständen, den Meinungen und den Gefühlsprojektionen anderer Menschen, weil wir unsere Gedanken und Gefühle besser kontrollieren und aus dem Bewusstsein heraus handeln, was uns dient und was uns nicht mehr dient.

Wir finden den Frieden und die Freiheit in uns und leben dadurch unser Leben freudvoller, mitmenschlich, liebevoller zu uns und anderen. Ja, wir genießen die Wahl der Freiheit, der Entscheidungen, die wir jederzeit verändern können, um das, was uns bisher gedient hat, im Neuen Bewusstsein und im Neuen Licht zu sehen und dementsprechend unsere Handlungen zu verändern.

Aus der Sicht der menschlich-materiellen Ebene:

Dieses Gesetz erinnert euch daran, dass kein Mensch seinem sogenannten Schicksal hilflos ausgeliefert ist. Es erinnert dich daran, dass du keinen Preis zahlen musst, indem du etwas aushalten oder etwas Sinnloses tun musst, was dir nicht entspricht. Der Kosmos fordert von dir keinen Preis für dein Erwachen, deine Schöpfungsenergie, deine Bewusstseinserweiterung oder deine Liebe. Aus der Sicht des großen Ganzen sind wir schon erwacht, schöpferisch, bewusst in Liebe geborgen. Das Leben auf unserer Erde dient uns dazu, uns unsere vergessene Einheit wieder bewusst zu machen, indem wir es in uns und um uns herum als Licht oder Dunkel erleben. In diesem Leben gehen wir nochmals staunend und bewusster den Weg zur Einheit, ohne an dem Dunkeln in uns oder außerhalb von uns zu scheitern.

Dieses Gesetz sagt uns, dass es auf jede Frage eine Antwort gibt, dass alles, was geschieht, sinnvoll ist, egal wie wir es empfinden mögen. Jedes Problem birgt die Lösung in sich. Wir sind nicht allein in unserem Leid, wir haben die Wahl zu bewussten Veränderungen; unsere Geist-Seele macht keine Fehler, diese beiden Energien begleiten uns, führen uns, ermuntern uns, kräftigen uns und lieben uns, egal welche Entscheidungen wir auch getroffen haben. Aus diesem Grund nehmen uns keine anderen Kräfte unsere getroffenen Entscheidungen ab, egal ob diese Entscheidungen unser spirituelles Wachstum erleichtern oder verzögern. Unsere Geist-Seele segnet immer unsere getroffenen Erfahrungen ab, weil sie weiß, dass sie uns schlussendlich zu neuen Erkenntnissen führen. Wir sind schöpferische Wesen, unsere Seele und unser Geist wissen schon, was wichtig für uns ist, was wir noch erinnern sollen, damit wir dieses innere Wissen für unseren Lebensweg anwenden können. Dazu gehören auch manchmal Umwege, die wir gehen, um schlussendlich den rechten Weg wiederzufinden.

Denn alles, was geschieht, hat seinen Sinn, auch wenn der Sinn von uns Menschen oftmals nicht gleich verstanden oder akzeptiert wird.

Erst durch deine Bewusstseinserweiterung erkennst du, dass hinter allem Sein und hinter allem Tun die umfassende Liebe steht!

Das Gesetz erinnert dich daran, dass deine wahre Sicherheit nicht in der äußeren Unsicherheit zu finden ist, sondern in der Sicherheit und Liebe deines Selbst. Wenn du bereit bist, hinter jeder dich ereilenden Katastrophe die liebende Schöpfungsenergie mit ihren Botschaften zu erkennen, so bist du wahrhaft in Sicherheit, Freiheit und Liebe existent!

Bevor du zum Gott/zur Göttin wirst,
musst du den Krieger/die Kriegerin in dir gefunden,
akzeptiert und gelebt haben.

Durch dein Verlangen
weist dir die Evolution deinen Weg.

Fragt einen Bettler nicht nach Fülle.
Sein Mangel zeigt euch seine Nicht-Empfänglichkeit.

17. Energiegesetz

**Die Liebe wartet auf ein Willkommen,
nicht auf Zeit und Gelegenheit.
Du bist nicht gekommen, um geliebt zu werden.
Du bist gekommen, um zu lieben.**

Aus der Sicht der kosmisch-spirituellen Ebene:

Liebe ist eine Energie, kein Gefühl. Die Schwierigkeit für euch Menschen besteht jedoch darin, dass ihr Energien auch über eure Gefühle wahrnehmt und deshalb oft beides, Gefühl und Energie, nicht zuordnen könnt. Wenn ihr tief und tiefer und noch tiefer in eure eigenen Wesensgefühle eintaucht, so öffnet sich in euch eine Tür, und die Liebe als Energie ist für euch gefühlsmäßig wahrnehmbar. Diese Wahrnehmung der Energie der Liebe ist erfüllender, aufbauender, vertrauensvoller, alles umfassender, ganzheitlicher, einheitlicher und göttlicher als jedes vorher wahrgenommene Gefühl; diese Energie treibt euch Freudentränen in die Augen. Die Liebe als Energie ist immer da, ob ihr sie wahrnehmen könnt oder nicht, ob ihr sie mit euren Gefühlen verwechselt oder nicht. Allerdings besteht ein großer Unterschied zwischen Liebe als Gefühl und Liebe als Energie. Liebe als Energie unterliegt nicht euren Gefühlen, weder euren positiven noch euren negativen, denn die Liebe als Energie steht über euren Gefühlen.

Liebe als Energie ist nicht beeinflussbar, nicht manipulierbar, nicht käuflich, nicht veränderbar, allerdings immer verfügbar. Die

Liebe als Energie wartet auf ein Willkommen, nicht auf Zeit und Gelegenheit. Das heißt, sie ist nicht an Zeit und Raum und entsprechende Gegebenheiten gebunden. Sie ist in der Gegenwart genauso präsent wie in der scheinbaren Vergangenheit und in der scheinbaren Zukunft. Liebe als Energie ist unabhängig von Zeit und Raum, sie unterliegt nur den göttlichen Gesetzen, nicht den menschlichen Gefühlen oder Wertvorstellungen. Liebe als Energie wartet darauf, von euch Menschen willkommen geheißen zu werden. Am dringlichsten will sie dann eingeladen werden, wenn ihr glaubt, am wenigsten geliebt zu werden. Nämlich genau dann, wenn ihr glaubt, von der Liebe enttäuscht worden zu sein, wenn ihr beschließt, nicht vertrauen zu wollen - und euch selbst und euer Leben und eure Liebesfähigkeit infrage stellt. Gerade in solchen Momenten steht die Liebe als Energie direkt neben euch, sie wartet auf euch, damit ihr sie erkennt, sie begrüßt und sie schöpferisch werden lasst. Solange ihr aber das Gefühl der Liebe mit der Energie der Liebe in eurer Wahrnehmung verwechselt, werdet ihr nicht erkennen, dass eure Gefühle euch getäuscht haben, weil sie euch eure Schattenteile aufzeigen nur zu dem Zweck, dass ihr schlussendlich die Liebe als Energie differenzierter wahrnehmen könnt. Liebe als Energie kennt keine Enttäuschungen, genauso wenig kennt sie Trauer, Leid, Eifersucht, Hoffnungslosigkeit, Armut, Angst oder Zweifel.

Liebe als Energie verbindet. Sie heilt, tröstet, hebt empor, vertraut, verzeiht, empfängt und gibt bedingungslos, kritiklos, großmütig und sanftmütig ohne Erwartungen. Sie ist, was sie ist: Liebesenergie, die sich mit Liebesenergie verbindet - Liebe zieht zu Liebe -, und daraus wird wieder Liebe; in Liebe, aus Liebe wird mehr Liebe erschaffen.

So gesehen versteht ihr, dass ihr gekommen seid, um zu lieben, und nicht, um geliebt zu werden. Jeder Mensch wird euch auf die eine oder andere Art zu verstehen geben, dass er in seinem

Erdenleben hier und dort nicht genug Liebe erfahren hat. Jeder Mensch wird euch irgendwo erkennen lassen, dass er einen Mangel an Liebesenergie fühlt, denn sonst wäre er nicht auf dieser Welt. Ein Mangel an Liebe zeigt euch immer den Mangel an Liebesfähigkeit zu euch selbst auf.

Aus der Sicht der seelisch-emotionalen Ebene:

Die Aufgabe von euch Menschen besteht darin, euch selbst intensiver lieben zu lernen, euch selbst anzufüllen mit der Liebesenergie, euch selbst zu dienen, bevor ihr anderen Menschen dient. Ein Gefühl von Mangel und Bedürftigkeit ist stetig bestrebt, sich durch die entgegengebrachte Liebesschwingung eines anderen Menschen zu sättigen: Das jedoch ist Energieklau, nicht Liebe. Liebe dich selbst wie deinen Nächsten, kann das kosmische Gesetz nur gelautet haben, denn was wir selbst nicht in uns an Liebe haben, können wir auch niemand anderem geben. Im Gegenteil, wenn wir glauben, dass wir nur geben, und nicht fühlen, dass wir auch bekommen, nämlich Liebe als Energie, dann werden wir leerlaufen, wir werden uns ausgelaugt und missbraucht fühlen.

Die Liebe als Energie fließt; wenn wir ihren Fluss einmal in uns fühlen und nicht kontrollieren, dann füllt sie auf; sie fließt über und ergießt sich über "alles, was ist", ohne zu kontrollieren, wohin, wie viel, zu wem und zu welchem Zweck sie fließt. Sie fließt, sie teilt sich, sie gibt, und sie wird immer wieder überfließen, um neue Liebe zu erschaffen.

Wir sind gekommen, um zu lieben, das heißt, unsere Aufgabe besteht darin, mehr Liebesenergien und Licht auf die Erde zu bringen, damit Liebe zu Liebe zieht und damit aus dieser Liebe heraus mehr Bewusstsein für unsere Welt erwächst, um so den Frieden über diese Welt zu legen.

Liebe als Gefühl zeigt uns Menschen oft die damit verbundenen Enttäuschungen, Verletzungen und Weigerungen auf, wo wir uns der Liebe verschlossen haben, wo wir uns nicht weiterentwickeln wollten, wo wir uns unbewusst verhalten haben, wo wir im Dunkeln und nicht in der Liebe waren. Unsere Gefühle ändern sich durch die Annahme der Liebe als Energie und bleiben somit stetig zu unserer Verfügung. Wenn wir geliebt werden wollen, lieben wir uns noch nicht ganz oder noch nicht in all unseren Teilen; wenn wir geliebt werden wollen, haben wir noch Erwartungen, wir machen uns noch emotional abhängig, und meistens werden wir enttäuscht; denn jeder andere Mensch kann uns nur so lieben, wie wir uns selbst lieben und damit die Liebe des anderen annehmen können.

Denn der Mensch wird wahrlich geliebt, der sein Selbst liebt! Wenn wir uns lieben, dann werden wir auch geliebt, und wir genießen diese Liebe, egal wie groß oder klein sie auch ist, ob sie über unsere gefühlsmäßige Liebe oder die bedingungslose Liebe wahrgenommen wird, die uns gerade entgegengebracht wird. Wir nehmen alle Gefühle und Energien der Liebesschwingung in uns auf, verbinden diese mit unserem bedingungslosen Fluss der Liebesenergie und lassen ihn überfließen; wir tun nichts damit, sind weder überschwänglich dankbar noch bewertend ablehnend. Unsere Energie der Liebe transformiert alles, was wir empfangen, ins Reinste, und wir fühlen dadurch bewusster unser eigenes Selbst. Wir fühlen uns in der Liebe verbunden, nicht nur im Gefühl. Wir fühlen uns als ein Teil von "allem, was ist". Wir beginnen in Freiheit und glückseliger Gelassenheit unsere Einzigartigkeit, unsere Wesenheit, unsere Individualität in unserer Göttlichkeit zu spüren.

Aus der Sicht der menschlich-materiellen Ebene:

Dieses kosmische Gesetz erinnert dich daran, dass die Energie der Liebe die höchste kosmische Energie ist, die du als Mensch in deiner Welt und in deinem Körper wahrnehmen kannst. Es ist diese feinstoffliche Liebesenergie, die du in allen deinen Zellen wahrnehmen kannst, wenn du dich erinnerst, dass diese "Liebe", dieser "Space", dieses "Mana", dieses "Chi", dieses "Licht" immer und überall zu Hause ist. Je mehr dein Körper, deine Seele und dein Geist eine Einheit werden, desto intensiver nimmst du diese Liebesenergieschwingung in dir auf, die deinen Körper, dein Leben und schlussendlich auch dein Umfeld und deine Welt leichter, lichtvoller, liebevoller und glücklicher macht. Dein Ziel ist es, bedingungslose Liebe zu leben und diese Energie dann zu "erleben", die erst in dir und dann durch dich in deinem Umfeld wahrgenommen werden kann.

Ein stetiger Fluss von Geben und Nehmen, ein Austausch ohne Ego und Schattenteile, oben etwas haben zu wollen, das ist das Christusbewusstsein als heilendes, vergebendes, verzeihendes, verbindendes Element. Das ist bedingungslose Liebe, Agape genannt - das Geschenk des Universums an das, was du in Wirklichkeit bist. Empfange es als Geschenk zur Erinnerung an das, woher du kommst und aus dem du wahrhaftig entstanden bist - aus Liebe, aus Agape. Du warst niemals außerhalb der Liebe. Du warst niemals getrennt von Agape; wie kannst du von etwas getrennt sein, aus dem heraus du selbst hervorgegangen bist, aus dem heraus du selbst existierst und aus dem heraus du selbst alle Erfahrungen gewählt hast, um diese in deinen Handlungen als Liebe oder Nicht-Liebe zu erkennen. Vergiss es nicht: Die Liebe wartet auf deine Einladung, auf dein Willkommen, um dir das Gefühl zurückzugeben, dass du aus Liebe entstanden bist.

Das Universum erbittet nicht,
es reagiert auf deine Bedürfnisse und Entscheidungen!

Die universelle göttliche Schöpfungsenergie
fällt nie in geschlossene Hände.

18. Energiegesetz

Wo Liebe ist, ist Fülle.
Wo Mangel ist, fehlt Eigenliebe.

Aus der Sicht der kosmisch-spirituellen Ebene:

Eure materielle Welt besteht aus scheinbarer Fülle und aus scheinbarem Mangel. Viele Menschen besitzen sehr viel, noch mehr Menschen besitzen weniger und zu viele Menschen besitzen fast gar nichts. Ihr findet das oft ungerecht und fragt euch, wie es Gott wohl mit der Gerechtigkeit hält. Er ist gerecht, denn er hat genug - mehr als genug - für alle seine Kinder geschaffen. Es ist nicht eine Frage der Gerechtigkeit, sondern die Frage, welche Lektionen die Menschheit braucht, um endlich zu verstehen, dass für jeden genug da ist, und somit aufhört, zu horten, zu verteidigen, zu stehlen, zu morden und zu geizen.

Auch hier beginnt das Bewusstsein, sich jetzt sehr schnell zu verändern und zu erweitern, bei jedem einzelnen Menschen und seiner Realitätsschaffung und auch im Kollektiv. Viele Menschen auf eurem Planeten sind noch damit beschäftigt, sich um ihr tägliches Brot zu kümmern, sich ein Dach über ihrem Kopf zu erschaffen oder ihr Überleben zu sichern. Diese Menschen lernen, sich in der Materie zurechtzufinden, diese zu erobern, sich die Materie untertan zu machen und diese sinnvoll als solche für sich zu begreifen. Diese Menschen dienen der Materie, aber auch da stellt sich oft beschleunigtes Bewusstsein ein und dient ihnen schlussendlich, über die Materie zu wachsen - denn Geist herrscht über Materie. Sie lernen über die grobstoffliche Materie schlussendlich auch etwas über den Geist. Da sie aber so sehr damit beschäftigt sind, ihre materielle Welt zu handhaben, lernen diese Menschen schneller von bewussteren Menschen, die schon spielerischer mit ihrer Materie umgehen und vormachen, wie man sich Fülle zu eigen macht. Und die Menschen, die mehr Fülle besitzen, prüfen sich selbst, wie sie menschlich - besser gesagt: bewusst-spirituell - mit dieser Fülle in Bezug auf andere Menschen umgehen. Arm und reich, und dazwischen die Menschen, die weder das eine noch das andere sind. Das Zahlungsmittel auf eurem Planeten ist Geld - Geld ist aber nichts anderes als materialisierte Energie.

In eurer Gesellschaft ist viel Geld gleichbedeutend mit viel Macht. Macht gekoppelt an die Energie der Fülle des Geldes zeigt in eurer Gesellschaft auf, wie viel Macht ihr dem Geld und wie viel Macht ihr der Liebe beimesst. Spirituelles, bewusstes Wachstum ist erst möglich, wenn ihr euch um eure materiellen menschlichen Bedürfnisse nicht ausschließlich sorgenvoll kümmern müsst. Oder aber ihr sorgt euch um materielle menschliche Bedürfnisse, die ihr nicht befriedigen könnt, oder ihr habt Angst, dass irgendjemand euch das Erreichte wieder wegnehmen könnte.

Dieser Planet ist eine große Schule, sie beherbergt Erstklässler, Mittelschüler, Gymnasiasten, Abiturienten, Studenten und Professoren. Jeder dieser Schüler trägt zum Gesamtverständnis des Lehrstoffes bei und jeder ist in seiner Klasse an dem Platz, den er für seine Potenziale und Aufgaben gewählt hat, und das ist gut und richtig so - alles hat einen höheren Sinn.

Es sind nicht die ganz armen Menschen, die Veränderungen im Außen bewirken, sie erinnern alle anderen Menschen an ihr Mitgefühl, an Teilenkönnen, an Opfergaben und Unachtsamkeit, an egoistisches Verhalten, an falsches Machtbewusstsein, Arroganz oder Selbstherrlichkeit sowie an Abwertung, an Gleichgültigkeit und Gier.

Kein Selbst kann wirklich gelassen-freudvoll leben, wenn der Ärmste der Armen verhungert. Denn alle Menschen wissen intuitiv, dass für jeden Einzelnen genug da ist - allerdings gelingt euch die Verteilung der Fülle nur bedingt, weil die Macht über das Geld hauptsächlich den Reichen obliegt. Bei den reichen Menschen findet ihr nur teilweise geistiges-spirituelles Bewusstsein - je nach Aufgabe und Lektion bezüglich des Lebensplans. Er beschloss, in Reichtum hineingeboren zu werden oder reich zu werden, um gewisse Erfahrungen mit und über diese materielle Fülle zu erleben.

Diese Menschen, die genug Fülle haben, um materiell über die menschlichen Hürden zu kommen, und Arm und Reich als Gegensätze erleben, sind für beide Pole, für arme und reiche Menschen, eher ein Antrieb, ein Vormacher, wenn sie sich geistig-spirituell mit sich und ihrer unmittelbaren Umwelt auseinandersetzen. Merkwürdigerweise kommen die Menschen, die nicht arm und nicht reich sind, euren Spendenaufrufen bereitwilliger entgegen. In der letzten Zeit registrieren wir jedoch freudvoll, dass auch reiche Menschen mehr und mehr bereit sind, ihre Fülle zu teilen.

Nun beginnt in der Neuen Zeit allmählich eine Veränderung des Kollektivglaubenssatzes, nämlich: "Ich muss viel leisten, um Fülle zu haben. Und wenn ich sie dann endlich habe, muss ich sie horten, vermehren und verteidigen." Wenn dieses Glaubensmuster im Kollektivbewusstsein nicht mehr vorhanden wäre, wäre eure Welt reicher.

Vormacher und Pioniere sind gekommen, um sich mit anderen Vormachern und Pionieren zu verbinden, um schlussendlich eine Kettenreaktion in den kollektiven Glaubenssätzen auszulösen, indem sie teilen. Diese Vormacher und Pioniere wissen, dass Fülle nicht über Leistung, sondern über das Geist-Bewusstsein geschaffen wird. Der Fülle, die über Leistung anstatt über bewusste Eigenliebe und geistiges Verständnis erschaffen wird, droht die Vergänglichkeit, droht der Verlust. Viel Energie ist für die Kontrolle und die Sicherstellung des Erreichten aufzubringen, denn die Angst vor dem Verlust ist groß. Wurde die Fülle doch nicht aus dem schöpferischen Gesetz heraus, sondern durch menschlichen Fleiß und Leistung und womöglich noch durch Energieklau geschaffen. Wer viel Leistung erbringt, handelt aus Mangel heraus oder aus Angst vor Mangel. Materielle Befriedigung von Mangel führt zu Gier, Geiz, Arroganz, Einsamkeit, Egoverhalten und Verlustängsten, wenn die Fülle nicht an der eigenen Liebes- und Schöpfungsenergie angebunden ist.

Aus der Sicht der seelisch-emotionalen Ebene:

Der spirituell bewusste Mensch kümmert sich nicht um seine Fülle, er versteht Nicht-Fülle auf seiner materiellen Ebene als mangelndes Bewusstsein sich selbst gegenüber. Er weiß um die Vergänglichkeit alles Materiellen in dieser Illusion und erarbeitet sich über Eigenverantwortung, Wahrhaftigkeit zu sich selbst und Vertrauen seine Fülle auf allen Ebenen, bis hin zu seinem geistig-seelischen Verständnis. Denn er weiß, dass aufgrund dieser Arbeit an sich selbst für die notwendige Fülle in seiner materiellen Welt gesorgt wird. Unser göttliches Selbst sorgt für uns - und zwar in dem Maße, wie unser Bewusstsein wächst. Dies ist zu erkennen an unserer Realitätsschaffung. Wir wissen: Geist erschafft Materie, und was der Geist mit dir zusammen erschafft, kann uns kein Mensch wegnehmen, es ist und bleibt unseres, so lautet das Gesetz! Und je mehr wir geistige Fülle erschaffen, umso mehr lieben wir uns, umso mehr anerkennen und achten wir uns, umso mehr würdigen und respektieren wir uns. Wir vertrauen mehr und mehr den geistigen Gesetzen; Angst weicht Gelassenheit, Leistungsstreben verändert sich in freudvolles Dienen an der Welt. Die Materie dient dem sich selbst liebenden Menschen, und die materielle Fülle ist unser äußeres Zeichen für unseren inneren Reichtum, unsere innere Sicherheit, unsere innere Wertigkeit, unser inneres Verständnis zu uns selbst. Dieser Mensch hat seine Lektionen verstanden. Wir haben uns aus der scheinbaren Sicherheit der materiellen Illusion in die Wirklichkeit der Seele und des Geistes hineinentwickelt, wir tun, was zu tun ist, mit Freude und Gleichmut, wir sind dankbar und demütig ob unserer Erfolge und genießen unseren Reichtum auf allen Ebenen, indem wir unsere Fülle mit den anderen Menschen teilen, die diese dankbar annehmen, ohne dass sie dadurch in ihren eigenen Erfahrungen eingeschränkt werden.

Dieser spirituell-bewusste Mensch erkennt, dass er mit dem Annehmen seines Selbst, seiner Liebe zu sich und dem Erkennen seines wahren Wertes und seiner Potenziale die materielle Fülle als Geschenk von seiner Geist-Seele bekommen hat. Er versteht, dass für jeden Menschen auf diesem Planeten das kosmische Gesetz seine Gültigkeit hat. Jeder Mensch hat Potenziale und Aufgaben und dafür steht ihm die gleiche Fülle an Energie zur Verfügung; darum muss er nicht mehr kämpfen, er bekommt, nimmt dankbar an, segnet, teilt und erlebt, wie seine Fülle immer wieder neu aufgeladen wird.

Aus der Sicht der menschlich-materiellen Ebene:

Dieses Gesetz erinnert dich daran, dass die Liebe die höchste Energie besitzt auf unserem Planeten sowie auf allen anderen Ebenen. Es zeigt dir auf, dass wir alle in Liebe sind, dies aber in unserer materiellen Welt oft vergessen und an der Liebesenergie zweifeln. In solchen Zuständen brauchst du jedoch am meisten Liebe nach dem Motto:

Liebe mich am meisten, wenn ich es am wenigsten verdiene, denn dann brauche ich es am nötigsten.

Liebe zieht immer zu Liebe. Sie möchte jedoch freudig empfangen werden. Das heißt, wenn wir unser Herz zu 70 Prozent für die Liebesenergie öffnen, so werden wir nur 70 Prozent Liebe empfangen können, selbst wenn uns 120 Prozent entgegengebracht werden. Die 30 Prozent, in denen du glaubst, nicht liebenswert zu sein, sind dennoch durchtränkt mit aller Liebesenergie. Aufgrund deiner geistig-spirituellen Entwicklung transformierst du nach und nach deine alten Ängste und Weigerungen, die du in deiner Vergangenheit erlebt hast. Wenn du dir alles verzeihst, erfährst du in dir die höhere Sichtweise des in der Vergangenheit Erlebten, und du erkennst die Sinnhaftigkeit deiner Lebensmuster in dir und anderen Menschen. So lernst du, dich selbst mehr zu lieben, deiner eigenen Liebe furchtlos zu begegnen, du gestattest dir, dich freudvoll der Liebesenergie hinzugeben und aus dieser Energie heraus ein Leben in Unabhängigkeit, Dankbarkeit und in göttlicher Gelassenheit zu erfahren. Du erkennst mehr und mehr: "ICH BIN." Und was ich in meiner Vergangenheit war, bin ich auch.

Alle Menschen brauchen Liebe, und es ist genug da für alle. Liebe dich selbst wie deinen Nächsten, denn du kannst nur geben, was du selbst besitzt, alles andere wäre Pseudoliebe. Dieses Gesetz fordert dich nicht auf, egoistisch und lieblos zu sein, es fordert dich auf, die Energie der Liebe zu erfahren, denn der Mensch, der sich selbst wahrhaftig liebt, kann nicht egoistisch, lieblos und selbstherrlich mit seinen Brüdern und Schwestern umgehen. Er sieht in jedem Menschen, dem er begegnet, die Energie der Liebe.

Da, wo Liebe ist, ist auch Fülle, denn deine Liebe zu dir zieht nur das zu dir, was dir in Liebe dient. So kannst du sicher sein, dass du all das bekommen wirst, was dir wahrlich zusteht, was dich wahrlich ganzer macht, was dich wahrlich erfüllt.

So erinnerst du dich daran, dass in deinem Leben nicht das zählt, was du tust, sondern das, wer du glaubst zu sein. Du entsagst dem

Kampf, dem Konkurrenzverhalten und dem egohaften Leistungsstreben sowie den bewertenden Maßregelungen. Dein Selbstwert in dir, deine Liebe zu dir bringt die Fülle, denn es ist genug da, und natürlicherweise schützt dich diese Liebesenergie vor allem, was nicht wahre Liebe ist. Es ist an dir, dich zu entscheiden für Angst oder Liebe.

Du erfährst die wahre Liebesenergie nicht über leistungsorientiertes Tun, sondern über dein Sein, denn du wirst geliebt für das, was du wahrlich bist. Die Liebesenergie lässt sich nicht beeindrucken von wem oder was auch immer, egal was du tust oder nicht tust, welch eine Gnade.

Geist erschafft Materie, und Geist ist ein Aspekt der Liebesenergie.

Geist und Seele in Liebe kreieren dir ein glückliches, zufriedenes und freudvolles Da-Sein und So-Sein.

Leid ist die Abwesenheit von Eigenliebe und
öttlicher Präsenz in dir.

Würdevolle Demut und Dankbarkeit aus dem Herzen
sind die Schlüssel für Empfänglichkeit.

Herzensentscheidungen zu treffen –
das ist der Schlüssel, um verträumte Illusionen
in dir platzen zu lassen.

Für jedes Problem gibt es eine schöpferische Lösung.

Jede erdachte Wahrscheinlichkeit im Geist und
jede erfühlte Imagination in der Seele
birgt das Versprechen der Erfüllung.

19. Energiegesetz

**Liebe zieht Wahrheit nach sich.
Liebe trägt die natürliche Würde des Menschen in sich.**

Aus der Sicht der kosmisch-spirituellen Ebene:

Die Liebe als Energieträger hat zwei Energiehelfer und Unterstützer - nämlich die Macht der Liebe und die Wahrheit der Liebe - an ihrer Seite. Die Liebe zieht Wahrheit nach sich - das bedeutet, dass, wenn ihr euch liebt, ihr auch wahrhaftig euch selbst gegenüber seid und damit auch liebevoll, wahrhaftig den anderen Menschen gegenüber; dann geht ihr dementsprechend mit ihnen um.

Wahrhaftig zu sich sein heißt, absolut ehrlich alles in sich zu akzeptieren, was da ist, das Schöne und Gute in euch ebenso wie das Unbewusste und Zerstörerische. Eure geschaffene Realität, die Zeichen in eurem Umfeld, die Spiegelfunktionen eurer Mitmenschen, euer Körperverhalten machen euch auf eure nicht erlösten Schattenteile aufmerksam. Dass dieses bewusste Annehmen und Verstehen der äußeren Zeichen eure Chance zum Wachstum und zu eurer Transformation beinhaltet, wisst ihr jetzt wieder. Das heißt, dass ihr schrittweise euch selbst erkennt und erlöst. Mit jedem Schritt und der daraus gemachten Erfahrung, nämlich dass eure Wahrheit nichts und niemanden zerstört, sondern euch und euren Mitmenschen dienlich ist, schreitet ihr tiefer und vertrauensvoller voran. Die Wahrheit in Liebe zu sich selbst zu leben bedeutet, die Maske der Lüge, der Oberflächlichkeit, der Unnahbarkeit und alle Ängste abzulegen.

Die Wahrheit in Liebe zu sich selbst zu leben heißt auch, den anderen Menschen so weit zu schätzen, zu achten und zu lieben, dass ihr diesen nicht über eure Masken manipuliert, erniedrigt und ihm nicht eure Wahrheit verschweigt.

Die Wahrheit in Liebe zu sich selbst zu leben heißt auch, sich selbst mit jedem Stück gelebter Wahrheit ganzer und unabhängiger zu fühlen, ohne von den Erwartungen und den liebevollen und weniger liebevollen Gefühlen eures Gegenübers abhängig zu werden. Der Mensch, der die Wahrheit in Liebe vorlebt und mutig genug ist, diese auch nach außen zu vertreten, ist ein Vorreiter, ein Vorbild, denn er bringt mehr Wahrhaftigkeit in diese Welt. Solch ein Mensch ist nicht zu vergleichen mit einem vom Ego gesteuerten Wahrheitsfanatiker, der immer und überall recht haben will, andere Menschen mit seiner scheinbaren Wahrheit verletzt oder mit angelesenen, scheinbar intellektuellen Sprüchen beeindrucken will.

Denn es gibt eine Wahrheit des sich profilieren wollenden Egos, des brillieren wollenden Intellekts, und es gibt eine Wahrheit des mitfühlenden, liebenden Herzens.

Viele Menschen wollen bestärkt werden in ihrem scheinbaren Wissen. Sie wollen anerkannt und gelobt werden für ihr immer recht haben wollendes Ego und ihren geschulten Intellekt, ihre scheinbare Intelligenz. Ihre scheinbare Intelligenz lässt kein Nein zu, und das Ego kann keine Kritik vertragen.

Die höchste Intelligenz ist die Intelligenz des Herzens, weil dort die Liebe und die Wahrheit zu Hause sind. In eurer Vergangenheit hat es zahlreiche Märtyrer gegeben, die für ihre Wahrheiten gestorben sind - ein sinnloser Tod. Die Wahrheit des Herzens plappert nicht unbewusst darauflos, sie will nicht recht haben, sie will der Wahrheit in Liebe dienen. Sie diskutiert nicht, profiliert sich nicht, manipuliert nicht und projiziert keine Ängste, Zweifel und Schattenteile auf andere Mitmenschen. Die Wahrheit des Herzens muss nicht andere Menschen niederreden, um sich selbst als "groß und mächtig" zu erleben. Ihr Motiv ist nicht "recht haben zu wollen", "groß und mächtig" erscheinen zu wollen; ihr Motiv ist die Versöhnung und Erlösung aller unklaren Teile bei sich und anderen Menschen. Der wahrhaftige Mensch hat in sich eine liebevolle Neutralität seinem äußeren Umfeld gegenüber, er akzeptiert und duldet, ohne verändern zu wollen. Er muss nicht auf Zorn, Ängste, Angriffe, sprich auf das Egoverhalten des Gegenübers, reagieren, denn sein eigenes Ego hat sich der eigenen Liebe, der eigenen Wahrheit gegenüber längst gebeugt. Dieser wahrhaftige Mensch hat gelernt, dass er nicht seine Gefühle ist, er hat gelernt, dass er Gefühle hat und dass ihm die destruktiven, zerstörerischen Gefühle gedient haben, die Herzenswahrheit in sich zu finden. Er hat erlebt, wer er nicht war, nicht mehr ist. Die Arbeit an sich selbst im tiefen Verständnis über sich selbst bringt ihn zur Erlösung seiner Schattenteile, zur Transformation seines Egos und schlussendlich zum Erkennen dessen, wer er wirklich ist. Er weiß, Egoverhalten zieht Egoverhalten an, aber Liebe zieht Wahrheit nach sich und bewirkt liebevolle Wahrheit; die Veränderung von Lügen hin zur Wahrheit beginnt bei jedem Einzelnen von euch.

Ihr seid nicht in der Wahrheit des Herzens, wenn ihr eure Spiele spielt, wenn ihr euch überrumpeln lasst, wenn ihr euch überreden lasst, wenn ihr euch kleinmacht, wenn ihr euch aufgebt, wenn ihr ohnmächtig werdet, wenn ihr euch unwohl fühlt, wenn ihr faule Kompromisse macht, wenn ihr euch ausgebrannt und leer fühlt. Wenn ihr euch von euch selbst ablenken wollt, wenn ihr keinen klaren Standpunkt habt oder davonlauft.

Wenn euch dieses widerfährt, so ist noch eine geistig-seelische Arbeit an und in euch zu verrichten. Jammert nicht darüber, wertet euch selbst nicht ab ob dieser Erfahrungen, sondern ergreift die Chance, wahrhaftiger euch selbst gegenüber zu werden. Macht mehr und mehr die Erfahrung, wie euch die Offenbarung eurer Herzenswahrheit mutiger und liebevoller werden lässt, erlebt die Unabhängigkeit von bindenden, erwartungshaltigen Gefühlsmustern, erlebt die Befreiung eures Selbst und feiert dieses Selbst, das euch hinter eurer Angst, "etwas zu verlieren", "nicht verstanden zu werden", "völlig allein und einsam zu sein", "nicht mehr geliebt zu werden", selbstlos entgegentritt und euch begrüßt.

In dem Maße, in dem ihr lernt, euch zu lieben, liebt ihr eure Wahrheit, die kosmische Wahrheit eures Herzens, eures Seins. Dann könnt ihr nicht mehr lügen oder euch verstellen, euch verletzen. Und somit könnt ihr das auch bei keinem anderen Menschen tun. Die Wahrheit des Herzens macht euch frei. Oft habt ihr Angst vor dieser Freiheit, weil ihr sie intellektuell mit "Ausgeschlossenheit" und "Gefühlskälte" gleichsetzt. Die Wahrheit dient der Wahrheit, sie ist ein Aspekt der Liebe, und so, wie ihr der Liebe in euch dient, dient ihr auch der Wahrheit. Diese Liebe-Wahrheit kann nichts und niemanden trennen, ihr Ziel ist Verbindung und Einheit.

Das, was sich auf eurem Weg zur Liebe und zur Wahrheit von euch trennen sollte, ist so gewollt. Es dient euch nicht mehr, es hat keinen weiteren Sinn, es hat euch weitergebracht, nun aber zählt das Wesentliche für euch - euer Weg ist das Ziel. Überwindet die Angst, etwas verlieren zu können, etwas aufgeben oder loslassen zu müssen, was euch niemals gehört hat, sondern was nur ein Wegbegleiter war hin zum Erkennen, wer ihr wirklich seid.

Der wahrhaftige Mensch, der in der Wahrheit lebt, besitzt eine natürliche Würde und Achtsamkeit sich und anderen Menschen gegenüber. Seine Bewusstseinserweiterung befähigt ihn, sein Gegenüber gefühlsmäßig zu erfassen und zu verstehen. Der wahrhaftig-bewusste Mensch lässt sich nicht manipulieren, er äußert seine

Herzenswahrheit im Vertrauen darauf, dass sein Gegenüber die gleichen Potenziale in sich erkennen wird, die wiederum seinem Bewusstseinswachstum dienen und seine Herzenswahrheit öffnen können. Der wahrhaftige Mensch arbeitet nicht daran, würdevoll zu erscheinen, er weiß, dass seine Liebe zu sich selbst seine natürliche Würde, seine natürliche Achtsamkeit, seinen natürlichen Stolz in sich und nach außen trägt. Der wahrhaftige Mensch verbreitet Herzenswärme und Feingefühl, er wird nur reden, wenn er gefragt wird - und auch nur dann, wenn das Gegenüber vom Herzen her bereit ist, die Antwort anzunehmen. Ein wahrhaftiger Mensch wird niemals Egofragen des Gegenübers beantworten, das verbietet ihm seine eigene Liebe und Würde zu sich und den anderen Menschen. Liebe zieht Wahrheit nach sich heißt aber auch, bei anderen Menschen nicht selbstherrlich darauf zu bestehen, dass diese jetzt und sofort und sowieso ihre Wahrheit gefälligst zu offenbaren haben.

Jeder Mensch hat Geheimnisse, und fast jeder Mensch trägt die eine oder andere Maske aus Gründen der Unwissenheit oder aus dem Glaubenssatz heraus, sich schützen, sich verteidigen, auf der Hut sein zu müssen. Diese Menschen werden ihre Masken fallen lassen und ihre Geheimnisse teilen, wenn sie sich wahrhaftig in der Liebe, der Neutralität und der gelebten Wahrhaftigkeit eines bewussten Menschen fallen lassen können. Jegliche Form von Druck, Bewertung und Wahrheitsfanatismus wird bei diesen Menschen genau das gegenteilige Verhalten bewirken, sie wollen keine intellektuelle Analyse, keine Kritik, keine schlauen Sprüche; sie wollen aufgefangen, emotional verstanden und kritiklos angenommen werden in der Energie der liebenden Herzenswahrheit, die ihnen die Achtung ihrer Würde, ihres Wesens garantiert.

Aus der Sicht der seelisch-emotionalen Ebene:

Dieses Gesetz erinnert uns wiederum daran, dass wir Liebe sind, ob wir es wissen oder nicht. Es verdeutlicht uns aber sehr genau, dass wir unsere Würde verlieren, wenn wir nicht zu unserer Liebe stehen. Es zeigt uns auf, wie ehrlich unsere Liebe zu uns und den anderen Menschen wirklich ist. Wenn wir Würde verlieren, so sind wir bestrebt, diesen Mangel durch das Erschleichen von Liebe, durch Energieklau oder durch Unterdrückung der Mitmenschen wieder aufzuwerten. Und wir fühlen uns weder bei dem einen noch bei dem anderen Verhalten besonders wohl.

Dieses kosmische Gesetz lehrt uns, unsere Wahrheit zu leben in Liebe zu allem, was existiert; es lehrt uns, der Liebe zu dienen, die Wahrheit und die Macht der Liebe als die Botschafter der Liebesenergie anzuerkennen und auf Erden ein Botschafter dieser Energie zu werden. Alles, was nicht Liebe ist, ist Nicht-Liebe, Nicht-Wahrheit, Nicht-Macht, denn die kosmische Liebe verlässt uns nicht, sie dient uns, so wie wir der Liebe dienen. Sie steht uns jederzeit zur Verfügung, um unsere Ängste und Zweifel, unsere Ohnmacht und Kleinheit, unsere Bedürftigkeit und unser kontrollierendes Ego loszulassen und in unser Licht zu führen.

Liebt euch in eurer scheinbaren Würdelosigkeit, achtet euch für eure Ego- und Schattenteile, denn manchmal müsst ihr erst etwas verlieren, um etwas gewinnen zu können.

Allerdings könnt ihr nur verlieren, was ihr nicht in Wahrheit seid und was euch nicht dient. Durch diese geistige Arbeit und die daraus resultierende Erkenntnis werden wir finden, wer wir immer waren: Wesen aus Licht, Liebe und Wahrheit.

Aus der Sicht der menschlich-materiellen Ebene:

Du willst nicht angelogen werden und du willst nicht lügen, weil sich das nicht gut für dich anfühlt und weil es deine Würde verletzt.

Du spürst, dass eine Lüge, die du gebrauchst, davon zeugt, dass du nicht genug Mut und Vertrauen hast zu dir und zu dem Gegenüber und zu der Wahrheit.

Und du spürst, wenn du angelogen wirst, dass man dir nicht vertraut und dir unterstellt, dass du diese Wahrheit nicht vertragen könntest oder dies gar falsch interpretieren könntest, und dadurch gibst du Macht ab.

Wenn du das Wesen des anderen so würdigst wie dein eigenes, dann hast du sogar die Verpflichtung, in Anerkennung deiner eigenen Würde und der Würde des Gegenübers die Wahrheit liebevoll zu verkünden. Der Mut zur Wahrheit in dir sollte größer sein als die Angst vor der Reaktion des anderen.

In der alten Energie hast du gelernt, andere nicht zu verletzen aus Rücksicht und falschen Motivationen heraus, was dir oft Verletzungen und Enttäuschungen beschert hat.

Die Neue Energie schwingt mit der Wahrheit in Liebe - ohne Rücksicht auf die Reaktion darauf, was du gesagt hast. Der andere kann entsprechend seines Bewusstseins oder seiner Muster oder seiner Glaubenssätze darauf reagieren. Du solltest ihm neutral gegenübertreten und ihn für seine Wahl segnen. Die Wahrheit ist nicht dazu da, andere zu retten oder zu überzeugen oder gar verändern zu wollen. Wenn du dir selbst treu bleibst und deiner Herzenswahrheit folgst, bist du immer in der Liebe bei dir und bei den anderen, egal wie deren Reaktion ausfallen wird. Der Schlüssel dazu ist: Ich sage meine Wahrheit in Liebe und in der Ichform. Dadurch gehst du sicher, dass du keine Manipulationen oder Projektionen von dir gibst. "Ich will dich nicht verletzen, nicht überreden, nicht verunsichern und nicht herunterziehen, mein Motiv ist es, der Liebe und der Wahrheit zu dienen und damit mehr Frieden auf die Welt zu bringen." Also übe Gelassenheit und Geduld, Akzeptanz und Verständnis und gib dem Gegenüber das Gefühl, seine Herzensangelegenheiten behutsam und wahrhaftig zu besprechen. Und gib auch dem anderen die Zeit, die er braucht, zu verstehen, bewusster zu werden oder sich auch von dir zu entfernen, wenn er es beschließt. Bedenke, dass, wenn du deine Herzenswahrheit nicht vertrittst, du dich selbst anlügst und damit Selbstliebe verlierst.

Wenn ein Mensch sich dem eigenen Wachstum gegenüber
verschlossen hat, so ist es leichter für diesen,
den Schmerz zu ertragen,
als seine authentische Wahrheit preiszugeben.

Die Menschen, die annehmen und bekommen,
was ihnen zusteht, werden mit ihrer Präsenz dafür sorgen,
dass die Hälfte an negativer Energiezufuhr,
egal welcher Couleur, gestoppt wird.

Diese Menschen erzeugen ein feinstoffliches Energiefeld,
das die Schwingung der Liebe
und das wachsende Bewusstsein erneut anhebt.

20. Energiegesetz

Wenn man aufhört, des anderen Liebe und Vollkommenheit zu sehen, verabschiedet sich die Liebe.

Aus der Sicht der kosmisch-spirituellen Ebene:

Eine der größten Aufgaben eurer Menschheit besteht darin, die Energie der Liebe zu verstehen und mit ihr zu schöpfen. Ihr begegnet dieser Liebesenergie tagtäglich und entscheidet immer wieder neu, ob ihr der Energie der Liebe oder den Ego- und Schattenteilen eure Aufmerksamkeit schenkt.

Allen Menschen, denen ihr begegnet, geht es wie euch, auch sie sind in einem Wachstumsprozess und haben tagtäglich die Wahl, sich für Angst oder Liebe zu entscheiden. Nun begegnet ihr jeden Tag auch Menschen, die sich für die Liebesschwingung schon entschieden haben, was eure eigene Liebe berührt, euch aufbaut und ermuntert und womit ihr euch wohlfühlt, denn Liebe zieht zu Liebe und wird dadurch größer.

Andererseits begegnet ihr auch Menschen, die eine Spiegelfunktion für euch haben, euch mit ihrer eigenen Angst begegnen, damit ihr eure eigenen Ängste lokalisieren könnt.

Hier erwartet euch eine echte Herausforderung, denn Angst verbindet sich mit Angst und wird somit auch größer. Denn da, wo Angst ist, fehlt Eigenliebe, und das Spiel beginnt von neuem.

Wie es ausgeht, bestimmt ihr mit dem Grad eures Wissens und eures Bewusstseins, denn das kosmische Gesetz sagt auch:

Angst begegnet man mit Liebe.

Dieses Gesetz zeigt euch noch einen weiteren Weg, eure Angst in Liebe zu verwandeln. Es ist menschlich verständlich, wenn ihr Angst mit Angst, Abwehr, Schutzmechanismen, Weigerungen oder Weglaufen begegnet. Seelisch-geistig ist dieses Verhalten nicht von Vorteil, weil es euch in eurer Entwicklung nicht weiterbringt, denn die geistig-seelische Energie kennt keine Angst, nur Liebe. Euer Verstandesbewusstsein reagiert ängstlich und verkrampft, wenn es glaubt, euch und euren Körper schützen zu müssen. Euer Selbst will jedoch, dass ihr die Liebesenergie zulasst und diese lebt. Sie möchte, dass ihr eure Angst und die Angst des Gegenübers in Liebe transformiert. Ein Weg dahin ist, innezuhalten und sich der Angst des anderen und auch der eigenen Angst bewusst zu werden sowie diese dann ohne Scheu verbal zu offenbaren, da es nicht dienlich ist, in der Angst zu verweilen, diese zu verstecken oder gar vor ihr davonzulaufen. Dadurch lauft ihr der eigenen Angst immer wieder in die Arme, denn wenn ihr glaubt, ihr davongelaufen zu sein, wartet sie hinter der nächsten Ecke auf euch. In Beziehungen erlebt ihr immer wieder das Aufflammen von Schattenteilen in Form von euren Ängsten. Angstmuster, die ihr von euch weist oder auf den Partner zurückwerft, verflechten sich, werden damit größer und erschaffen neue Schattenmuster, was die Liebesenergie unterdrückt. Ihr habt das Gefühl, der Partner will euch abwerten, quälen und manipulieren. Er tut das auch, nämlich so lange, bis ihr den Hebel umlegt und wieder anfangt, in eurem Gegenüber die Liebe und die Vollkommenheit zu sehen, denn somit seht ihr auch eure eigene Liebe, eure eigene Vollkommenheit in euch.

Dann brecht ihr durch die niederen Angstschwingungen durch, und ihr erhebt euch in die Schwingungsebene der Seele und des Geistes. Ihr agiert aus eurem Selbst heraus, wenn ihr dem Selbst des anderen dient. Dieses kosmische Gesetz zeigt euch noch einmal den Weg auf, aus der Angstfalle zu entkommen, ohne euch selbst dabei zu verlieren und ohne dass ihr das Gefühl haben müsst, dass sich die Liebesenergie verabschiedet. Sie verabschiedet sich nicht wirklich, das kann sie gar nicht, ihr nehmt sie nur nicht mehr so intensiv wahr, wenn ihr euren Fokus permanent auf Angst und destruktive Schwingungen richtet. Die Liebesenergie kennt keine Destruktivität, sie wartet allerdings ab und beobachtet, wie ihr eure Angst bewusst in Liebesschwingung verwandelt, um in euch den Platz, den ihr geschaffen habt für die Energie der Liebe, zu füllen.

Bedenkt, dass jeder Mensch, dem ihr begegnet, sein Bestes tut und gibt; hätte er noch Besseres, so würde er es zeigen. Ihr könnt nicht eure Vorstellungen und Erfahrungen zum Maßstab für einen anderen Menschen machen, denn jeder Mensch, dem ihr begegnet, hat eine Botschaft für euch. Ihr habt ihn gerufen, um zu erwachen! Es liegt deshalb an euch, wie ihr mit dieser Botschaft umgeht. Dient sie eurem Wachstum, oder verwerft ihr sie achtlos? "Alles, was ist", hat seinen Sinn - unabhängig davon, ob ihr diesen im Moment erkennen wollt oder nicht.

Ihr könnt euch den Sinn menschlicher Begegnungen jedoch bewusster machen, wenn ihr trotz aller Angst, Schatten und Egoteile auf eurer Liebe schwingt. Indem ihr die Liebe und die Vollkommenheit des Gegenübers achtet, egal wie er sich menschlich verhält. Somit würdigt ihr euer Selbst und verlasst die niederen Angstschwingungen, die euch umgeben, indem ihr euch mit eurer Selbstliebe auf die höhere Geist-Seelen-Ebene begebt, wo alle Antworten auf eure Fragen zu Hause sind. Indem ihr die Liebe des Gegenübers fühlt, klinkt ihr euch wieder in die Liebesenergie ein und erfahrt Bewusstsein, das schrittweise eure Angst transformiert.

Aus der Sicht der seelisch-emotionalen Ebene:
Dieses kosmische Gesetz macht uns deutlich, dass es auf unserem Planeten zwei Grundschwingungen gibt: Angst und Liebe.

Angst ist eine schmerzhafte Grundschwingung des Egos, die aus gemachten Erfahrungen, Glaubensmustern und falschen Verhaltensweisen resultiert und sich in unserem Emotionalkörper festgesetzt hat.

Liebe ist jene Energie, die diese schmerzhaften Gefühle auflösen kann, wenn wir dies bewusst erfahren und den kosmischen Gesetzen vertrauen. Angstschwingungen in uns wollen erlöst werden, da sie uns sonst krank oder depressiv machen können. Jeder Mensch möchte angstfrei durchs Leben gehen und sehnt sich nach Liebe. Dennoch ist die Angst in den Menschen noch größer als die mitgebrachte Liebe, so dass viele Menschen in ihren Angstmustern verharren, weil die Liebe als hohe Energie ihnen Angst macht. Man hat uns gelehrt, dass wir erst frei von allen Ängsten und Schattenteilen sein müssen, um die Liebesenergie zu verdienen. Oder man hat uns beigebracht, heldenhaft Gutes zu tun, um dieser Liebe würdig zu sein.

Fakt ist, wir können uns nicht verdienen, was wir schon sind, nämlich Liebe. Die Liebesenergie richtet uns nicht, bestraft uns nicht, trennt uns nicht, erwartet nichts von uns. Nur unsere Vorstellung darüber hat uns das Gegenteil glauben lassen. Dieses kosmische Gesetz macht uns nochmals deutlich, dass wir wählen können und gerade in angstbesetzten Situationen die Liebesenergie erhöhen können, wenn nicht gleich bei uns selbst, so doch bei unserem Gegenüber. Denn was wir dem anderen antun und geben, das geben wir auch uns selbst. Wenn wir der Angstschwingung in uns keine Macht mehr geben, so dass sie sich nicht mehr verstärken und festsetzen kann, indem wir unseren Fokus auf die Liebe und die Vollkommenheit in uns und in unserem Gegenüber richten, werden wir erwachen durch bewusstes Erkennen in uns selbst, und Angst wird sich in Liebe verwandeln. Somit erfahren wir, dass wir für die Liebesenergie nichts tun müssen, außer liebevoll zu uns zu sein. Wir müssen sie nicht erst verdienen, um ihrer würdig zu sein, weil wir Liebe sind. Es geht immer nur wieder darum, sich in Angstsituationen für die Liebe zu entscheiden, denn das allein wird unser Leben verändern.

Aus der Sicht der menschlich-materiellen Ebene:

Es ist zurzeit viel Krieg und Gewalt in unserer Welt, so viel Ungerechtigkeit und Missverständnisse, weil wir Menschen vergessen haben zu lieben, uns selbst und unseren Nächsten. Du darfst dich jederzeit würdevoll, liebend fühlen und angstfrei erleben, ohne zu hinterfragen, ob du das gerade verdient hast. Denke daran, dass du lange, sehr lange andere Menschen über dich gestellt hast, diese mehr geachtet, gelobt und bewundert hast als dich selbst.

Und ehrlich, wohin hat dich das gebracht? Das war kein liebevolles Geben und Nehmen auf Basis gegenseitiger Herzensenergie, gegenseitiger Akzeptanz, auf der Basis von Respekt und Würde.

Die Neue Energie fordert dich auf, alles in dir selbst zu erkennen und aus dir heraus zu schöpfen. ICH BIN ist die Schwingungsenergie eines Meisters, der sich selbst genug ist, der sich selbst genug liebt, sich achtet und würdigt. Solange du etwas von anderen Menschen haben willst, von denen du glaubst, es selbst nicht zu besitzen, stiehlst du Energie, die nicht deine ist und somit nicht bei dir verweilen wird. Dann versuchst du nur, dich an der scheinbaren Liebe und Vollkommenheit des anderen zu bereichern und entwürdigst ihn damit.

Erst wenn du zu deiner eigenen Unvollkommenheit stehst, bist du wahrlich vollkommen in Liebe, Würde und Wahrhaftigkeit.

Und wenn du gar in deiner Vollkommenheit bist mit dem Bewusstsein eines Meisters, dann endlich ist alles leicht, klar und gerecht und hat seine Richtigkeit. Dann kannst du teilen, was du selbst besitzt, ohne irgendeine Gegenleistung zu erwarten, da die Energie der Liebe und der Wahrheit, die du jetzt in Respekt zu dir selbst besitzt, sich immer wieder energetisch aufladen wird, ohne dass du darum bitten musst. In dieser Vollkommenheit dienst du dir mit allem, was du bist und auch nicht bist. So dienst du deinem Gegenüber, der Liebe in Wahrheit und dem Leben, das du bist.

Wenn ein Mensch eure angebotene Liebe nicht annehmen kann,
so zweifelt bitte nicht an eurer Liebesfähigkeit.

Die Empfänglichkeit des anderen war schon blockiert,
lange bevor ihr diesem Menschen begegnet seid.

Segnet die Wahl dieses Menschen
und bleibt in eurer Eigenliebe.

21. Energiegesetz

Die schlimmste Erfahrung für den Menschen ist der Verrat an seinem eigenen Selbst. Nichts tut so weh wie eine nicht gelebte Liebe.

Aus der Sicht der kosmisch-spirituellen Ebene:

Ihr Menschen seid auf diese polare Erde gekommen, um euch zu erinnern, zu wachsen und euch darüber bewusst zu werden, wer ihr seid. In eurer Welt werdet ihr mit Illusionen und Wirklichkeiten konfrontiert, die ihr als "gut oder böse", "richtig oder falsch", "hell oder dunkel" erfahrt. Da ihr euch eure Realitäten selbst erschafft, verliert ihr euer Selbst manchmal "scheinbar" in deren dualen Gesetzmäßigkeiten. Ihr erfahrt die Welt der Illusion so, wie ihr sie seht oder sehen wollt, was aber nicht bedeutet, dass diese in Wahrheit auch so ist. Diese eure Illusion dient euch dazu, das herauszufiltern, was ihr nicht seid, was euch nicht dienlich ist, was euch eure Unbewusstheit aufzeigt. Somit lebt ihr zum jetzigen Zeitpunkt in der Polarität, um zu erkennen, dass ihr auf dieser Welt lebt, in euch aber ein Selbst und ein Wesen besitzt, das eure Seele und euren Geist als Einheit erfährt. Entsprechend eures Bewusstseins, eurer Gedanken und Gefühle erschafft ihr eure Wirklichkeit. Und diese lässt euch eine Welt der Getrenntheit und der Polaritäten erfahren.

Die Erfahrung der Getrenntheit dient jedoch der Erkenntnis, die Einheit in der Wirklichkeit zu erfahren - eine Wirklichkeit, die mit den äußeren fünf Sinnen nicht fassbar ist, die jedoch in eurem Selbst ewiglich existent ist, von der ihr niemals getrennt wart, was ihr über das tief fühlbare Selbst in euch wahrnehmen könnt. Nun erfahrt ihr dieses Selbst, diese Liebe, diesen Geist und diese Seele nur über euer wachsendes Bewusstsein, über eure Erfahrungen und Erkenntnisse, wenn ihr innehaltet, in euch selbst hineinhorcht, was euer Selbst euch jetzt zu sagen hat. Das bedeutet, herauszutreten aus dem Alltag der Illusion; das bedeutet auch, sich nicht von der illusionären Wirklichkeit und ihrem Glimmer und Glanz, die vergänglich sind, verführen zu lassen.

Dieses kosmische Gesetz erinnert euch daran, dass ihr alles Materielle verliert, spätestens wenn ihr diesen Körper ablegt. Euer Selbst jedoch könnt ihr nicht verlieren, weil es ewig ist. Dieses Selbst gilt es zu erkennen, ihm zu dienen in Achtsamkeit und Liebe. Ansonsten könntet ihr nach eurem Ableben die schmerzhafte Erfahrung machen, dass ihr allem Möglichen gedient habt, zum Beispiel euren Eltern, euren Kindern, dieser oder jener Organisation, eurem Chef, eurem Partner, dem Kollektiv in der Oberflächlichkeit. Ihr erfahrt dann den Schmerz, dass ihr nicht in Achtung, Vertrauen und Liebe eurem göttlichen Selbst gefolgt seid. Dieser Schmerz zieht sich durch alle eure Aspekte, durch alle eure Ebenen und durch alle eure Erfahrungen. Und dies gilt in eurer jetzigen Wirklichkeit genauso wie in anderen Ebenen, in die ihr nach eurem Ableben eintreten werdet.

Ihr kommt dann wieder und wieder in diese irdische Polarität mit dem Vorsatz, euer göttliches Selbst diesmal nicht wieder zu ignorieren, und ihr spielt euer Spiel des Vergessens und des Bewusstwerdens aufs Neue. So treibt euch die schmerzhafte Erfahrung immer wieder erneut in das Spiel des Lebens, und mit jedem Leben erinnert ihr euch mehr und mehr daran, wer ihr wirklich seid. Ihr werdet durch wachsendes Bewusstsein mehr und mehr zum Schöpfer innerhalb dieser Illusion, und die schmerzhaften Erfahrungen eurer Vergangenheit treiben euch an.

Alle Menschen spüren ihr Selbst dann und wann; die Sehnsucht aller Menschen ist die Vereinigung des Körpers mit ihrem Selbst. Erst durch die gemachten Erfahrungen des Getrenntseins in der Illusion erkennt ihr die Einheit des göttlichen Selbst in euch an und seid in dem Bewusstsein, dass alles eins ist. Die scheinbare Trennung in euch ist aufgehoben, ihr fühlt eure Einheit, eure Ganzheit in "allem, was ist".

In eurer polaren Welt braucht ihr somit die Erfahrungen, dass ihr alles haben könnt, was ihr glaubt, wahrlich verdient zu haben, es besteht nur der kleine Unterschied darin, ob ihr habt - oder seid! Denn manchmal verliert ihr, auch wenn ihr gewinnt, und manchmal gewinnt ihr, auch wenn ihr verliert.

Ihr habt das Gefühl, euer Selbst zu verraten (auch wenn ihr das in Wahrheit gar nicht könnt), wenn ihr euch benutzen lasst, wenn ihr nicht ehrlich seid, wenn ihr korrupt und machthungrig seid, wenn ihr andere Menschen übervorteilt oder wenn ihr euch selbst und eure Wahrheit nicht liebevoll vertretet. Wenn ihr euch kleinmacht oder euch eurer Realität nicht stellt, wenn ihr ausweicht, anstatt euren Standpunkt zu vertreten, oder wenn ihr nicht danach handelt, was ihr fühlt. Dann fühlt ihr euch verraten, wenn ihr "anderen Göttern" oder "Götzen" dient und nicht eurem Geist-Seele-Selbst. Wenn ihr ehrlich seid, können alle Güter dieser Welt dieses Gefühl des Eigenverrats an eurem Selbst nicht in euch zum Schweigen bringen. Ihr seid euer Schöpfer, ihr bestimmt, was euch dienlich ist. Euer Selbst liebt euch immer, denn es besitzt die Ewigkeit. Es lässt euch geduldig eure Erfahrungen in dieser Polarität machen, denn es weiß, schlussendlich findet jeder Mensch zurück zu seiner Einheit, zu seiner Göttlichkeit, zu seinem Selbst.

Aus der Sicht der seelisch-emotionalen Ebene:

Wir Menschen werden traurig oder wütend, wenn wir unsere Liebe zu uns oder die entgegengebrachte Liebe eines anderen

Menschen nicht würdigen. Alle Menschen, die sich trennen oder getrennt haben, sind wütend und traurig über sich selbst, weil sie tief in sich wissen, dass sie die Liebe des Menschen, den sie verlassen haben oder der sie verlassen hat, nicht annehmen konnten, da sie selbst nicht in der Eigenliebe waren. Wir waren wohl noch nicht bewusst genug, uns selbst so bedingungslos zu lieben. Oder wir sind wütend darüber, uns solch eine Realität erschaffen zu haben, die uns Schmerzen nicht erfüllter Erwartungen, Ängste und Weigerungen gezeigt hat, die schlussendlich zur Trennung führten. Wir wollten eine andere Liebe als die, die uns entgegengebracht wurde. Wir wollten unsere Vorstellung von der Liebe erfüllt sehen durch den anderen. Dadurch, dass wir unsere eigene Liebe in uns nicht würdigen konnten, konnten wir die entgegengebrachte Liebe auch nicht annehmen, geschweige denn lieben. Jetzt haben die eigenen Ängste gesiegt und nicht die Liebe; was für eine erlösende Erfahrung, das wissen wir jetzt! Wir sind traurig und wütend über die vertane Chance, unsere Schattenteile nicht in Liebe und Wahrheit aufgelöst zu haben. Aber Gleiches zieht immer Gleiches an, und unser Selbst gibt uns über Beziehungen zu anderen Menschen immer wieder neu die Chance, zu wachsen und dadurch erneut unsere Liebe, unser Selbst in der Ganzheit zu erfahren. Wir wachsen zu neuem Bewusstsein heran durch unsere leidvollen Erfahrungen, und somit verlieren wir mehr und mehr unsere Angst vor der machtvollen Liebe, indem wir die falsche Macht unserer Ängste, unser Mangelbewusstsein und unsere Lügen uns selbst gegenüber durchschauen. Wir erkennen, dass wir Kontrolle ausgeübt haben und Erwartungshaltungen hatten, ohne unseren Standpunkt und unsere Bedürfnisse klar zum Ausdruck zu bringen.

Allein die Erkenntnis darüber und das Annehmen derselben wird uns mehr und mehr zur Liebe führen und lässt uns aufhören, in Beziehungen zu kämpfen.

Aus der Sicht der menschlich-materiellen Ebene:

Durch die Umsetzung und Anwendung dieses Gesetzes musst du dich nicht mehr an Sicherheiten, faule Kompromisse, leichtfertig gegebene Versprechungen oder falsche Hoffnungen klammern, um das Gefühl zu haben, geliebt zu werden. Du liebst und achtest die Liebe und Wahrheit in dir und damit die Liebe und Wahrheit zu jedem anderen Menschen. Was nicht Liebe ist, das kannst du stehen oder gehen lassen, du tust nichts damit, du kritisierst nichts, du erwartest nichts, du erlaubst dem anderen zu sein, wie er ist. Jetzt schöpfst du aus dir selbst heraus; alles, was du brauchst, ist in dir, es gehört dir, es dient dir. Du dienst deinem Selbst, wie dein Selbst dir dient, und das ist es, was du in jedem Leben gesucht hast. Und das ist, was dich erfüllt und befreit. Das ist die wahre Freiheit, die wahre Liebe, eingebunden in die Ewigkeit deines Seins.

Nichts tut so weh wie eine nicht gelebte Liebe.

Bedingungslose Liebe erwächst aus echtem Mitgefühl
und gelebter wahrhaftiger,
aber auch liebevoller Konfrontation.

Wenn du nicht wahrhaftig bist in Wort und Tat,
so setzt du das Gesetz von Ursache
und Wirkung in Gang, und du wirst ernten,
was du gesät hast.

22. Energiegesetz

Die Schritte zur Eigenliebe sind:
- **Selbstbeobachtung**
- **Selbsterfahrung**
- **Selbstkritik**
- **Selbsterkenntnis**

Aus der Sicht der kosmisch-spirituellen Ebene:

Jeder Mensch liebt, so gut er kann. Könnte er mehr lieben, so würde er es tun, das heißt: Jeder Mensch kann nur so lieben, wie er sich selbst in Liebe annehmen kann.

Liebe und Eigenliebe entspringen dem Grad der Bewusstheit eines jeden Menschen - wo Licht ist, ist auch Schatten. Oder: Schatten wird nicht sichtbar ohne Licht. Was der Mensch von sich selbst hält, das zeigt er nach außen, denn nur das kann er liebend teilen. Wenn ein Mensch sich selbst als "schlecht" einstuft, so wird er das scheinbar "Schlechte" im Außen erleben, nämlich weil er glaubt, nicht liebenswert zu sein, und dadurch "schlecht" sein kann. Er benimmt sich deshalb auch schlecht, da er sowieso nichts mehr zu verlieren hat. Oder aber dieser Mensch versteckt alle seine "schlechten" Anteile und gibt sich besonders liebenswürdig und ist bemüht, anderen scheinbar "schlechten" Menschen zu helfen, "gut" zu werden. Dieses Verhalten zeugt nicht von Eigenliebe und kosmischer Liebe, es zeugt von Angst, die mit einer scheinbaren Liebe überdeckt wird, um nicht in dem eigenen "Schlechtsein" entlarvt zu werden. Und die Menschen, die glauben, die Liebe nie kennengelernt zu haben, zeigen in ihrem "schlechten" Verhalten ihre Wut und ihren Zorn. Sie leben ihre Hoffnungslosigkeit und Enttäuschung sich selbst und der Welt gegenüber hemmungslos aus, weil sie sich "schlecht" fühlen und sich "schlecht" benehmen, weil sowieso alles egal ist.

Diese Menschen lernen über ihre Erfahrungen, dass die allumfassende Liebe nicht von der Eigenliebe getrennt werden kann.

Sie suchen die Liebe im Außen, oder sie treten diese mit Füßen. Irgendwann erkennen diese Menschen ihre eigene Lüge, ihre Lebenslüge, ihr irrtümliches Verhalten und beginnen, sich ihrer eigenen spirituellen Verantwortung bewusst zu werden. Oft jedoch aber erst dann, wenn in ihrer Welt ohne Liebe nichts mehr funktioniert und sie der Kämpfe müde sind.

Jetzt kann die erste Stufe der Eigenliebe angegangen werden, die da heißt: *Selbstbeobachtung*.

Selbstbeobachtung

Dann fangen Menschen an, sich selbst zu beobachten, und dies ist der erste Schritt hin zu ihrem ureigensten Selbst, auch wenn ihnen das in diesem Stadium oft noch gar nicht bewusst ist. Sie schauen sich selbst an, ihre Kleidung, ihre Wohnung, ihr Umfeld, ihre Art und Weise, sich darzustellen, sich zu bewegen und sich zu verhalten. Es gefällt ihnen nicht mehr, was sie sehen. Sie bringen Veränderungen in ihr äußeres Leben, sie fangen an, ihren Wert im Äußeren - wie Körper, Kleidung, Wohnung, Arbeitsplatz - zu erhöhen. Sie spüren, dass sie nicht auf Veränderungen von außen warten können, sie spüren, dass sie selbst Schritte unternehmen müssen, um sich besser - menschenwürdiger - fühlen zu können. Der erste Schritt ist getan, sie gestehen sich selbst ein, dass sie in der Vergangenheit nicht wirklich glücklich waren, dass sie in der alten Energie leiden oder rebellieren mussten, um sich in ihrer Umgebung einigermaßen wohlzufühlen. Der Grad des Leidens ist erreicht, die Selbstbeobachtung führt sie hin zu ihrer Wahrheit, dass sie selbst ihr "Schicksal" in die Hand nehmen müssen. Dann haben diese Menschen auch den Mut und die Kraft zur Veränderung. Sie gestehen sich ein, dass dieses Leiden nichts bringt, und erklären dies auch. Sie wenden sich ihrem Selbst mehr als früher zu, und ihr Selbst wird diese Menschen in ihrem Bestreben nach Veränderung unterstützen. Dies ist der erste Schritt von der Opferhaltung hin zur Schöpferhaltung. Allein die Selbsterkenntnis und Wahrheit über sich selbst und sein vergangenes Verhalten öffnet die Tür zur eigenen Mitte, zur eigenen Seele.

Nämlich hin zur zweiten Stufe der Eigenliebe, die da heißt: *Selbsterfahrung*.

Selbsterfahrung

Durch das äußere Tun, das Veränderungen im Außen bewirkt, erfährt der Mensch auf dieser Stufe mehr und mehr sich selbst. Er erkennt durch und über seine Handlungen mehr und mehr, was für ihn wichtig oder unwichtig ist. Durch die Entscheidung, Veränderungen in seinem Leben vorzunehmen, dient er mehr sich selbst als seiner Umwelt. Er lernt in der Selbsterfahrung seine eigenen Motive, seine eigenen Bedürfnisse und auch seine eigenen Blockaden kennen. Seine Handlungen lassen ihn erkennen, ob er sich selbst im harmonischen Fluss befindet oder nicht. Er hinterfragt, bevor er handelt, seine Motivation, und dadurch nimmt er sich selbst ernst. Er hinterfragt seine Bedürfnisse und seine Wünsche, ob diese wirklich seinem Wachstum dienen. Dieser Mensch macht weiter Erfahrungen, aber er entscheidet schon, welche Erfahrungen ihm dienen und welche nicht. Mit dem sich vergrößernden Bewusstsein weiß und fühlt er in sich, welche Erfahrungen er für sein Wachstum jetzt wirklich braucht. Er filtert das heraus, was ihm nicht mehr dient. Er sagt nicht "Ja und Amen" oder "ja/nein", er kann jetzt mehr und mehr seine eigene Meinung und seine Gefühle vertreten. Er kann sich liebevoll durchsetzen oder sich auch neutral abgrenzen, in völliger Akzeptanz und Respekt sich selbst und seinem innersten Gefühl gegenüber, seiner Intuition. Seine intuitive Wahrnehmung wächst und beschert ihm ein Gefühl von Selbstverantwortung und Richtigkeit in Bezug auf seinen Umgang mit der äußeren Welt. Sein Selbst wird mehr akzeptiert, die Kommunikation zwischen dem eigenen Selbst und dem Selbst anderer Menschen ist vertrauenswürdiger, freundschaftlicher, ehrlicher. Dadurch erlebt ihr Menschen euch in einer energetischen Anhebung eures Wertes und eurer Würde, denn ihr seid eurer Eigenliebe näher gekommen.

Nun ist der Mensch bereit, den nächsten Schritt zur Wiederentdeckung der Eigenliebe anzugehen, nämlich den Schritt zur *Selbstkritik*.

Selbstkritik

Erst wenn genug Würde und Eigenliebe in diesem Menschen vorhanden sind, wird er in der Lage sein, sich selbst und sein Handeln selbstkritisch anzuschauen. Jetzt besitzt er genug Eigenliebe, um Kritik an sich selbst ehrlich und wahrhaftig zulassen zu können, ohne sich selbst wieder abzuwerten oder eine Verteidigungshaltung einnehmen zu müssen. Die Bewertungsschiene in ihm wird aufgelöst. Der Mensch in dieser Entwicklungsphase achtet jetzt bewusster auf die Reaktionen auf seine Handlungen und Offenbarungen, die sich in seinem äußeren Umfeld zeigen. Er beobachtet die Reaktionen der ihn umgebenden Menschen, er schaut in seinen Menschen-Spiegel, er achtet auf Zeichen von außen und er fühlt und erkennt in sich, was die Zeichen und

Spiegelfunktionen in ihm selbst bewirken können. Diese Entwicklungsphase verbindet die äußere Wahrnehmung mit der inneren Wahrnehmung, und Selbstkritik setzt nur dann ein, wenn eine fühlbare Diskrepanz zwischen der äußeren Wahrnehmung und der inneren Wahrnehmung besteht, was sich durch die Offenbarung der eigenen Gefühle zeigt.

Jetzt zeigt das Selbst auf, wo Schattenteile, Glaubensmuster oder Wunschvorstellungen versteckt waren. Ohne Bewertungen wird die Arbeit an sich selbst tiefer, ehrlicher, bewusster und klarer. Durch diese Arbeit an sich selbst erkennt dieser Mensch durch seine angenommene Selbstkritik seine Chance, sich zu befreien, sich zu erlösen von störenden Schattenteilen in sich selbst; er begreift diese Selbstkritik nicht als abwertend und zerstörerisch, sondern als Chance, sich selbst besser zu verstehen, ehrlicher, mutiger und liebevoller zu sich selbst zu sein. Dieser Mensch lernt, sich zu lieben für alles, was er ist – jetzt auch mit den dunklen Teilen seiner Persönlichkeit, die er vorher versteckt und für die er sich geschämt hat.

Der Mut zur Selbstkritik ohne Bewertung vergrößert die Anteile der Eigenliebe in ihm selbst. Diese Eigenliebe fördert die Akzeptanz des So-Seins dessen, was er tut, es bringt sein eigenes Selbst hervor und führt ihn dadurch näher an seine Eigenliebe heran. Es ist ein wunderbares Gefühl, unabhängiger von der Meinung anderer Menschen zu werden. Seine Akzeptanz zu sich selbst lässt ihn toleranter sein bezüglich der Meinung anderer Menschen. Er lässt jetzt neutral stehen, was ihm nicht dient, ohne sich darüber zu ärgern, er toleriert andere Denkweisen und Handlungen, ohne dass er diese verstehen muss. Im Gegenteil, er nimmt dankbar an, was seinem Wachstum dient und seiner Selbsterkenntnis förderlich ist. Er weiß, dass seine eigenen Gefühle ihn in seiner Wahrnehmung bestärken oder ihn auffordern, ein Muster oder Spiegel in sich selbst zu erkennen.

Diese Entwicklung führt den Menschen auf dem Weg zum Erkennen direkt auf die nächste Ebene seiner Eigenliebe, nämlich auf die Stufe der *Selbsterkenntnis*.

Selbsterkenntnis

Diese Stufe ist die Vertiefung der vorangegangenen erfahrenen Stufen zur Eigenliebe. In dieser Entwicklungsstufe weiß der Mensch mehr und mehr, wer er ist, was ihm hilft oder wer oder was ihn ablenkt; er erkennt sich selbst in all seinen Teilen und er liebt, "er-lebt" und erfährt sein Umfeld dementsprechend.

Er liebt sich in dem, was er tut - oder auch nicht tut -, was er sagt - oder nicht sagt. Er liebt sich so, wie er sich fühlt. Er kennt seine Schwachstellen, aber er wird diese nicht mehr hinter einer Maske verstecken. Er kann diese noch vorhandenen Schwachstellen oder Schattenteile kritiklos begrüßen und sich anschauen. Wenn er mag, kann er darüber reden, ohne sich zu verstecken oder rechtfertigen zu müssen. Dieser Mensch besitzt jetzt genug Eigenliebe, um in dieser Liebe sich und zu anderen Menschen wahrlich ehrlich und wahrhaftig sein zu können, ohne um Liebe, Lob oder Anerkennung betteln zu müssen. Dieser Mensch weiß um sein Göttliches, sein "Gutes" in ihm, er hat es nicht nötig, sich zu profilieren, sich zu vergleichen oder sich mit anderen zu messen, denn er ist gesättigt durch sein gewachsenes Bewusstsein, ohne dadurch überheblich oder arrogant zu wirken.

Er weiß, dass in seinem Leben der Baum der Erkenntnis weiterwächst, und er erkennt sein Leben als Chance, immer weiterzuwachsen, sein Bewusstsein zu erweitern, um durch noch mehr klare Erkenntnisse in sich selbst immer größer und ganzer zu werden und somit ein liebevoll spiritueller Mensch zu sein. Dieser Mensch kämpft nicht mehr mit und durch sein eigenes Ego und seine Schatten, denn er hat verstanden, dass er Liebe ist, auch wenn ihm seine Vergangenheit das oft nicht gezeigt hat. Er hat verstanden, dass er es würdig ist, sich zu lieben, und dass seine äußeren Anstrengungen, geliebt zu werden, ihn immer weiter von seiner Liebe zu sich selbst entfernt haben. Er hat verstanden, dass er niemals das Gefühl, geliebt zu werden, empfinden konnte, solange er sich nicht selbst annehmen und lieben konnte.

Aus der Sicht der seelisch-emotionalen Ebene:

Dieses Gesetz erinnert uns daran, dass Liebe als Energie immer und überall reichlich vorhanden ist. Es ist unsere Öffnung und unser Grad des Bewusstseins, mit dem wir bestimmen, wie viel von dieser Liebesenergie wir in uns wahrnehmen oder einladen.

Dieses Gesetz verdeutlicht uns, dass Liebe viele Facetten hat, dass kosmische, bedingungslose Liebe jedoch nur dann durch und in uns selbst wahrnehmbar wird, wenn wir auch bereit sind, diese zu empfangen - und zwar vorbehaltlos. Erst wenn wir diese Liebesenergie in uns zulassen können, die uns das Universum bereitstellt, erfahren wir Eigenliebe in uns und um uns herum, und erst dann sind wir wahrhaftig bereit, auch andere Menschen bedingungsloser zu lieben.

Dann erst erfahren wir die Liebe in uns als die Energie der Akzeptanz, der Toleranz, der göttlichen Gelassenheit, des Vertrauens und des Gleichmuts, der Wahrhaftigkcit zu uns selbst und zu anderen. Wir erfahren energetische Verbindungen anstatt schmerzhafte Trennungen, wir erfahren Vergebungen anstatt ein belastetes Gewissen. Anstatt Kampf erfahren wir Vertrauen, anstatt Kontrolle erfahren wir, das So-Sein zu akzeptieren; somit erfahren wir inneren Frieden anstatt Krieg.

Eine Liebe, die ihr geben wollt ohne Eigenliebe, ist nicht Liebe, sondern Manipulation.

Eine Liebe, die etwas verstecken oder bewerten will, ist nicht Liebe, sondern Lüge. Eine Liebe, die angefordert und zensiert wird, ist nicht Liebe, sondern Angst und Mangel. Denn die Liebe als Energie hält immer, was sie verspricht, sie ist das Versprechen in sich an uns, durch uns und dadurch für die Welt. Diese Liebe macht uns unmissverständlich klar, wer wir sind und wer wir sein wollen. Die Wahrheit zu uns selbst und der Mut, zu unserer Unvollkommenheit zu stehen, sind die Voraussetzungen für die All-Liebe, die uns transformiert, so dass wir wahrlich leben können in Gnade.

Aus der Sicht der menschlich-materiellen Ebene:

Wie oft warst du in deinem Leben anderen Menschen mit deiner Liebe näher als dir selbst? Erst geben, dann nehmen, das ist richtig und verstärkt den Fluss der Harmonie. Aber wenn du gibst, musst du auch gelernt haben zu lieben. Das, was du zuerst bekommst, kommt vom Himmel. Es ist dein Recht, diese Energie dankend und demütig anzunehmen, es ist deins, und der Himmel stellt keine Bedingungen.

Die Liebe des Universums fällt nicht in geballte Fäuste, sondern nur in empfangende, geöffnete Hände.

Die vier Stufen in diesem Gesetz erläutern dir, wie du als Mensch deine Werkzeuge benutzen kannst, um durch Erfahrungen, Erkenntnisse und wachsendes Bewusstsein mehr in deine Ganzheit zu gelangen.

Du hast dir dieses Leben gewählt, um zu wachsen, dich selbst zu erfahren, zu erkennen und liebend an deiner Liebe zu reifen.

So viele Chancen werden uns in dieser Neuen Energie jeden Tag von unserer Geist-Seele präsentiert, und wir entscheiden jedes Mal neu, wie dankbar und freudvoll wir mit diesen Liebesbeweisen umgehen wollen. Wir dürfen uns auch lieben, wenn wir noch keine perfekten spirituell bewussten Menschen sind. Denn allein unsere Anwesenheit auf diesem Planeten offenbart, dass wir entschieden haben, wachsen zu wollen.

Wir werden geliebt, wir wurden geliebt und wir werden immer geliebt werden für das, was wir sind, was wir waren und was wir sein werden.

Ihr könnt euch selbst von eurem Geist
und eurer Seele distanzieren,
ihr könnt sie beide jedoch nicht belügen
oder loslassen wollen.
Wenn ihr dies versucht,
erzeugt es in euch einen starken Schmerz der Getrenntheit.

Menschen, denen genommen wird,
as ihnen geistig-seelisch nicht zusteht,
und die weiterhin fordern, was ihnen nicht zusteht,
werden weiter das negative Feld nähren,
weil ihnen Bewusstsein fehlt.

Die Anhebung der irdischen Schwingung
eschleunigt jegliche Umsetzung eurer
wahren Schöpfungskraft in die irdisch sichtbare Realität.

23. Energiegesetz

Das Ego schafft Illusionen.
Die Liebe schafft Wirklichkeiten.

Aus der Sicht der kosmisch-spirituellen Ebene:

Ihr Menschen lebt alle in eurer Welt der Illusionen und Dualitäten. Ihr selbst entstammt jedoch der ewiglichen, mit euren Sinnen nicht erfassbaren, zeitlosen Wirklichkeit. Ihr habt es selbst gewählt, euer Zuhause während dieser Erdenzeit zu vergessen, um in eurer Illusionsebene Erfahrungen zu machen und Trennungen zu erleben. Ihr habt es in Kauf genommen, eure wahre Wirklichkeit zeitweise zu vergessen, weil ihr intuitiv wisst, dass ihr euer Zuhause nicht wirklich verlieren könnt. Ihr werdet immer wieder in eure Seinsenergie, eure kosmische Wirklichkeit und eure Unsterblichkeit zurückkehren. Deshalb habt ihr euer Vergessen in Kauf genommen, auch auf die Gefahr hin, dass ihr euch in dem einen oder anderen Leben in der Illusion verlieren könntet. Das heißt, ihr könntet eure Illusion mit eurer ursprünglichen Wirklichkeitsebene verwechseln. Nun habt ihr neben dem Selbst innerhalb eurer Wirklichkeit im Körper auch Teile mitgebracht, die sich in eurer Illusion zeigen, nämlich eure Ego- und Schattenteile, die noch nicht im Licht waren. Da diese Teile keine bewussten Kenntnisse von eurer wahren Wirklichkeit haben, sind sie darauf angewiesen, sich in eurer Dualität zu zeigen, um erlöst zu werden. Das Ego dagegen ist bemüht, euch euer Leben in der Illusionsebene so angenehm wie möglich zu gestalten. Diese Ego- und Schattenteile kennen aber nur die Gesetze der Illusion und wenden diese an, denn sie glauben, euch dadurch zu dienen und euch zu beschützen. Um zu erkennen, wann und wie ihr aus der Illusion heraus agiert oder aber wann ihr aus der bewussten Wirklichkeit, dem Zuhause eurer Seele und eures Geistes, heraus agiert, solltet ihr die Merkmale und die Arbeitsweise dieser Teile, eures Intellekts, eurer Muster bezüglich euer Spiritualität erkennen. Wie gesagt: Diese Teile sind sich eurer Wirklichkeit, eures Selbst, eures wahren Seins nicht bewusst. Sie wissen nichts von eurer Spiritualität und eurem wachsenden Bewusstsein. Im Gegenteil, sie haben eher Angst vor diesem Licht, diesem Bewusstsein und dieser Wahrheit und dieser Macht. So werden diese Teile bemüht sein, euch in der Illusion zu halten, sie werden kämpfen (auch gegen die Egos eurer Mitmenschen), sie werden sich profilieren, recht haben wollen, mehr haben wollen und in Konkurrenz gehen wollen. Diese Teile werden andere Menschen bewerten und ablehnen wollen, damit ihr selbst gut dasteht. Sie werden sich trennen wollen, anstatt sich zu verbinden. Sie wollen sich nicht eurem wachsenden Bewusstsein beugen, da sie dann glauben, Macht zu verlieren; sie sind bestrebt, die Kontrolle über euch und andere behalten zu wollen. Kurzum, diese Teile haben Angst, ihre Unzulänglichkeiten zu offenbaren, sie haben Angst vor Strafe und Ablehnung, Angst, ausgegrenzt zu werden, obwohl sie euch permanent von eurem wirklichen Sein trennen. Diese Teile tun dies nicht im Bewusstsein, euch zu behindern oder zu bestrafen; sie können nicht anders, sie machen nur ihren Job, nämlich euch die Gesetzmäßigkeiten der Illusion zu präsentieren, bis ihr in euch selbst erkennt, dass diese Gesetzmäßigkeiten, Verpflichtungen, Anstrengungen und dieses Kriegsgebaren euch nur in weitere Illusionen und Verstrickungen führen. Dann erst beginnt ihr, euer anstößiges Verhalten in der Illusion zu hinterfragen, und ihr sucht bleibende Werte und Wertvorstellungen, die eurem Wachstum und eurer Ganzheit unverrückbar dienen. Ihr überprüft eure Handlungen und eure Entscheidungen an den bekannten Merkmalen eures Egos, wie: Warum tue ich das? Wie tue ich das?

Welches ist mein Motiv, dies zu tun? Ist mein Motiv ein verbindendes oder ein trennendes Prinzip? Dient diese Entscheidung mir und anderen? Handle ich aus Angst, Gier oder Mangel heraus?

Durch ihr So-Sein fordern diese Teile eure Aufmerksamkeit, Akzeptanz, Gnade und das Mitgefühl zu euch selbst. Sie werden sich erst auflösen, wenn sie sich in eurem Verständnis und eurer Liebe zu Hause fühlen, denn das ist ihre Aufgabe, die darin besteht, euch bewusster und liebevoller werden zu lassen.

Aus der Sicht der seelisch-emotionalen Ebene:

Eure Gedanken, Gefühle, Wertvorstellungen und Muster erschaffen eure Wirklichkeit. Unsere Seele teilt uns über unsere Gefühlslage mit, was gut für uns ist und was eine Illusion ist, die, wenn sie in Erfüllung gehen sollte, uns in dieser Phase unserer Entwicklung nicht dienlich wäre. Unser Geist erschafft dann unsere Realität aufgrund dessen, was wir jetzt wirklich brauchen und wünschen und was unserem Lebensplan entspricht. Unsere Geist-Seele befriedigt jedoch nicht die illusionären, nie endenden Wünsche unseres Egos. Im Gegenteil, unsere Geist-Seele kennt unsere Ego- und Schattenteile und versucht, diese Teile in unserem Bewusstsein aufblitzen zu lassen, um uns klarer erkennen zu lassen, was noch zu bereinigen ist. Unsere Geist-Seele hat andere Merkmale als unser Ego, um auf sich aufmerksam zu machen. Wir erkennen den Unterschied in der liebevollen Aufdeckung innerhalb unserer Gefühlswelt.

Unsere Seele tröstet, hebt uns hoch, macht uns Mut, bewertet nicht, was wir tun, und geht mit uns auf jedem eingeschlagenen Weg. Sie glaubt an uns, sie vertraut uns und wird uns immer wieder liebevolle Zeichen senden, um uns auf den geraden Weg nach Hause aufmerksam zu machen. Unsere Seele straft nicht, sie trennt nicht und ist nicht ungeduldig, denn sie besitzt die liebende Ewigkeit.

Unser Geist wird immer wieder versuchen, unseren Intellekt und unser Ego auszutricksen, wenn diese analysieren, überzeugen oder recht haben wollen. Er wird uns immer zu be-geistern versuchen, um uns durch "Aha-Erlebnisse", durch Synchronizitäten und Klarheiten aus der höchsten Sichtweise, die außerhalb unserer Illusion zu Hause ist, mehr und mehr Bewusstseinserweiterung anzubieten.

So schafft das Ego Illusionen, bis diese Illusionen im Außen verpuffen, bis die Illusionen uns erschöpfen oder uns unzufrieden machen - und so soll es auch sein. Das Ego hat seine Arbeit getan, wenn wir uns entscheiden, uns mehr und mehr über unser Selbst zu identifizieren. Jetzt erst kann das Ego sich transformieren, es lässt die Kontrolle los und übergibt uns mehr und mehr die Entscheidung, wer wir sein wollen und wie wir leben wollen. Jetzt tritt unser Ego demütig vor unserem Selbst zurück und beschränkt sich allein auf die Aufgabe, unseren Körper zu schützen.

Die Umwandlung ist geschehen, wir werden uns unserer Wirklichkeit in immer größerem Umfang bewusst, wir sind auf dem Weg zu uns in Frieden und Liebe, ohne Kontrolle, ohne Habenwollen, ohne Manipulation, ohne Projektionen und ohne Angst. Wir sind auf dem Weg nach Hause, zu unserer wahren Wirklichkeit. Indem wir unser Ego und unsere Schatten erkannt haben und diese in unsere liebenden Hände nehmen, anstatt den Teilen erlauben, chaotische Situationen zu kreieren, sind wir in unserer eigenen Wirklichkeit und damit unserer eigentlichen Wirklichkeit näher.

So haben wir Platz geschaffen in uns für das liebevolle Wirken unserer Seele und unseres Geistes. Weil das Ego glaubt, etwas verloren zu haben, gewinnt es unsere liebevolle Führung, es vertraut unseren Entscheidungen und kann sich von der jahrelangen harten Kontrollfunktion zurückziehen, da es sich in unserer Eigenliebe, unserer wahrhaftigen Wirklichkeit fallen lassen kann. Das

Ego erfährt genau wie wir, dass es geliebt wird, dass es nichts tun muss, nichts beweisen muss, nicht kämpfen und betteln muss, um geliebt zu werden.

Aus der Sicht der menschlich-materiellen Ebene:
"Alles, was ist", hat einen Sinn, denn Geist und Seele machen keine Fehler. Niemals!

Die große Liebe deines Selbst, deiner wahren Wirklichkeit, lässt dich geduldig alle Erfahrungen in deiner Illusion machen, die du brauchst, um schlussendlich aus dieser Illusion herauszuwachsen und dich dennoch in ihr wohlzufühlen. Aufgrund deiner gemachten Erfahrungen in der Vergangenheit entwickelst du dich aus der Ebene I, der Ebene der Illusionen, hinein in die Ebene II, in die Ebene der Wirklichkeiten, die du über deine tiefen Gefühle und über dein Gewissen wahrnehmen kannst. Du kannst diese Ebene II nicht sehen, nicht anfassen - und doch kennst du sie in dir, kannst dich hineinfühlen, dich hinbeamen und sie seelisch-geistig erfassen, sie besuchen und in dich aufnehmen. Hier bist du wahrlich zu Hause, hier ist dein Ruhepol, hier ist deine Wahrheit und hier fühlst du deine Liebe, hier bist du immer willkommen und niemals allein, in dieser Ebene II, der Ebene deiner Liebe und deiner wahren Wirklichkeit. Diese Ebene ist reine Liebe und strahlende Herrlichkeit im Gegensatz zu der Illusion auf Ebene I, die jedem Menschen immer so erscheint, wie er glaubt, dass sie für ihn sein sollte. Und doch ist sie nicht statisch, sondern in der illusionären Wahrnehmung eines jeden Menschen formbar. Die Ebene I dient den Menschen als Übungsfeld und Spielwiese, damit wir erkennen können, wie wir Realitäten erschaffen und wie wir zum Schöpfer werden können. Wir waren und werden niemals von dieser wahren Wirklichkeit getrennt sein, denn die Liebe auf Ebene II trennt nicht, sie verbindet. Diese bedingungslose Liebe zu uns gesteht uns genug Raum zu für Erfahrungen und auch Irrtümer in unserer illusionären Ebene. Aus der Ebene II heraus betrachtet, ist dieser Planet wunderbar mit all seinen Naturschauspielen, so dass wir beginnen, diese Illusionsebene als Unterstützung für unser wachsendes Bewusstsein anzuerkennen. Wir danken ihr und machen diese zu unserem Verbündeten, denn es ist wunderschön, für dieses Leben in dieser Illusionsebene zu sein, alles ausprobieren und studieren zu können, Grenzen setzen und aufheben zu können und diese schöne Welt als Mensch erleben zu können.

Der Grad deiner Schwingung bestimmt den Grad
deines Bewusstseins.

Hindernisse auf deinem Weg sind ein Signal
von deiner Geist-Seele, deinen Weg zu überdenken
und ihn gegebenenfalls zu ändern.

Wenn du deinen eigenen Wünschen,
deinem Begehren und deinen Bedürfnissen folgst,
werden dich diese Energien in den Bann ziehen und begeistern.
Das rüttelt dich wach! Folgst du weiterhin
deinen liebevollen Impulsen,
so wird dieser Impuls stärker – er wird göttlich.

24. Energiegesetz

Weisheit entbindet von leidvollen Erfahrungen, denn Weisheit ist schöpferisch.

Aus der Sicht der kosmisch-spirituellen Ebene:

Weisheit ist die Tugend, die ihr Menschen alle so gerne besitzen möchtet. Einen weisen Menschen erkennt ihr daran, dass er sein Leben schöpferisch, gelassen und vertrauensvoll dankbar lebt. Er kämpft nicht um scheinbare Rechte oder gegen empfundenes Unrecht. Er ist meistens unauffällig und bescheiden, besitzt aber eine gütige und angenehm wohlige Ausstrahlung, die Vertrauen, Neutralität und Liebe verspricht. Zu solchen Menschen fühlt ihr euch hingezogen, wenn ihr keine Antworten auf eure Probleme findet. Ihr fühlt euch bei einem weisen Menschen angenommen, verstanden und beschützt. Seine neutrale Liebesenergie empfängt euch, und ihr macht diesen Menschen bedingungslos zu eurem Vertrauten, denn ihr spürt, dass er keine Bedrohung für euch ist. Im Gegenteil, ihr akzeptiert seine Führung und seine Wegweisung, sein inneres Wissen, ja, ihr spürt seine Herzenswahrheit ohne Anspruch auf Rechthaberei oder Bewertungen. Dieser Mensch ist frei von Vorverurteilung.

Solche Menschen wurden und werden in allen Zeitepochen als Bewahrer und Vertreter der Liebe und der Wahrheit in eure Welt hineingeboren, und ihre Aufgabe und Berufung ist ihnen sehr schnell bewusst. Diese weisen Menschen haben eine starke

Persönlichkeit, viel Würde und Anmut und haben sich in vielen Lebensabschnitten ein großes spirituelles Wissen erworben. Sie haben sich bereiterklärt, dem "Neuen Bewusstsein", das euren Planeten jetzt erreicht, zu dienen und dieses zu unterstützen. Ihr findet diese weisen Menschen in allen Alters- und Berufsgruppen, es sind alte Seelen, die schon viele, viele Erfahrungen in vielen, vielen Leben gesammelt haben. Es sind Heiler, Lehrer, Meister, Aufklärer, Energie-Transformatoren, Führer, Pioniere, Bewahrer, Beschützer und Energiebeweger und Helfer für die Menschen auf dieser Erde. Diese weisen Menschen dienen ursprünglich dem Kosmos, der Liebe zu dieser Erde, zu der Wahrheit in der Ganzheit - und damit dienen sie dem Frieden. Das heißt also, sie dienen einer höheren Ordnung, selbst wenn es so aussehen mag, als ob sie schlussendlich allein den Menschen dienen würden. Diesen weisen Menschen ist jedoch bewusst, wer sie sind, und sie wissen, warum sie hier sind, warum sie dieses oder jenes tun, obgleich das für die meisten Menschen nicht immer verständlich nachvollziehbar ist. In eurer jetzigen Zeit, wo der Himmel auf die Erde kommt, befinden sich viele dieser weisen Menschen auf der Erde, um dabei zu helfen, das Neue Bewusstsein auszudehnen und zu verankern. Menschen, die einem weisen Menschen begegnen, haben Glück, weil dies kein Zufall ist, denn durch die Energie des Weisen wird das Wachstum dieser Menschen enorm gefördert und beschleunigt.

Weise Menschen haben auf eurem Planeten oftmals schwere Kindheiten mit traumatischen Erlebnissen durchgemacht, um sich selbst ihres Mitgefühls, ihrer Kraft, ihrer Stärke, ihrer Standfestigkeit und ihrer Liebesfähigkeit nochmals bewusst zu werden. Diese Kindheitserfahrungen dienen sozusagen der gewählten Bestimmung, was für diese Weisen nicht immer einfach zu handhaben war und ist. Dennoch dienen diese traumatischen Erlebnisse diesen weisen Menschen als Katalysator, zur Erinnerung an ihre wahre Berufung für dieses Leben. Außerdem wird dieser Berufung oft eine spirituelle Gabe beigegeben, die diese Menschen von anderen scheinbar unterscheidet, und dieser Gabe fühlen sich weise, berufene Menschen verpflichtet, denn sie dienen dem Universum. Nun wurden diese Menschen mit ihrer Berufung und ihrer Gabe auch erst weise durch ihre vielen gemachten Erfahrungen in vielen Erdenleben. Ihre Lebenssituationen forderten sie auf, zu handeln, etwas zu tun. Dieses Tun und Handeln brachte ihnen neue Erfahrungen, gute und weniger gute, so dass ihre Handlungen und Entscheidungen sich auf vorangegangene Erfahrungen beziehen. Sie lernten:

Tun bringt Erfahrungen, gelebtes Tun bringt bewusste Erfahrungen und bewusste Erfahrungen bringen Wissen. Und gelebtes Wissen wird zur Weisheit.

Aber Wissen allein bringt wenig, wenn es nicht "getan" wird, sprich angewendet, ausprobiert und bewusst eingesetzt wird. So entbindet dieses Wissen, das mehr und mehr zu einer Weisheit wird, von jeglicher Form von strukturiertem, logisch-analytischem Wissen sowie von ausschließlich gelebtem Verstandesbewusstsein, das oftmals zu Leid führt. Denn nur Bindung und egohaftes Verweigern und Festhalten erschaffen Leid. Der Weise "weiß das"!

Und schlussendlich führt wiederum dieses gelebte Wissen durch neue Erfahrungen über Handeln und Tun, aber auch über Nicht-Handeln und Nicht-Tun mehr und mehr zur spirituellen, alles umfassenden Weisheit. Denn derjenige, der sich anstrengt, macht etwas verkehrt; er wird nicht weise und ist frustriert. Er kennt die kosmischen Gesetze nicht, er kämpft. Und Kampf ist nicht Vertrauen, Geduld und Liebe, dieser stetige Kampf bindet vielmehr leidvolle Energie.

Alle diese Erfahrungen, die ihr Menschen in euren gewählten Leben macht, dienen also dazu, euch weiser werden zu lassen.

Aus Opfern und Tätern werden Schöpfer, aus Kämpfern und Ideologen mit fragwürdigen Idealwerten werden verstehende, neutrale Meister in Geduld und Fürsorge. Aus rechthaberischen, ängstlichen Provokateuren werden vertrauensvolle, liebenswerte Lehrer und Führer. Aus kleinen, unscheinbaren, nervösen "Menschen" werden spirituell verantwortungsvolle, liebreizende, strahlende Vormacher und Lehrer.

Die Weisheit als Grundenergie des Geistes ist in jedem Menschen angelegt, und jeder Mensch durchläuft die Erfahrungen in seinem Leben, die er braucht, um sich daran zu erinnern, dass er im Grunde doch ein geistiges, weises Wesen ist.

So ist euer Planet die Schule des Wissens und der Weisheit mit vielen unterschiedlichen Klassen, Schülern, Lehrern und Professoren. Jeder Mensch ist genau an dem Platz, den er für seine weitere Entwicklung benötigt, um durch Erfahrungen zum Wissen und zur Weisheit zu gelangen. Die Weisheit, die in jedem Menschen vorhanden ist, zeigt sich mit dem wachsenden Bewusstsein des Menschen.

Erst wenn der Mensch an sich selbst glaubt, sich selbst vertraut, ehrlich und wahrhaftig zu sich selbst ist, beobachtet er neutral sein Umfeld. Er weiß, dass alle Erfahrungen eine Hilfestellung sind zur Wiedererinnerung an sein wahres Selbst und seine Weisheit. Er erkennt und begreift, denn er ist weise, und er weiß, dass er es immer war. Die Angst vor dieser weisen Größe in ihm hat ihn die verschiedensten Erfahrungen in vielen Leben in unterschiedlichsten Klassen durchlaufen lassen, bis er als Opfer und Täter in sich die Erfahrung wissend fühlt, dass er Schöpfer ist, und diese Weisheit des Schöpfers ist sein! Vielleicht will dieser bewusste, weise Mensch dann diese Erde erneut besuchen, um im Auftrag des Kosmos seine schöpferische Kraft, seine Liebe und Weisheit anderen Menschen und der Erde anzubieten, um somit der Ganzheit als Berufener zu dienen.

Aus der Sicht der seelisch-emotionalen Ebene:

Ihr als Meister erschafft eure Realität denkend, fühlend und vertrauensvoll visualisierend in eurem Sessel sitzend, und ihr erfreut euch schmunzelnd daran, dass diese gewünschte Realität schon da ist: Denn ihr seid weise. Ihr wisst um die Weisheit der kosmischen Gesetze und wendet diese weise und liebevoll an. Wir hadern mit nichts und niemandem, denn wir wissen, dass alles gut ist, wie es ist, sonst wäre es nicht so, wie es ist, denn Gott erschafft nur Gutes. Alles Göttliche, was uns Menschen nicht als gut oder gut genug erscheint, ist nicht das Göttlichste, Beste in uns, denn es kommt nicht aus unserem göttlichen Kern. Dann sind es die Aufgaben, Lektionen, die Schattenteile und Glaubensmuster sowie Vorstellungen von uns Menschen in den Teilen, in denen wir unsere Göttlichkeit und Ganzheit noch nicht annehmen können. Jegliche Form von Leid dient dem bewussten Erwachen und ist niemals göttlichen oder seelischen Ursprungs, denn ein Gott der Liebe, eingebunden in unsere Herzensenergie, erschafft niemals Leid, niemals Trennung, keinen Kampf und keine Folter.

Wir Menschen, die dies erkennen und anerkennen, können jede Katastrophe in unserem irdischen Leben vertrauensvoll segnen und Blockierendes loslassen, weil es uns nicht mehr dienen kann. In diesem Verhalten sind wir weise, weil wir anerkennen, dass Seele und Geist keine Fehler machen und uns nicht bestrafen wollen, selbst wenn unser Intellekt dies nicht gleich analytisch und schon gar nicht gefühlsmäßig verstehen kann.

Dieses Gesetz erinnert uns wiederum daran, dass unsere göttliche Weisheit uns von jeglicher Form des menschlichen Leids entbinden kann. Wir empfangen, wenn wir weise sind, unser inneres Wissen aus der geistigen Ebene, die unsere Erfahrungen des Leids und des Schmerzes nicht bewertet oder gar verurteilt, sondern die diese Erfahrungen in liebendem Vertrauen zu uns toleriert, damit wir an ihnen wachsen können.

Und wir haben wieder die Wahl, unserer Geist-Seele, unserem Selbst und unserem göttlichen Kern, die allesamt weise sind, mehr zu vertrauen als unserem menschlichen Selbst mit den intellektuellen Blockaden und analytischen Hürden. Der Weise tut nichts für seine Weisheit, er lächelt weise und er weiß!

Aus der Sicht der menschlich-materiellen Ebene:

Dein Leben besteht nicht immer nur aus Freude und Glückseligkeit. Das wäre zwar schön, aber langweilig. Du bist eingebunden in diesen Körper, in deine Familie und in deinen Freundeskreis sowie in deine Umwelt. Du bist also ein Teil von allem, was dir begegnet. Du hast Spiegel um dich und bist ein Spiegel für die anderen Menschen. Du bist ein Vertrauter für andere und hast vertraute Menschen um dich herum. Du erschaffst somit dein Umfeld aufgrund der Schwingungen, die du aussendest und die du aufnimmst. Also fühlst du dich als Mensch manchmal verstanden, unterstützt, geliebt, aber manchmal auch allein, missverstanden, ärgerlich und frustriert. Das sind nun deine Gefühle, lieber Mensch, die dich auffordern, deine Situation zu überprüfen. Die Gefühle, die als Mensch in dir hochkommen, sind ein Ausdruck deiner Seele, Unerlöstes anzuschauen. Diese Gefühle, die in solchen Situationen ärgerlich und blockierend in dir hochkommen, sollten aber ein Ventil zum Ausdruck haben, bevor diese Gefühle sich zu Glaubensmustern, Blockaden oder sogar zur Verschließung deines Herzens verdichten. Die Folge für den Menschen könnten Depressionen, Krankheiten, Stagnationen, Ausgrenzung oder dergleichen sein.

Also, lieber Mensch, tritt zurück, mache deinem Ärger Luft, gib deinen Gefühlen ein Ventil und entlasse sie aus deinem Körper (geeignet dafür sind die Natur, die Wände, der Kochlöffel und das Kissen). Ein weiser Mensch lässt diesen unverdauten Ärger niemals als aggressive Energie an einem anderen Menschen aus. Denn wenn du das tust, wirst du dich wieder schuldig fühlen. Der weise Mensch hinterfragt seine eigene Realitätsschaffung, und er erspürt mit Hilfe seiner Geist-Seele die Hintergründe, die zu dieser unzufriedenen Situation geführt haben.

Denn der weise Mensch weiß, dass auch unbequeme erschaffene Situationen ihn schlussendlich weiterbringen, da er daran wachsen wird. Das heißt, du hättest dir diese Situation niemals geschaffen, wenn du nicht ganz tief in dir die Kraft und Erkenntnis hättest, diese Situation zum Positiven zu wenden. Erkenne in der Tiefschau von dir selbst ein altes Muster oder eine alte Verhaltensweise, eine alte Denkweise oder ein unbewusstes Glaubensmuster, das dir durch die Erfahrung bewusst gemacht wird, damit deine Göttlichkeit zum Strahlen kommt. Das mag für dich als Mensch oft unangenehm sein und kann dich Kraft kosten, lässt dich aber in deiner Ganzheit reifen. Lobe dich für den Mut, deine Erkenntnisse, drücke deine Gefühle (Ärger, Wut, Enttäuschung) aus, entlade dich nur für dich alleine, damit du niemanden mehr verletzen kannst. Begrüße und feiere deine neue Erkenntnis und die Tatsache, dass du wieder ein Stück Neues Bewusstsein erlangst! Ein Paket weniger auf deinem Kreuz, es ist eine Befreiung, und du bedankst dich bei dem Menschen, der dir bewusst oder unbewusst zu dieser Befreiung verholfen hat, auf deiner seelischen Herzensebene. Bedanke dich auch dann auf geistiger Ebene bei dem Menschen, wenn du ihm in diesem Leben nie mehr begegnen wirst.

Irgendwann - mit stetig wachsendem Bewusstsein - lächelst du über deine scheinbaren Fehler, deine Gutmütigkeit, deine Naivität, deine Unbewusstheit in deiner Vergangenheit. Denn schlussendlich hat dir all das gedient und dich zu dem werden lassen, was du jetzt bist: ein liebevoller Mensch mit göttlichem Funken, mit Bewusstheit und Weisheit - sprich: ein spiritueller Mensch.

Äußere Fülle wird nur dann angenommen,
wenn innere Fülle existiert! Sonst wirst du das fehlende Gefühl
der Fülle im Inneren durch
oberflächliche Äußerlichkeiten kompensieren.

Du erschaffst deine Schöpfung neu mit Geist,
Seele, Herz und Leidenschaft.

25. Energiegesetz

**Kommunikation ist liebende Verbindung.
Bewertende, angreifende Kommunikation
bedeutet Trennung.**

Aus der Sicht der kosmisch-spirituellen Ebene:

Neben euren feinen Sinnen und der Sprache des Körpers besitzt ihr die Fähigkeit des verbalen Austausches mithilfe der Sprache. Aneinandergereihte Worte, die verbinden und heilen oder trennen und verletzen können. Eure Sprache dient euch als Ausdruck für eure Ideen, Vorstellungen, Wünsche und Bedürfnisse und auch als Ausdrucksmittel für eure Ängste, Zweifel und Aggressionen.

Eure Sprache dient euch zum besseren Verständnis untereinander: Wenn das Herz voll ist, läuft der Mund über. Die Sprache dient auch eurer menschlichen Organisation, sie hilft, Missverständnisse aufzuheben, und organisiert euer Leben in übersichtlichen Strukturen. Diese Sprache macht Verständigungen unterschiedlichster Art möglich. Sie ist das Handwerkszeug und hilft euch auszudrücken, wer ihr seid und was ihr wollt, und dennoch erzeugt dieser Ausdruck bei Menschen oft nicht liebende, verstehende und verbindende Kommunikation, sondern eher misstrauische, verletzende, unverständliche Kommunikation – Diskrepanzen, die in eurer Welt oft zur Trennung führen.

In eurer Sprache ist Wahrheit und Lüge, Trost und Angriff, Verständnis und Manipulation. Ihr habt ein mächtiges Werkzeug in der Sprache. Und ihr sprecht entweder, wie ihr denkt und wahrhaftig fühlt, oder ihr sprecht und äußert euch anders, als ihr euch wahrhaftig fühlt und als ihr denkt. Dann wird eure Sprache zu einer Farce, zu einem Ausdrucksmittel eurer Lügen und Ängste, und ihr spielt ein Spiel. Diese sieben Regeln der Kommunikation können euch dabei helfen, eure Sprache und die damit verbundene Kommunikation wieder als ein verbindendes Element zwischen euch Menschen zu erinnern.

Schweigen

Schweigen und dem anderen aufmerksam zuhören bedeutet, ihn ausreden zu lassen, ihn ernst zu nehmen, ihn zu achten und zu würdigen. Das Ego des Zuhörers ist ruhig, fällt dem Redner nicht ins Wort, es regt sich nicht über das Geäußerte auf,

es ist neutral zuhörend, ohne zu bewerten oder sich mit seiner Meinung profilieren zu wollen.

Zuhören können ist eine Form der Achtsamkeit in Liebe und Respekt für das Wesen des Gegenübers, das heißt auch, dass ihr den äußeren Rahmen für ein tiefes, ernsthaftes Gespräch bewusst ausgewählt habt, ein liebevolles Umfeld ohne Störungen von außen, einen ruhigen Ort, an dem ihr euch gelassen und neutral auf das Gespräch konzentrieren könnt. Ist dieser äußere Rahmen zum Beispiel in eurer Arbeitswelt oder sonst nicht gegeben, so ist es umso wichtiger, dass ihr alle störenden äußeren Einflüsse blitzschnell ausschalten könnt und euch nur noch auf euch und euren Gesprächspartner konzentriert, was nicht immer zu aller Zeit möglich ist. Ist ein Gespräch in einem liebevollen Rahmen nicht möglich, so könnt ihr nicht ernsthaft zuhören. Also nehmt die Probleme eures Gesprächspartners so weit ernsthaft auf, dass ihr ein späteres Treffen anderenorts vorschlagt, wo ihr aufmerksam und bereiter und offener für euch und für das Gegenüber seid. Es ist besser, zu schweigen, zuzuhören und dann das Beste für alle zu entscheiden oder vorzuschlagen, als schnelle, unbewusste, nervöse Antworten zu geben, nur weil ihr gerade genervt seid. Lernt erst, euch selbst wieder in Ruhe zuzuhören, schweigt im Außen, geht nach innen, nehmt euch wieder wichtig, zieht euch kurzzeitig aus dem äußeren Geschehen zurück, kommt wieder mittig zu euch, fühlt, was ihr braucht, so werdet ihr auch bei dem Gesprächspartner das Schweigen als einen Akt der Achtsamkeit erkennen, und er wird euer Schweigen als Respekt seiner Problematik gegenüber empfinden.

Rückfragen

Gleiche Worte und Aussagen bewirken bei verschiedenen Menschen mit unterschiedlichem Bewusstsein auch unterschiedliche Reaktionen. Viele Menschen verstehen das Gesagte, wie sie es verstehen wollen oder verstehen können, meistens verstandesbezogen. Um diese beginnende Unebenheit in der Kommunikation zu ebnen und eventuell auftretenden Missverständnissen vorzubeugen, wiederholt das Gehörte und fragt euer Gegenüber, ob ihr das so oder so richtig verstanden habt. “Richtig” in diesem Sinne heißt wertfrei und neutral für den Zuhörer, der den Schilderungen, den Fakten, den Tatsachen und der Meinungsäußerung des Redners lauscht.

Durch die Rückfragen wird dem Redner sehr oft selbst bewusst, was er *wie und mit welcher Schwingung geäußert* hat, er hört sich durch eure Rückfragen selbst nochmals zu und erlebt in sich, was diese Aussagen in ihm selbst bewirken. Dieses Verhalten öffnet eine emotionale Ebene zwischen den Gesprächspartnern. Dann spürt euer Gegenüber eure Achtsamkeit und Aufmerksamkeit seiner Person gegenüber und fühlt sich respektvoll angenommen.

Dieses Rückfragen bei dem Gegenüber bewirkt, dass die Schwingungsebene zwischen zwei Menschen bestehen bleibt und nicht durch Missverständnisse oder Bewertungen kippt; eine gute Voraussetzung, um Kommunikation als verbindenden Austausch zu erleben. Egokiller heißt, recht zu geben, anstatt recht haben zu wollen.

Jeder Mensch, der euch begegnet, hat eine Botschaft für euch, so wie ihr für den Menschen eine Botschaft habt, der euch begegnet. Nun trefft ihr auf Menschen, denen dies bewusst ist, und auch auf Menschen, die das gar nicht wissen wollen. Wenn ihr mit diesen unbewussten Menschen kommuniziert, sind diese Helfer zu euch gekommen, um euer Ego zu transformieren, damit ihr ein spirituell entwickelter Zuhörer werdet. Dieses Verhalten bewirkt bei euch und dem Gegenüber den Egokiller, weil ihr euer Ego zurücknehmt, ohne euch kleinzumachen, und eure ganze Aufmerksamkeit und Ernsthaftigkeit gilt dem Anliegen eures Kommunikationspartners. Ihr wisst, dass auch diese Art der Kommunikation für euch eine Wachstumsphase ist, und ihr lernt, dass nicht euer Ego und eure Rechthaberei im Vordergrund der Kommunikation stehen, sondern dass die Wahrnehmung der Wesenheit des anderen im Vordergrund steht. Somit fühlt sich der andere bei euch aufgehoben und öffnet sich.

Diese zweite Regel der Kommunikation lässt euch erfühlen und erfahren, wie bewusst euer Gegenüber ist, wie weit ihr euer Ego im Griff habt und wie heftig ihr euch selbst schon lieben könnt, ohne zu diskutieren. Ihr wisst, dass unter euch Menschen sind, die vom Herzen her kommunizieren, wo Seelenenergie fließt, und diese Art der Kommunikation baut jeden Menschen auf. Nun begegnet ihr aber auch Menschen, die euch prüfen, sie wollen gerne mit euch diskutieren, belegen scheinbare Fakten mit ihrem Intellekt, üben über Kommunikation gerne ihre Macht aus, lassen kaum eine andere Meinung außer ihrer eigenen gelten und bestehen darauf, immer und überall im Recht zu sein. Diese Menschen identifizieren sich über ihre scheinbare Macht, über ihr Reden und ihr Tun, sie können eure Seelenenergie und Herzenswärme im Gespräch nicht fühlen. Wie sollten sie euch fühlen können, wenn sie sich selbst nicht fühlen können?

Dennoch sind diese eure Prüfer bezüglich eures Egoverhaltens, eurer Eigenliebe und eurer Standfestigkeit. Ihr seid die Vormacher für diese Menschen, obwohl diese euch manchmal bezwingen, überzeugen, manipulieren, und damit erkennt ihr den Bewusstseinsgrad des anderen in der Wahl des Ausdrucks, in ihrem Verhalten und in ihrer Körpersprache.

Wenn ihr dann ins Egoverhalten, in den Kampf geht, euch persönlich angegriffen fühlt, weil ihr selbst noch nicht genug Eigenliebe in euch habt, wenn ihr euch gar noch profilieren wollt, wenn ihr noch abhängig seid von dem Wohlwollen des anderen oder wenn ihr gar noch geliebt werden wollt, so werdet ihr die Erfahrung machen, dass das Gegenüber mächtiger und stärker ist als ihr. Denn das Ego ist grober als die Liebesschwingung. Woraus ihr lernt, dass ihr nicht wahrhaftig und fest genug in euch wart, euch noch nicht wahrhaftig vertreten konntet, scheinbar den Egokampf verloren habt, indem ihr euch noch nicht schwach zeigen konntet oder euch gar abgewendet habt.

Nur der Starke, Große kann seine Schwächen offenbaren! Der bewusste Mensch gibt recht, anstatt auf seinem Recht zu beharren. Der bewusste Mensch gibt dem anderen recht, ohne selbst das Gefühl von Kleinheit, Unrecht oder Misserfolg zu spüren. Er beobachtet sich selbst und die stattfindende Kommunikation weiterhin und lernt etwas darüber - oder aber er entfernt sich jetzt, wenn er das Gefühl hat, dass es sinnlos für beide Beteiligten ist, weil das Gespräch auf einer oberflächlichen Ebene stattfindet, aus der beide keinen Nutzen ziehen. Bleibst du jedoch und stellst dich der Kommunikation, so wäre der nächste Schritt:

Mitteilung über die eigenen Gefühle

Diese dritte Regel der Kommunikation schafft wieder eine energetische Verbindung zwischen euch Menschen, weil sie eurer inneren Wahrheit so nahe ist. Wenn euer Ego anderen recht geben konnte, ohne Verteidigungsmechanismen aufzufahren, so ist dieser dritte Schritt der entscheidende Schritt, der zur Fortführung oder zur Beendigung der Kommunikation führt. Ihr könntet jetzt zum Beispiel so ehrlich sein und eurem Gegenüber sagen, wie schwer es für euch in der Vergangenheit war, auf eurem Recht zu beharren, und wie leicht es euch heute durch die Transformation eures Egos fällt, anderen recht zu geben ohne Verteidigungsmechanismen. Was der andere auch sagt, ihr kommentiert euer Gefühl bezüglich des Gehörten in einer Form wie: "Das verstehe ich. Das fühle ich. Das macht mir Angst. Das erinnert mich an ... Das gibt mir Mut. Das ergibt einen Sinn für mich. Das beflügelt und inspiriert mich." Und so weiter.

Die Ebene eurer Kommunikation vertieft sich in gegenseitigem Vertrauen durch den ehrlichen Ausdruck eurer Empfindungen und eurer Erfahrungen. Jetzt geschieht verbaler und emotionaler Austausch, das Herz öffnet sich, ein tiefes Gespräch in gegenseitiger Achtsamkeit und Würde wird möglich, denn es gibt nicht mehr den, der zuhört, und den, der das Sagen hat. Alle Beteiligten erfahren sich selbst durch den und mit dem anderen, ein Gleichklang entsteht und alle Anwesenden werden dank dieser Austausch-Kommunikation beflügelt, inspiriert, liebevoll beschenkt und berührt aus diesem Gespräch gehen. Das ist, was sich ein jeder Mensch wünscht, der mit anderen Menschen kommuniziert – er will verstanden und geliebt werden, doch auch hier gilt: Tue erst selbst, was du von anderen erwartest. Oder: Erwarte nicht von deinen Mitmenschen, was du selbst nicht tust!

Solltet ihr eure Gefühlslage noch nicht zum Ausdruck bringen können, so beherzigt, um weitere Missverständnisse auszuschließen, Regel Nr. 4, die da lautet:

Gespräche beenden, bevor Streit entsteht

Wir erklärten in den vorangegangenen Regeln, wie die Kommunikation zwischen Menschen durch angewendetes Wissen immer mehr zu einem friedvollen, inspirierenden Austausch führen kann. Nun befinden sich alle Menschen in unterschiedlichen Bewusstseinszuständen, und auch euer alltägliches Leben bewerkstelligt ihr entsprechend eurer Tagesform mal voll-bewusst, kraftvoll und liebend, aber auch mal erschöpft, energiearm und manchmal frustriert.

Hier gilt dann diese Regel: In Fällen, wo ihr euch überfordert fühlt, sollte die Eigenliebe zu euch selbst die Oberhand haben. Das heißt bezüglich der vierten Regel der Kommunikation: Bevor ihr Schaden erleidet, bevor euer Ego glaubt, euch verteidigen zu müssen, bevor ihr an Würde verliert und wieder Opfer sein wollt, zieht euch zurück, beendet das Gespräch mit ein paar liebevollen, ehrlichen Worten und vertagt es auf eine spätere Zeit in einem anderen Raum. Findet erst wieder Klarheit und Kraft, Vertrauen und Liebe in euch, bevor ihr weitermacht. Nehmt euch das Recht heraus, euch in Situationen, in denen ihr Energie und euch selbst verliert, zu verabschieden, neu zu sammeln, Klarheit zu verschaffen, kurzum: euch erneut zu lieben. Denn wenn ihr euch liebt, könnt und wollt ihr nicht streiten und kämpfen, und euer Ego beugt sich eurem Willen.

Kommunikation heißt: Verbindung mit Herz

Das Herz ist das Zuhause eurer Seele und eures Geistes. Wenn ihr in Verbindung mit eurem höheren Bewusstsein kommuniziert, dann seid ihr ein Geschenk für andere Menschen. Ihr schenkt den Menschen ein Stück eurer Seele, ihr offenbart eure wahren Gefühle und ihr schenkt ihnen ein Stück eures Geistes, ihr begeistert sie durch eure Klarheit und eure Wahrhaftigkeit. In diesem Moment verbindet sich euer Herz mit dem Herzen des Gegenübers, eure

Seele mit der Seele des Gegenübers und euer Geist mit dem Geist des Gegenübers. Eure Entscheidung, eure Wahl besteht darin, energetisch herauszufinden, ob ihr als Geschenk freudvoll angenommen werdet, denn ihr solltet keine "Perlen vor die Schweine werfen", denn nur ein in Liebe und Freude entgegengenommenes Geschenk, das ihr für euer Gegenüber seid, bringt euch und anderen wiederum Geschenke zurück. Wenn ihr noch kein Geschenk für andere sein könnt, wendet die Regeln der Kommunikation an und macht Erfahrungen, um euch über eure Helfer und Prüfer in Menschengestalt in Austausch und Kommunikation dahin zu entwickeln. Werdet erst ihr dem anderen ein Geschenk in Respekt und Würde zu euch selbst, bevor ihr ein Geschenk von dem anderen erwartet, denn die sechste Regel der Kommunikation sagt:

Ein Meister antwortet nur, wenn er gefragt wird

Ein Meister fühlt im Zusammensein mit anderen Menschen und im verbalen Austausch, wie er sich bewusst verhalten sollte. Er antwortet nur, wenn er ein Geschenk für den anderen Menschen sein kann, egal was er fühlt oder weiß. Er drückt sich so aus, dass das Gegenüber entsprechend seines Bewusstseins verstehen kann, wenn es verstehen will. Ein Kommunikationsmeister muss sich nicht in den Mittelpunkt stellen, er muss nicht missionieren, er muss nicht überzeugen, sich nicht profilieren und er wird in keinster Weise diskutieren. Ein Meister dient in erster Linie sich selbst und somit der kosmischen Wahrheit, und die kosmische Wahrheit ist nicht zu diskutieren. Der Meister kennt die universellen Gesetze und lebt mit und durch diese, seine innere Kommunikation entspricht seiner äußeren Kommunikation. Seine innere Wahrheit formt seine äußere Wahrheit. Er ist neutral, emotional unabhängig und absolut frei von Gefühlen, Meinungen und Erwartungen der anderen Menschen. Er ist, was er ist - ein Meister -, aber er weiß auch: Nur ein Meister erkennt einen Meister, auch ohne jegliche Form der Kommunikation.

Werte und verurteile nicht – halte dich an Fakten

Die siebte Regel der Kommunikation erinnert dich daran, dass wir alle aus einer Quelle stammen und dahin zurückkehren wollen auf dem Weg zu uns selbst, zu unserem Selbst, zu unserer inneren Göttlichkeit, zu unserem Zuhause. Das Wesen, das du bist, die Seele, die in dir ist, wird niemals dir oder einem anderen Wesen Schaden zufügen wollen.

Nun gehen die Menschen auf diesem Planeten mit den verschiedenen Bewusstseinen durch einige Hochs und Tiefs in allen Leben und in den damit verbundenen verschiedenen Erfahrungen. Das führt dich oftmals zu Menschen, die wenig kommunizieren, weil sie nicht wollen, nicht können oder schlechte Erfahrungen im Ausdruck hinter sich haben. Sie schlucken eher alles hinunter, als dass sie den Mut hätten, sich zum Ausdruck zu bringen.

Andere Menschen reden gerne und viel, am liebsten über sich. Wenn ein geringes Bewusstsein und ein geringer Selbstwert diesen Menschen auszeichnet, so wird er kommunikativ versuchen, sich selbst in ein gutes Licht zu stellen, mit seiner Persona und mit seinen Taten. Diese Menschen mit wenig Selbstwert und Würde in sich vergleichen sich gerne mit anderen Menschen, von denen sie glauben, dass diese weit über ihnen stehen. Die Folge davon ist oft, dass diese Menschen anderen reinreden, sie anschwärzen, Misstrauen säen, kurzum: Sie klatschen, tratschen, sie werten und bewerten, sie maßen sich das Urteil und das Verständnis für die Situation und Handlung des anderen Menschen an.

Ein bewusster spiritueller Mensch tut sich das selbst nicht an. Er lässt es nicht zu, dass seine klare Energie für Klatsch, Tratsch und oberflächliches Geschwätz missbraucht wird. Ein bewusster Mensch kommuniziert Wahrheiten, Fakten ohne intellektuelle oder emotionale Bewertung, weil er weiß, dass er kein Richter ist und jeder Mensch die Wahl für sein Leben selbst trifft. Er wird nicht verurteilen, sondern klarstellen. Er wird sich nicht in emotionalen Tratsch hineinziehen lassen, sondern neutrale Fakten in Wahrheit präsentieren. Er wird nicht das "Ich-bin-so-nett-Spiel" spielen, sondern in Eigenliebe zu seiner und der kosmischen Wahrheit stehen, klar, direkt, liebevoll und faktisch. Also, wer im Glashaus sitzt, sollte nicht mit Steinen werfen.

Aus der Sicht der seelisch-emotionalen Ebene:

Kommunikation geschieht über unser Halschakra. Unser Halschakra ist die Verbindung zwischen unserem Herzen, dem Sitz unserer Seele, und unserem Verstand. Wir wählen alltäglich über unseren Ausdruck die Worte, die unserem Herzen oder unserem Verstand entspringen. Dieses Gesetz erinnert uns daran, dass Geist nicht unser begrenzter Verstand ist und dass unser Herz mit Liebe gefüllt ist. Unser Halschakra bietet uns die Möglichkeit, uns in geistiger und seelischer Liebe auszudrücken als ein bewusster spiritueller Mensch. Dann wird unsere Kommunikation - mit wem auch immer - zu einem Fest der Selbstachtung und Selbstliebe. Wir sagen und leben unsere Wahrheit. Jedes unserer gesprochenen Worte kann erheben, aufbauen, verbinden, heilen, trösten und vergeben. Kommunikation zwischen Menschen gibt uns die Möglichkeit, Liebe in freundliche Worte zu fassen, mit unseren Worten die Herzen anderer zu berühren und dadurch der Liebe eine Basis zu geben, aus der heraus sie in alle Teile der Welt, die Liebe brauchen, verströmt wird.

Worte heilen und verbinden - oder aber sie verletzen und trennen.

Sie sind ein mächtiges Werkzeug in unseren Händen. Das bedeutet: Da kein Geist und keine Seele wirklich von der Ganzheit getrennt sind, wird es uns verletzen, wenn wir verletzen, und es wird uns heilen, wenn wir heilende Worte finden. Denn ihr sagt: "Wie man in den Wald hineinruft, so schallt es zurück." Spirituelle Menschen rufen in Worten und Schwingungseinheiten der Liebe.

Aus der Sicht der menschlich-materiellen Ebene:

Die sieben Regeln der Kommunikation erinnern dich daran, dass du ein sensibles Stimmwerkzeug besitzt, das du entsprechend deiner Energie in Schwingungen versetzen kannst, in Töne, Worte und so weiter (nicht umsonst berührt die Musik die Menschen in irgendeiner Form und erreicht sie). Deine Worte als Schwingung erreichen dein Gegenüber und signalisieren ihm intuitiv, ob deine Worte der Wahrheit und der Liebe entspringen, sprich durch dein Herz geflossen sind, oder ob es hohles Geschwätz ist, das sich aufdrängen will, kritisieren, verändern will ohne inneres Verständnis auf der Ebene des gegenseitigen Respekts.

Wenn Worte wie Pfeile sind, entsteht sehr leicht ein Krieg.

Wenn Worte verbinden, trösten und ermutigen, erschaffen sie Gemeinsamkeiten und Frieden für die Welt. So können Missverständnisse gar nicht erst entstehen, aus denen leicht Kriege und Trennungen hervorgehen können.

Also, ich spüre, wie du mit wem redest, und ich erkenne den Grad deines Bewusstseins.

Seid bereit, in liebevollen Worten euer Bestes zu geben.

Bemüht euch ernsthaft um ausgleichende Herzensenergie.

Aber seid auch bereit, ans Universum abzugeben.
Es kennt den weiteren Weg. Und lobt euch selbst
für eure Geduld und eure Offenheit.

Werte und verurteile dich nicht für deine liebevolle Neutralität!

Du redest, handelst mit dem Herzen,
somit bist du ein Herzensmensch.

Dein Herz ist das Zentrum
aller vorhandenen Energiedimensionen.

26. Energiegesetz

Bezahle in der jetzigen gnadenvollen Zeit alle "offenen echnungen", so kann das gnadenvolle Bewusstsein in dir wirken, denn "der Himmel kommt auf die Erde".

Aus der Sicht der kosmisch-spirituellen Ebene:

Für euer spirituell umfangreich wachsendes und sich ausdehnendes Bewusstsein ist es in dieser besonderen Zeit, in der das Universum viel Energie der Gnade aussendet, wichtig, dass ihr euch frei macht von "alten Schulden" und "offenen Rechnungen".

Euer wachsendes Bewusstsein, das euch mehr und mehr zu verstehen gibt, wer ihr seid, befähigt euch jetzt, noch wahrhaftiger und ehrlicher zu euch selbst zu sein, um alles in euch zu glätten, was sich in eurem Gewissen unerledigt, eckig und schuldbewusst anfühlt. Euer spirituelles Wachstum hat euch bewusster gemacht für das, was ihr seid. Ihr geht jetzt mit auftretenden Problemen bewusster um als in früheren Zeiten, und ihr erlöst sie schneller als in der Vergangenheit. Ihr besitzt mehr Lebensqualität als je zuvor, ihr könnt euch ehrlicher zeigen und ehrlicher zum Ausdruck bringen. Ihr könnt herzlicher annehmen, was euch geschenkt wird. Ihr nehmt Meinungen und Aussagen anderer Menschen nicht mehr persönlich oder übel, sondern erkennt diese als Wachstumschance. Ihr könnt euch an euch selbst und anderen erfreuen ohne Scham- und Schuldgefühle. Ihr haltet mehr von euch als spiritueller Mensch als früher, ohne arrogant oder überheblich zu wirken. Ihr könnt die Wahrheiten von der Illusion der Dualität unterscheiden, um nur einige der positiven Merkmale für euer bewusstes spirituelles Wachstum zu erwähnen. Diese vielen positiven Gefühle in euch möchten sich vermehren und sie möchten bei euch bleiben, sie möchten euch dienen und euch unterstützen - was ihnen allerdings nicht dauerhaft gelingt, wenn ihr noch Schuldgefühle in euch fühlt oder offene Rechnungen zu begleichen habt, die euer Gewissen belasten und euch in eurer Schöpfungskraft behindern, so dass ihr noch nicht uneingeschränkt freudvoll und friedvoll euer Leben leben könnt.

Schuld ist ein Gefühl, das euch zeigt, wo ihr noch nicht ganz seid. Da ihr in eurem Wachstum eure Einheit und Ganzheit anstrebt, wird es jetzt Zeit, eure Erinnerungen, eure weggedrückten unangenehmen Gefühle und die scheinbar "vergessenen" Situationen nochmals hervorzuholen, sie zu durchleuchten und zu schauen, ob diese euch an nicht beglichene offene Rechnungen erinnern. Fühlt sich euer Gewissen unruhig und schuldig an - oder ist in euch alles ruhig und gelassen, mittig und vertrauensvoll, wenn ihr eure vergangenen Handlungen und Aussagen nochmals anseht?

Offene Rechnungen können nach eurem Zeitverständnis weit in eurer Vergangenheit liegen. Ihr wolltet sie vergessen, weil ihr in der damaligen Situation nicht recht wusstet, wie ihr damit umgehen solltet. Ihr wart vielleicht enttäuscht und verletzt und ihr habt ausgeteilt, das heißt, euer Ego hat noch ausgeteilt. Eure Unbewusstheit konnte damals nicht anders reagieren, euer Unterbewusstsein hat sich gewehrt, verteidigt, vielleicht gar einen Rundumschlag vollführt, um endlich Ruhe zu haben. Damals wusstet ihr es nicht besser, und das war in Ordnung so. Aber nach eurem Wachstumsprozess wisst ihr es heute besser und habt eine höhere Sichtweise bezüglich eurer Realitätsschaffung. Ihr wisst jetzt, ihr habt Gefühle, aber ihr seid sie nicht. Euer Ego hat sich gebeugt oder ausgetobt, aber euer Gewissen klopft bei euch an, denn es will rein, leicht und unschuldig sein. Euer Gewissen möchte teilhaben an eurem höheren Bewusstseinszustand, und da euer Gewissen von eurer Seele gesteuert wird, schickt euch eure Seele diese uralten Bilder und Erinnerungen an scheinbar vergessene Ereignisse, und ihr empfindet ein schlechtes Gefühl bezüglich eurer vergangenen Handlungen. Seid nicht überrascht, dass euch diese längst "vergessenen" oder "verdrängten" Bilder und Gefühle jetzt erreichen. Eure Seele will euer reines, unbelastetes Gewissen ohne Schuldgefühle. Neue bewusstere, feinstofflichere, schöpferische Energie will euch erreichen, will euren Körper leichter, transparenter machen. Diese Neue Energie des erwachenden Bewusstseins will euch dienen, euch berühren, und jetzt seid ihr "groß" genug, um euch frühere Entgleisungen aus Egoanteilen oder Unbewusstheit heraus eingestehen zu können, ohne euch dafür in Grund und Boden zu verdammen oder euch schuldig zu fühlen. Ihr seid "groß" genug, um euch zu beugen, euch eure damalige Schwäche einzugestehen und euch zu entschuldigen, wenn ihr es als nötig erachtet. Wenn der Mensch, mit dem ihr eine offene Rechnung habt, für euch erreichbar ist, so bezahlt eure Rechnung mit einer Entschuldigung, verbunden mit dem Dank für diese Erkenntnis, die euch dieser Mensch gelehrt hat, über das gesprochene oder geschriebene Wort. Wenn ihr den Menschen nicht menschlich erreichen könnt, so redet geistig mit ihm oder schreibt einen Brief, den ihr geistig abschickt.

Es geht bei der Begleichung offener Rechnungen nicht um Erklärungen oder Rechtfertigungen für damaliges Tun, vielmehr geht es um die Größe der Einsicht in Form einer Entschuldigung. Es geht um die nachträgliche Akzeptanz der erlebten Situation und um den Ausdruck der Dankbarkeit für diese Lektion, Spiegelfunktion oder Erfahrung und Erkenntnis. Ihr wisst, was ihr jedem anderen antut, das tut ihr euch selbst an. Über die Offenbarung eurer scheinbaren Verfehlungen bezahlt ihr eure Rechnung, das tut euch und dem anderen gut. Ihr seid frei, der andere ist frei! Das energetische Band, das belastet war und euch aneinandergekettet hatte, ist jetzt wieder frei und unbelastet, denn Hass ist eine genauso verbindende Energie wie Liebe. Nach der Offenbarung fließt wieder Neutralität, Akzeptanz und Gelassenheit in euch anstatt Schuld, Angst und Frust. Bei allen Menschen werden Energien frei, die für weitere Wachstums- und Erkenntnisprozesse eingesetzt werden können. Das Leben ist unbelastet, Schuld versiegt. Liebe frisst Angst, Wahrheit macht euch groß, frei und rein. In eurer unendlichen Liebe zu euch werdet ihr eure offenen Rechnungen gerne und mutig baldigst "bezahlen", denn ihr wisst, offene Rechnungen belasten euch und erschweren eure Aufstiegschancen. Sie belasten euren Astralkörper in und nach diesem Leben. Ist es nicht besser, alle offenen Rechnungen im körperlichen Zustand zu bezahlen, statt im Astralkörper nicht die Ebene erreichen zu können, die ihr anstrebt, aufgrund von Schuldgefühlen?

Verpasste Gelegenheiten auf der Erde behindern eure Glückseligkeit auf anderen Ebenen. Ihr selbst "wiegt" euer Gewissen – je leichter, desto glückseliger! Wartet nicht darauf, erwartet nicht, dass der andere Mensch, der euch verletzt hat, seine offenen Rechnungen bei euch begleicht, denn das ist allein seine Entscheidung, seine Wahl. Vielleicht fehlt ihm das nötige Bewusstsein dafür – verurteilt aber nicht, richtet nicht, sondern handelt nach eurem sich zeigenden Gewissen und wisst, dass ihr dieses in erster Linie für euch tut, für euren inneren Frieden, für eure zu empfangende Himmelsenergie und für das euch liebende Gewissen und eure euch liebende Seele. Auch Egoanteile finden durch die Begleichung der offenen Rechnungen ihren Frieden und sind jetzt bereiter, neue göttliche, lichtvolle, liebende Energien zu empfangen, denn der Himmel kommt auf die Erde! Ein Stück Frieden in euch bedeutet ein Stück Frieden auf der Welt.

Aus der Sicht der seelisch-emotionalen Ebene:

Dieses Gesetz erinnert uns nochmals daran, dass das Universum gnädig ist. Das Gesetz der Gnade wirkt schon dann, wenn wir das höhere Bewusstsein der Wirklichkeit über unseren begrenzenden Gedanken und Gefühlen anerkennen. Wir sagen: "Die hohe Erkenntnis und Einsicht ist schon Heilung, weil sie aus dem wahrhaftigen Selbst der Liebe entströmt."

Wir können in unserem grobstofflichen Körper mehr Durchlässigkeit und Leichtigkeit wahrnehmen, wenn wir unser Gewissen durch wachsendes Bewusstsein und die daraus resultierenden liebevollen Handlungen "erleichtern". So schaffen wir uns Raum für bewusstere, höhere Schwingungen innerhalb unseres Körpers und erfahren Größe und Würde in unserem Seinszustand. Wir werden göttlicher, himmlischer, menschlicher, weil wir die Gnade, die wir tagtäglich erfahren, auch anderen Menschen zuteilwerden lassen. Wir sind so gnädig, uns selbst gegenüber ehrlich zu sein, und unser Ego ist so gnädig, sich vor der Gnade unserer Seele und unserem Selbst zu beugen. Das lässt uns gnädige Handlungen tun. Wir vergeben uns und uns wird vergeben, wir erfahren dadurch mehr Liebe in uns, mehr Größe in uns, mehr Raum für Neues in uns, das uns erreichen kann. Wir werden reiner und unschuldiger wie einst die Kinder. Durch die Bezahlung unserer "offenen Rechnungen" lösen wir uns in Dankbarkeit und Demut von dem Gesetz des Karmas von Ursache und Wirkung. Wir haben in Liebe gehandelt und die Liebe macht uns frei, unser Gewissen jubiliert, weil es entlastet ist, denn wir wissen: Wo wir Altes loslassen können in Liebe und Akzeptanz zu uns selbst, da werden wir Größeres bekommen. Dann haben wir diese Rechnungen bezahlt in Heller und Pfennig. Mit unserem Wissen, unserem Mut, unserer Demut und unserer Akzeptanz in Liebe und Würde haben wir unsere Verfehlungen in Licht und Selbstwert verwandelt. Wir haben den Mut gehabt, es zu tun, und wir haben es wahrlich getan für uns und die Welt. Jetzt empfangen wir Kraft,

Leichtigkeit und Gnade, Liebe und Wahrheit, die unser angestammtes Geburtsrecht sind!

Aus der Sicht der menschlich-materiellen Ebene:

"Was du heute kannst besorgen, das verschiebe nicht auf morgen!" Leicht gesagt, oft schwer und spät getan, weil du es verdrängt hattest oder Angst vor der Konfrontation hattest, Angst davor, wieder schuldig gesprochen zu werden, Angst davor, wieder wie ein Trottel dazustehen, und Angst, nicht genug Mut und Selbstbewusstsein zu haben, das zu tun, was deine Intuition, dein Gewissen, deine innere Stimme immer wieder aufgezeigt haben, um erlöst zu werden und um wachsen zu können.

Ja, du machst die Erfahrung, dass du zu Verfehlungen oder Fehlern jetzt stehen kannst. Du bist gewachsen, selbstbewusster geworden, dein Ausdruck ist liebevoller geworden als früher. Dein Ausdruck in der Wahrheit verbindet und trennt nicht mehr. Du erkennst jetzt, dass mit jeglicher Form von Schuldgefühlen eine positive Realitätsschaffung auf Dauer nicht möglich ist. Du hast jetzt den Grad deiner Selbstliebe erreicht, mit dem du aufsteigen willst. Niemand und nichts hindert dich daran, hält dich gar davon ab, außer du selbst. Denn wer in dir könnte nicht wollen, dass du dich entwickelst?

Mag ein Mensch dich auch nicht verstehen, dich gar auslachen oder dich mit Spott oder schamloser Genugtuung behandeln. Das ist nicht wichtig für dich, es hat keinen Wert für dich, was andere Menschen von dir halten. Deine Eigenliebe drückt sich aus in deinem Mut, zu dir und deiner Wahrheit, zum Jetzt und zum Vergangenen zu stehen. Gehe davon aus, dass du das Beste getan hast, was du damals tun konntest, sonst wärst du jetzt nicht hier. Verzeihe dir leidhafte Erfahrungen, ziehe dir die positivsten Erkenntnisse aus allen deinen Erfahrungen heraus. Wisse, du warst ein Mensch auf dem Weg, ein spiritueller Mensch zu werden.

Niemand verlangt von dir, perfekt zu sein. Du selbst ermächtigst dich, alle störenden Blockaden, die deinem "ICH BIN" entgegenstehen, in Liebe und Bewusstsein zu entfernen. Eine offene Rechnung kann solch eine Blockade hin zu deiner Schöpferkraft bilden. Eine offene Rechnung kann als Blockade deine Schöpferkraft mindern, und auch eine noch so große Anstrengung wird dich nicht zu einem Schöpfer werden lassen, wenn dein Gewissen voll mit Schuld beladen ist. Also sei mutig, sei wahrhaftig zu dir selbst und tue, was du tun musst, um dein inneres Wachstum zu fördern, unabhängig von allen Ängsten und Erwartungen anderer Menschen.

Wunder sind die Ergebnisse von Haben
auf deinem kosmischen Bankkonto.

Der Wunsch nach Frieden allein
erzeugt noch keine All-Liebe.
Frieden festigt jedoch die Basis
für bedingungslose Liebe.

Schattenaspekte, die aus der Vergangenheit kommen,
werden im Neuen Energiefeld allein durch
bewusstes Erkennen und wertfreies Akzeptieren
in Sekundenschnelle belichtet und transformiert.

27. Energiegesetz

Das Nicht-Einmisch-Gesetz

Aus der Sicht der kosmisch-spirituellen Ebene:

Dieses Gesetz wird sehr häufig in euren Lebensumständen ignoriert und führt bei Nichtbeachtung bei bewussten sowie auch unbewussten Menschen zu Verwicklungen und Selbstbestrafungen, deren Ursachen ohne die Kenntnisse über dieses Gesetz nicht verständlich eruierbar sind. Menschen, die dieses Gesetz nicht kennen, mischen sich oft in die Probleme, Gefühle und Erfahrungen anderer Menschen ein. Sie glauben, ein "gutes Werk" zu tun, sie helfen, sie geben Rat und Tat, sie wollen retten und verändern, sie spielen die Feuerwehr, den Notarzt und sind auch noch die gute Krankenschwester in der Klinik. Diese Menschen lieben es, wenn sie selbst oder ihre Ratschläge gebraucht werden, sonst fühlen sie sich nutzlos und wertlos. Sie versuchen, sich Bonuspunkte zu ergattern, weil sie immer und überall helfend, mitfühlend scheinbar wissend und scheinbar bedingungslos oder gar nicht mehr zur Verfügung stehen, um zu retten, was noch zu retten ist oder gar nicht mehr zu retten ist. Diese Menschen werden traurig und antriebsarm, wenn sie nicht gebraucht werden, wenn sie nicht gefragt werden, wenn sie nichts für andere tun können, wenn sie nicht teilnehmen können an den Erfahrungen und Problemen anderer Menschen. Mit ihrem Helfertrip und ihrer Einmisch-Energie lenken diese Menschen, die sich so gerne um die Belange ihrer Mitmenschen kümmern, oft von sich selbst ab.

Damit entgehen ihnen viele Eigenerfahrungen. Sie haben gar nicht die Zeit, sich selbst anzuschauen, sich selbst zu hinterfragen, sie sind zu sehr beschäftigt mit ihrem äußeren Lebensablauf und scheinbarem “Helfen” und “Heilen”.

Nun sagt ein anderes Gesetz “Verdiene es zu dienen” und “Kein Heiler kann heilen, der nicht selbst heil ist”. Jeder Mensch kann dienen, wenn er gelernt hat, sich selbst und dem höheren Bewusstsein zu dienen, in Achtsamkeit und Akzeptanz, eingebunden in die materielle Wirklichkeit. Eure materiell-illusionäre Wirklichkeit hält für euch Menschen viele verschiedene Aufgaben und Lektionen bereit, die euer Bewusstsein schulen, eure Ideen, eure Gedanken und Gefühle herausfordern, um zu einem höheren Verständnis um eure Schöpfungskraft zu führen. Menschen haben Gedanken und Gefühle, diese erschaffen Wirklichkeiten, und in diesen Wirklichkeiten machen alle Menschen Erfahrungen. Dienliche oder einschneidende Erfahrungen, freudvolle oder leidvolle Erfahrungen, die durchlebt und erlebt werden. Erfahrungen, die Spuren hinterlassen, Erfahrungen, die diese Menschen für ihr geistiges Wachstum jetzt brauchen, um bewusster zu werden, um zum Schöpfer zu werden. Mit zunehmend erwachendem Bewusstsein schaffen Menschen auch bewusstere Realitäten mit Erfahrungen, die ihrem Wachstum dienlicher sind. Somit dient diesen Menschen jede selbst erschaffene Erfahrung, bis sie erkennen, dass sie selbst der Schöpfer ihrer Realitäten sind, und in der Bejahung derselben liegt die bewusst zu machende Erfahrung.

Die verschiedensten Bewusstseinsebenen der Menschen bedingen folglich verschiedene Erfahrungen, die zu höheren Erfahrungen führen und somit ein wachsendes Bewusstsein von einer Opferhaltung hin zur Schöpferhaltung garantieren. Manche Menschen wehren sich lange, die eigene spirituelle Verantwortung für ihre Schöpfungen zu übernehmen. Sie wollen lieber Opfer bleiben und Hilfe von anderen Menschen anfordern und somit Mitleid erheischen. Je mehr

Hilfe und mitleidige Gefühle und Ratschläge sie bekommen, desto weniger trauen diese Menschen sich selbst zu. Erleben sie doch durch die sogenannten Helfer, dass sie nicht und niemals eigenständig in der Lage sein werden, Veränderungen zu bewerkstelligen oder spirituelle Verantwortung zu übernehmen. Denn sie trauen sich selbst nichts zu, geben alles ab und finden sehr oft einen Menschen, der sich einmischt und sie in Versuchung führt, nämlich in die Versuchung, nicht der werden zu wollen, der sie eigentlich sind. Alle Ausreden bewirken, dass ein anderer Mensch das für ihn tut, was er selbst glaubt, nicht tun zu können. Der sogenannte Helfer mischt sich ein, indem er den anderen mit seinen gut gemeinten Ratschlägen und Hilfestellungen unmündig macht und somit eine energetische Ebene der gegenseitigen Abhängigkeit erschafft. Irgendwann wird der Einmischer des Helfens müde, weil sich nichts verändert und er viel Energie an das "Opfer" verliert. Und das "Opfer" wird zorniger und wütender oder hoffnungsloser und ohnmächtiger, weil es scheinbar alleine nichts auf die Reihe bringt.

Diese Situation ist ein gutes Beispiel für falsch verstandene Liebe, denn durch die energetische Abhängigkeit zwischen dem sogenannten "Opfer" und dem sogenannten "Helfer" führen sich beide in die Versuchung der falsch verstandenen Liebe. Beide haben sich gesucht und gefunden, um etwas von wahrhaftiger Liebe zu lernen.

Der Helfer in der wahrhaftigen Liebe zeigt Mitgefühl, Verständnis und Feingefühl für die Belange und Probleme anderer Menschen. Er gibt auch Rat und Energie, aber nur da, wo es angebracht ist. Nämlich nur in dem Fall, wo der Wunsch nach Wachstum, Veränderung und die nötige Ernsthaftigkeit des Fragenden fühlend sichtbar werden. Der Helfer tröstet, macht Mut, teilt seine Erfahrungen mit, deckt Verborgenes auf, er hinterfragt das Motiv des Problems, betreibt geistige Ursachenforschung und zeigt Lösungen auf, ohne Erwartungshaltung.

Der wahre spirituelle Helfer mischt sich nicht ein, übernimmt nicht die emotionalen Schlacken des Gegenübers, er macht niemanden abhängig und wertet den Hilfesuchenden nicht ab, wenn dieser ihm signalisiert, dass er Hilfe zur Selbsthilfe annehmen möchte. Der wahre spirituelle Helfer handelt und berät aus seiner Eigenliebe heraus, er fühlt sich nicht verantwortlich für das Schicksal des Suchenden, er zeigt einen Weg auf, den der Suchende selbst gehen muss. Denn der wahre spirituelle Helfer kennt dieses kosmische Gesetz und weiß, dass er nicht berechtigt ist, sich in die Lektionen und Erfahrungen und die geistigen "Ahas" eines anderen Menschen einzumischen, denn sonst wird er sich selbst dafür blockieren. Der wahre spirituelle Helfer fühlt die Gefühle des Suchenden, denn er erinnert sich an seine eigene Erkenntnisschule, er weiß aber auch, dass diese Erkenntnis damals für seine spirituelle Entwicklung wichtig war und die dadurch gewonnenen Erfahrungen ihn zu seiner jetzigen Bewusstheit haben erwachen lassen. Als wahrer spiritueller Helfer wird er dem Suchenden vielleicht von seinen eigenen Erfahrungen berichten. Er wird ihn für das Erreichte und für sein Wissen loben. Er wird ihm Mut und Kraft für sein weiteres Vorgehen vermitteln. Er wird dem Suchenden Liebe und viel Vertrauen geben für seinen weiteren Weg. Der wahre spirituelle Helfer ist der Wegweiser, aber er glaubt und vertraut dem Wesen des Fragenden, des Suchenden und vermittelt ihm Hilfe zur Selbsthilfe; er macht den anderen nicht abhängig, er bewertet ihn und sein früheres Handeln nicht, er verliert sich nicht in trostlosen, bemitleidenswerten Gefühlen, nur um Anerkennung zu erheischen durch sein Einmischen und sein scheinbares "Weiter"- und "Besser"-Sein.

Der wahre spirituelle Helfer führt sich selbst nicht in Versuchung, seine Ego- und Schattenteile sind weitgehend transformiert, er verhält sich neutral, ehrlich, aber nicht lieblos. Seine Kraft, seine Liebe und sein Vertrauen geben dem Fragenden, dem Suchenden Halt und Vertrauen, das er somit in sich selbst findet, ohne sich an geklauten und erpressten Mitleidsbekundungen festhalten zu müssen, die in dunkle Tiefen anstatt in erklärendes, helles Licht führen.

Der wahre spirituelle Helfer teilt seine Potenziale, seine Liebe, sein Vertrauen, seine Erfahrungen und sein Wissen mit anderen. Er teilt nicht das Misstrauen, die Mutlosigkeit, die Angst, Zweifel und Mitleidsgefühle des Gegenübers. Bemerkt der wahre spirituelle Helfer beim Suchenden Weigerungen, Jammern und Wehklagen über sein ach so schreckliches Schicksal, an dem alle anderen schuld sind, bloß nicht er selbst, und spürt er, dass der Suchende dieses Gejammer und die Schuldzuweisungen nicht wirklich verändern will, um sein Leben bewusster zu leben, so wird er sich wortlos abwenden und abwarten, ob die leidvolle Situation des Fragenden, des Suchenden später eine Bewusstseinsveränderung bewirkt. Dann wird er aufs Neue bereit sein zu dienen, denn er weiß, alles hat seine Zeit und alles hat seine Richtigkeit. Die Seele, der Geist und das Selbst des Suchenden werden jede Gelegenheit wahrnehmen, um Zeichen und Wunder zu bewirken, und irgendwann wird der Suchende diese Zeichen, Wunder und Zufälle verstehen. Er ist niemals allein, auch wenn er sich alleingelassen fühlt.

Der wahre spirituelle Helfer vertraut seiner Seele und der Seele des anderen, er vertraut seiner Intuition, der Führung der Seelen und dem rechten Zeitpunkt zum rechten wahrhaftigen Ausdruck. Er muss nicht überzeugen, retten, sich profilieren, verhindern, festhalten, gebraucht werden, kontrollieren.

Er mischt sich nicht ein und bringt den Suchenden, Fragenden damit nicht um seine Erfahrungen. Er bringt den anderen nicht um die Glückseligkeit seiner Bewusstseinserkenntnis, er nimmt ihm nicht seinen natürlichen Stolz, die Achtung und die Würde zu sich selbst. Er nimmt ihm nicht die Eigenverantwortung ab, er lähmt nicht seinen Willen, indem er tätschelt und vorgibt, alles zu wissen, er hält ihn nicht klein, er macht ihn groß durch sein Vorbild und sein Vertrauen, anstatt falsche Verantwortung zu übernehmen, um anerkannt zu werden oder besonders liebenswert und selbstlos zu erscheinen.

Aus der Sicht der seelisch-emotionalen Ebene:

Dieses Gesetz erinnert uns daran, dass jeder Mensch die Wahl hat zu wachsen, zu erkennen, sich zu erinnern, zu glauben, zu vertrauen, zu "sein" oder "nicht zu sein". Ein Mensch, der glaubt, "nicht zu sein", kann erst "sein", wenn wenigstens ein Mensch an sein "Sein" glaubt und dieses "Sein", dieses Selbst, dieses Wesen unterstützt und bedingungslos an ihn und sein "Sein" glaubt.

Liebe, Wahrheit und Vertrauen vervielfältigen sich gleichermaßen, jedoch schneller als Angst, Zweifel, Trauer und Mutlosigkeit.

Wenn wir bereit sind, andere Menschen in Versuchung zu führen, indem wir nicht an ihr Selbst und ihr Wachstum glauben, indem wir sie nicht unterstützten, wenn wir ihnen nichts zutrauen oder sie abhängig machen von unserer Wertung, dann erschaffen wir uns selbst eine Realität, in der wir uns selbst blockieren oder bestrafen wollen.

Das Nicht-Einmisch-Gesetz gibt allen Menschen die gleichen Chancen zur Bewusstseinserweiterung, um ein bewusster Schöpfer in seinem Leben zu werden. Der eine Mensch erreicht dieses eher als der andere Mensch. Jeder hat jedoch die Wahl, Weigerungen und Ängste vor seinem "ICH BIN" zu überwinden und Opferenergien in Schöpfungskraft zu verwandeln. Lasst uns helfen und dienen! Helft und dient, wo Hilfe und Dienst in Freude und Dankbarkeit angenommen wird! Aber wir werfen keine "Perlen vor die Schweine", wir wissen, dass jeder Mensch irgendwann sich selbst gegenüber Rechenschaft abgeben muss darüber, wie er seine Potenziale auf Erden bewusst gelebt hat. Es gibt keinen Heiligenschein für das Einmischen in die Realitäten und Erfahrungen anderer Menschen. Es gibt keine Geschenke dafür, dass wir durch unser Einmischen andere Menschen klein reden, diese um ihre positiven Erfahrungen bringen und uns unentbehrlich machen. Jeder Mensch ist für das Leben, Erleben seines Potenzials auf Erden selbst verantwortlich. Die Liebe, die Wahrheit, das Vertrauen erschaffen so keine karmische Verbindungen zwischen dem Fragenden, Suchenden und dem Helfenden. Wir dulden nicht, dass wir uns selbst und andere in Versuchung führen, wir mischen uns nicht ein, wenn unsere Seele keinen Wachstumswillen des Gegenübers signalisiert. Wir wollen keine neuen karmischen Verstrickungen, wir wenden uns auch notgedrungen ab, wenn nur das Ego des Fragenden befriedigt werden soll. Wir senden lieber die Energie der geistigen Klarheit, der Liebe und des Vertrauens im Wissen, dass jedem Suchenden und jedem Fragenden schlussendlich seine Bestimmung vorgegeben ist und seine Seele ihm nicht mehr zumutet, als er jetzt verkraften kann.

Dieses Gesetz erinnert uns daran, dass ein nicht bewusster Helfer kein wahrer Schöpfer ist und somit ebenso ein unbewusstes Opfer werden kann. Zwei Opfer schaffen keine Wirklichkeiten in gegenseitiger Zufriedenheit. Beiden Menschen dient diese Situation, um wieder einmal vom Opfer zum wahren bewussten Schöpfer zu werden, um aus der Opferhaltung durch angewendetes Bewusstsein erkenntnisreicher hervorzugehen und sein Selbst näher kennenzulernen.

Aus der Sicht der menschlich-materiellen Ebene:
"Verdiene es zu dienen."

Dieser Satz war uns vertraut, seit Jahrhunderten hat man uns gesagt, dass der andere Mensch wichtiger ist als ich selbst und dass ich die Gottesleiter nur höher steigen kann, wenn ich helfende Taten vorzuweisen habe und bescheinige, was für ein selbstlos dienender Mensch ich doch war.

Es gibt Menschen wie Mutter Teresa und Albert Schweitzer, die ein dienendes Leben vorgelebt haben, jedoch war das von Anbeginn ihre Lebensaufgabe, um diese dienende Energie neu zu definieren, neu zu befruchten und der Welt mehr mitfühlende Energie zu schenken. Du als sogenannter "normaler" Mensch hängst möglicherweise noch in diesen alten Glaubensmustern fest. Doch das Universum mit der Neuen Energie sagt uns heute: "Diene dir selbst und damit deinem Nächsten." Christus hat es immer nur so gesagt und immer auch nur so sagen können, auch wenn es von gewissen Institutionen verdreht wurde, um Macht über die "dummen" und "kleinen" Menschen auszuüben.

Du bist am Erwachen und du bist nicht klein und du bist nicht dumm. Heute bist du nicht mehr abhängig von irgendwelchen Mächtigen. Dein Bewusstsein wächst jeden Tag, mit jeder positiven Erkenntnis, die du dir zu eigen machst und an der du reifst.

Jeder Mensch hat den göttlichen Funken in sich und wird schon geliebt. Er wird geliebt, ohne etwas getan zu haben. Wenn du einen Menschen auf seinem Lebensweg führst, begleitest und unterstützt, so kannst du das nur in liebevoller Anerkennung deines eigenen Wachstums und Wissens tun. Das erfordert Liebe, die du geben kannst, nur weil du sie besitzt. Vertrauen, Wahrheit und Geduld helfen dir und dem anderen, weil diese Energie unaufhörlich aus deinem Herzen strömt.

Es hilft weder dem Hilfesuchenden noch dir selbst, wenn ihr beide in dunklen Emotionen der Trauer, Wut und Enttäuschung versinkt, die durch die Potenzierung verstärkt werden.

Sei einfach du selbst und handle aufgrund deiner Intuition und deiner Weisheit, denn nur das bringt Frieden für alle.

Du gibst, was du bist und wer du bist, ohne dass du eine Gegenleistung vom anderen erwartest, denn so arbeitet auch das Hohe Selbst in Frieden mit dir.

Du besitzt in dir ein Schwingungszentrum,
das wirklich nicht darauf angewiesen ist,
mit irgendjemandem außerhalb dieser Schwingung
Energien auszutauschen, nur um das Gefühl zu erzeugen,
in irgendeiner Art und Weise mit dem anderen verbunden zu sein.

Du bist ein spirituelles Wesen in diesem Körper
und willst lernen, in dieser grobstofflichen Illusion
verschiedene Energieschwingungen
unterscheiden zu können.

28. Energiegesetz

**Befriedigen bringt keinen wahren Frieden.
Befruchten garantiert euch reife Früchte.**

Aus der Sicht der kosmisch-spirituellen Ebene:

Ihr Menschen handelt oft aus dem Glauben heraus, dass es euch Frieden und Harmonie bringt, wenn ihr die Menschen um euch herum befriedigt, das heißt, wenn ihr tut, was sie von euch verlangen und erwarten. Wenn ihr sagt, was sie hören wollen, wenn ihr zufrieden und glücklich seid mit dem, was sie euch bieten, kurzum, wenn ihr funktioniert, wie es von euch erwartet wird. Anfänglich erfahrt ihr so etwas wie Dankbarkeit, Anerkennung und scheinbaren Frieden, es scheint alles harmonisch zu funktionieren. Irgendwann verlangen diese Menschen in eurem Umfeld jedoch mehr und mehr von euch, mehr Funktionieren, mehr Leistung, mehr Aufmerksamkeit. Mehr Zeit, die sie von euch fordern, mehr Aufmerksamkeit und Zuspruch, die sie brauchen, mehr Selbstverständlichkeiten, die ihr zu erbringen habt. Euer innerer Frieden gerät ins Wanken, eure scheinbare Harmonie, die euer befriedigendes Verhalten erzeugt hat, entpuppt sich als Pseudoharmonie, weil diese nur durch euer Stillhalten, euer befriedigendes, funktionierendes Tun und eure Oberflächlichkeit aufrechterhalten wurde.

Die Waage gerät aus der Balance, je mehr ihr befriedigt, desto unzufriedener seid ihr mit euch in der scheinbaren Harmonie. Ihr fühlt euch nicht verstanden, ausgenutzt, nicht geachtet und ausgebremst. Die Anerkennung und das Lob für euer Tun, für euer Funktionieren und für euer Schweigen baut euch nicht mehr auf. Ihr fangt an, unzufrieden mit euch und eurem Umfeld zu sein. Die Steigerung dieser Unzufriedenheit ist der Wechsel zwischen Wut und Ohnmacht, und ihr wisst oft nicht, wie ihr euch jetzt verhalten sollt. Ihr wollt nicht unzufrieden, wütend, ohnmächtig und verwirrt sein, ihr wollt euch aber auch nicht wie programmierte Roboter fühlen, ihr wollt nicht mehr auf der Strecke bleiben mit euren eigenen Gefühlen und Bedürfnissen und ihr wollt nicht, dass das, was ihr tut und sagt, von eurem Umfeld erwartet und als selbstverständlich angesehen wird.

Jetzt ist in eurer Entwicklung der Zeitpunkt gekommen, an dem ihr euch für Befriedigung oder Befruchtung entscheiden könnt.

Ihr habt jetzt die Erfahrung gemacht, dass ihr mit der Energie der Befriedigung für andere Menschen, die eine Erwartungshaltung euch gegenüber hegen, euch selbst keinen wahren Frieden, keine Zufriedenheit geben könnt. Im Gegenteil, je mehr ihr im Außen befriedigt, desto unzufriedener werdet ihr in euch selbst und damit mit euch. Und niemand in eurer äußeren Umwelt sagt nein, sie sagen vielmehr: "Ja, danke." Also macht ihr die Erfahrung, dass ihr auf Dauer nicht geben könnt, ohne selbst leerzulaufen, ohne dass für euch Energie nachfließt, denn ihr könnt nicht geben, was ihr nicht wahrlich habt.

Auch die anfänglichen Streicheleinheiten für euer Ego, die ihr von den Mitmenschen in Form von Lob, Anerkennung und Dankbarkeit erfahren habt, empfindet ihr bald als fade und unehrlich. Ihr begreift, dass ihr abhängig von der Güte, der Laune, den Gefühlen und Meinungen eurer Mitmenschen wart und euch dieses Verhalten mehr und mehr von euch selbst, von eurem Selbst entfernt hat. Ihr wurdet immer unfreier und lustloser, egal wie viel "mehr" ihr auch geleistet und gegeben habt. Ihr seid wütend auf euch, dass ihr das so lange mit euch habt machen lassen, ihr seid sauer auf euch selbst, so mutlos, unehrlich und abhängig von der Illusion der Gefühlswelt gewesen zu sein. Erst jetzt fangt ihr an, euch selbst, euer Tun, eure Handlungen und eure Einstellung, wie ihr eure illusionäre Wirklichkeit seht, zu hinterfragen. Die Enttäuschungen, die Wut und der Ärger in euch treiben euch zu Veränderungen eures Verhaltens an, und das ist wunderbar so. Denn in der alten Art wollt ihr so nicht weitermachen. Jetzt beginnt ihr aufzuwachen und bewusster zu werden, ihr erfühlt und ihr wachst an eurem Selbst, ihr versteht und überdenkt eure Realitätsschaffung als Lektionserfahrung - und das macht euch wissend und frei. Ihr hinterfragt eure eigene Energieschwingung in Verbindung mit den Menschen in eurem Umfeld.

Jetzt gehört ihr wieder euch selbst, ihr habt erfahren, dass kein Mensch in eurem äußeren Umfeld euch wahrhaftig für das lieben kann, wer oder was ihr seid, wenn ihr euch selbst nur über euer Tun und das Befriedigen für andere identifizieren könnt. Was ihr getan habt, habt ihr getan: Weil ihr damals noch nicht wusstet, wer ihr wirklich seid. Es war gut so, ihr wusstet es nicht besser, also verzeiht euch diese Vergangenheit.

Befriedigen bringt keinem Menschen wahrhaftigen Frieden, denn es ist das Ego in euch, das andere befriedigen und sich selbst befriedigen will. Das Ego an sich ist ein Nimmersatt, es hat nie genug, es will funktionieren und glänzen. Es weiß nichts von eurem Selbst, das sich nach Frieden und Glückseligkeit sehnt. Es kennt euer wahres Selbst und den Grad eures Bewusstseins nicht.

Erst wenn ihr die Motive eures nimmersatten Egos durchschaut, dieses zu kontrollieren beginnt, es erzieht und somit der Meister über euer Ego werdet, wird es sich beugen und die Strahlkraft eures Selbst anerkennen und vor eurer Macht zurücktreten.

Wenn das Ego zurücktritt, tritt euer Selbst hervor.

Dieses Selbst macht euch selbst-bewusster, mutiger, klarer, tatkräftiger, ehrlicher. Euer Selbst zeigt euch, wie und warum ihr euer Ego und die Egos der Mitmenschen befriedigt habt, es zeigt euch eure Mängel, eure Geringschätzigkeit, eure Bedürftigkeit und eure Harmoniesucht auf. Aber euer Selbst zeigt euch auch den bewussteren Weg auf, nämlich dass alles, was ihr braucht, selbst in euch zu Hause ist, dass ihr euer Potenzial genauso selbst-bewusst anerkennen und lieben lernen könnt, wie ihr eure Ängste, die ihr vorher bekämpft habt und versteckt habt, jetzt lernt zu akzeptieren und zu lieben.

Eure neue Erkenntnis ist der Boden, in den ihr den Samen legt; für das Wachstum und Erblühen und Aufgehen des Samens sorgt eure Seele.

Also kümmert euch als Mensch um euren Samen, um eure zarten, sprießenden Pflänzchen in euch, versorgt sie, schützt sie vor zu viel Sturm, vor dem Austrocknen oder davor, dass sie jemand ausreißen will. So befruchtet ihr zuallererst euch selbst, und dieser Samen wird euch am Ende des Wachstumsprozesses Früchte bringen. Früchte, die von eurem eigenen Baum, von eurem Selbst gewachsen sind. Reife, süße, nährende, köstliche Früchte, die ihr in Frieden, Dankbarkeit und mit geistigem Selbst-Wert genießt. Ihr erkennt, dass euer eigener Samen, um den ihr euch selbst liebevoll gekümmert habt, euch immer Früchte bringen wird. Ihr braucht nicht in Nachbars Garten zu schielen, im Gegenteil, ihr werdet allen bittenden Menschen in Liebe einige von euren Früchten freudvoll abgeben und so den Samen potenzieren, der immer wieder gute, reife Früchte hervorbringen wird.

Befruchten heißt also, dass ihr euch selbst nicht vergesst in dem vielfältigen Angebot der äußeren einverleibten Früchte, die ihr euch erkaufen oder euch mühsam erarbeiten müsst. Eure Früchte sind schon in euch, in der ursprünglichsten Form der Schöpfung, verborgen in eurem Samen, in euren Potenzialen. Der Samen in euch wird zu den besten Früchten durch euer Wissen um diesen Samen und die damit verbundene Pflege, Behutsamkeit und Aufmerksamkeit auf das, was da in euch wächst und euch immer ernähren wird, kommend aus dem Quell der Liebe, ohne dass ihr dafür bezahlen müsst. Diese Frucht eures Samens fordert nichts von euch, sie enttäuscht euch nicht, sie verspricht euch nichts, sie bewertet euch nicht. Sie wächst und reift an eurem Baum der Erkenntnis, aus dem Samen eures wahren Selbst. Sie dient euch, befruchtet euch und andere Menschen, denn diese Frucht ist die Frucht der Erkenntnis eures "ICH BIN", und dieses dient nicht mehr der Befriedigung eines Egos.

Solange ihr befriedigt, kennt ihr eure Frucht in euch nicht. Ihr werdet Menschen treffen, die von euren Früchten kosten wollen, während ihr hungert. Weil eure Früchte nicht wirklich reif und auf Dauer nahrhaft sind, werden diese Menschen um euch herum irgendwann eure Früchte ablehnen, ignorieren, oder im umgekehrten Fall werden Menschen euch befruchten, damit eure Früchte reifer und köstlicher werden können. Menschen, die ihr befriedigt, sind euer Spiegel für euer Nichtwissen, eure Ungeduld und eure Egobedürfnisse. Sie dürfen eure unreifen Früchte nicht loben, nicht essen, denn sie werden ihnen Bauchschmerzen bereiten. Und umgekehrt seid auch ihr Spiegel für Menschen, die sich über euch befriedigen wollen, und auch ihre Früchte sättigen euch nicht wirklich, sie bereiten auch euch Bauchschmerzen in Form von Überforderung, Stress, Abhängigkeit und manchmal auch Trauer und Wut.

Wenn ihr Menschen euch gegenseitig nicht mehr befriedigt, gibt euch dies die Chance zur Erkenntnis eures wahren Potenzials. Jeder Mensch besitzt wunderbare Samen, die im Garten Eden wunderbare Früchte hervorbringen werden, wenn die Schöpfungsenergie durch Bewusstwerdung den Samen wachsen lässt.

Aus der Sicht der seelisch-emotionalen Ebene:

Dieses Gesetz erinnert uns daran, dass jegliche Form der Befriedigung im Außen zu Unfrieden und oft zu Trennung führt. Nur der Mensch unter uns, der mit sich selbst nicht im Frieden ist, wird versuchen, andere Menschen zu befriedigen. Dadurch glaubt er, inneren Frieden zu erlangen, bis dieser Mensch erkennt, dass Frieden, innerer Frieden nur ausschließlich aus sich selbst heraus erschaffen werden kann.

Innerer Frieden stellt sich ein, wenn dem äußeren Kampf entsagt wird. Frieden bringt uns das, was wir sind, nicht das, was wir tun in der Absicht, Frieden zu erlangen. Der Mensch, der sich selbst erkannt hat, sich selbst mit seinen Potenzialen und seiner Eigenliebe befruchtet, handelt friedvoll liebend aus sich selbst heraus. Dieser Mensch handelt aus seinem innersten Frieden heraus, was ihm reife Früchte bringen wird, ob er diese erwartet oder nicht. Er hat das göttliche Potenzial in sich gefunden, er befruchtet sich selbst und seine Taten segensreich; er beweist nicht, er erarbeitet nicht, er überzeugt nicht, denn er weiß um das Gesetz von Ursache und Wirkung in ihm. Er weiß, dass jedes aufgehende Samenkorn ihm Fülle bescheren wird, Früchte, die er sich selbst gibt, Früchte, die er mit anderen Menschen teilt, Früchte, die aus ihm selbst heraus gereift sind.

Und der befruchtete Mensch bemüht sich auch um die wachsenden Früchte seiner Mitmenschen. Er hegt und pflegt die Pflänzchen, bewässert und bestäubt sie bedingungslos, nur durch sein "So-Sein". In Anerkennung dieses Gesetzes erschafft ihr Menschen nach und nach euren paradiesischen Garten, in dem in jeder Jahreszeit immer etwas Neues blüht oder zur Blüte kommt. Dieser Garten ist voller Blüten, Früchte und Samen. Er befruchtet sich selbst immer wieder aus Neue. Diese wahre Natur dient der Schöpfung, und die Schöpfung wiederum dient der Natur und somit den Menschen. Das ist der Schöpfungskreislauf.

Aus der Sicht der menschlich-materiellen Ebene:

Du kennst das "gute Gefühl", wenn du einen anderen befriedigt hast. Er ist zufrieden und du auch. Es ist jedoch merkwürdig, dass dieses gute Gefühl nicht dauerhaft in dir anhält. Das ist so, weil es nicht wirklich dein Gefühl aus deinem Herzen und deiner Seele ist. Dein Verstand, dein Ego sind kurzfristig zufrieden - du selbst hast auf Dauer wenig davon.

Wenn du immer nur aus deinem Energiereservoir schöpfst, ist es irgendwann leer, weil du deine liebevolle Schöpfungsenergie noch nicht liebevoll zuerst für dich selbst eingesetzt hast.

Dieses Gesetz erinnert dich daran, dass du für deinen Energiehaushalt allein verantwortlich bist und dass andere Menschen befriedigen - egal wie, egal wann, egal wie es dir dabei geht - dich selbst leerlaufen lässt und unbefriedigt zurücklässt.

Du bist bekommen, um deine Liebe, dein Licht, deine Weisheit als Samen in diese Welt zu bringen. Dafür brauchst du einen bestimmten Grad an Basisenergie, für die du die Verantwortung trägst, so wie der Bauer Verantwortung für sein fruchtbares Feld übernimmt, bevor er den Samen aussät.

Du hast bisher gelernt, erst kommt der andere, dann kommst du. Man sagte dir, dass du damit gute Eintrittskarten fürs Himmelreich bekommst. Bedenke jedoch, dass deine Taten gemessen werden an deiner Liebe zu dir selbst, die du bist, auch ohne dafür etwas tun zu müssen. Du teilst einfach, weil du bist und dich liebst und dadurch etwas zu geben hast. In der heutigen Zeit kommst zuerst du und deine Energie, daraus resultiert intuitiv dein gerechtes und liebevolles Handeln, das somit befruchtend im Wachstum gefördert wird bei dir und anderen Menschen. Befriedigen lässt den göttlichen Samen in dir auf Dauer verkümmern und vertrocknen.

Das Ausmaß der Liebe erkennt man an dem Ausmaß
der Wahrhaftigkeit zu sich und anderen Menschen.

Mutige Entscheidungen
führen immer zu fruchtbaren Veränderungen.

29. Energiegesetz

Zeige mir, was du tust, und ich sage dir, wer du bist!

Aus der Sicht der kosmisch-spirituellen Ebene:

Eure Gesellschaft ist so aufgebaut, dass eure Handlungen an sozialen, ethischen, rechtlichen und menschlich gesetzten Maßstäben gemessen werden. Von Generation zu Generation wurden diese Maßstäbe weitergegeben, und deren Einhaltung wurde kontrolliert. Für euren sozialen Umgang miteinander braucht ihr gewisse Regeln, solange nicht ein jeder Mensch sein inneres Bewusstsein auf die Ganzheit ausgerichtet hat. Das heißt, eure Gesellschaft basiert noch auf dem Glauben an Trennung, und Trennung fördert Recht und Unrecht, gleich und ungleich, mehr und weniger, richtig und falsch, größer und kleiner. Dieses Gesetz bindet euch Menschen an eure Außenwelt, und ihr werdet immer bemüht sein, alles richtig zu machen, um nicht eine Ausgrenzung aus dieser Gesellschaftsstruktur zu riskieren, die euch doch eine gewisse Sicherheit garantiert. Denn Ausgrenzung würde Trennung bedeuten, und ihr wärt wieder allein und unverstanden. Nun gab und gibt es immer auch wieder Gruppen und Bewegungen, die versuchen, festgefahrene Strukturen, Normen und alte Gewohnheiten aufzudecken und zu verändern. Das Problem bei diesen Veränderungswünschen besteht nun aber darin, dass diese Menschen Veränderungen aus Egoanteilen heraus mit Machtansprüchen und oft mit Kampfbereitschaft angehen, ohne das Gute der bestehenden Normen anerkannt und gesegnet zu haben. Solche

"Hauruckverfahren" sind zum Scheitern verurteilt, weil sie zornig und enttäuscht gegen etwas gerichtet sind und diese Menschen enorme Kraftanstrengungen brauchen, um gegen dieses Etwas, was sie nicht akzeptieren können, zu agieren.

Ihr wisst: "Druck erzeugt Gegendruck - die Lösung ist Ausdruck." Und ihr erinnert euch an das Gesetz "Wenn du etwas loswerden und verändern willst, so segne es und erschaffe etwas Neues aus dem Bewusstsein der Liebe heraus". Eure Außenwelt war und bleibt immer ein Spiegelbild eurer inneren Einstellung. Und dies gilt für den Einzelnen wie für die Gesellschaft. Chaos im Inneren beschert euch Chaos im Außen. Ein jeder Mensch sieht seine Wirklichkeit so, wie er sie sehen kann. Könnte er sie anders sehen, würde er es tun. Erst wenn sich seine innere Wahrnehmung erweitert, erweitert sich auch seine äußere Wahrnehmung in Bezug auf sich selbst und sein Umfeld.

Gesellschaftliche Veränderungen wachsen somit durch Bewusstseinsveränderungen eines jeden einzelnen Menschen allmählich in die Veränderung hinein, wenn das Motiv All-Liebe ist - nämlich das Beste für den Einzelnen und das Beste für die Gemeinschaft zu wollen. Das Beste ist das, was allen dient und auf der Energie der Liebe basiert, wo Konkurrenz, Mangel, Angst vor Verlust und Sicherheitsdenken sowie Misstrauen unbekannt sind. Nicht das, was der Mensch tut, ist wesentlich, sondern das, wie er es tut. Er handelt aufgrund dessen, wer er ist, so hat jeder, was er braucht, und alle sind zufrieden und glücklich. Krieg für oder gegen etwas ist nicht mehr vonnöten, Frieden kehrt ein in die Herzen der Menschen und in ihre Welt.

Alle Menschen sind auf dem Weg, diese friedvolle Gemeinschaft mit zu erschaffen, ohne Kriege und Mangelverhalten, ohne Konkurrenz und Neid, ohne Angst und ohne Sicherheitsdenken auf der materiellen Ebene. Ihr werdet die Erfahrung als Kollektiv machen, dass genug da ist für einen jeden von euch. Das Universum ist das Füllhorn. Einige Menschen unter euch bereiten jetzt schon diesen Weg vor, und ihr erkennt ihr gewachsenes Bewusstsein an ihren Handlungen, ihren klaren Entscheidungen und an ihrem Tun. Diese Menschen agieren und entscheiden aus ihrem innersten Sein heraus, das niemals destruktiv, trennend oder verletzend sein kann. Menschen, die dieses Wissen besitzen, sind oft Lehrer, Vorbilder, Energiebeweger. Sie handeln in ihrer Außenwelt liebevoll angebunden an sich selbst und andere, sie sind wahrhaftig in der Wahrnehmung zu sich selbst und ehrlich im Ausdruck zu dieser Wahrheit und Liebe. Diese Menschen agieren aus ihrer Geist-Seele heraus und wissen, dass der Ausdruck dieser Ganzheitsenergie der Ganzheit der Menschen dient. Die Ganzheit kann nicht lügen, diese Wahrheit ist nicht korrupt, diese Liebe kann nicht kämpfen. Diese Ganzheit führt auch andere Menschen zu ihrer Ganzheit, egal wie viele Weigerungen, Ängste und Egospielchen sich in ihnen auch aufbäumen mögen.

Diese bewussten Menschen erkennt ihr äußerlich an den runden, fließenden, geschmeidigen Bewegungen, an ihrem offenen liebevollen Blick, an ihrer geduldigen und vertrauenswürdigen Art zuzuhören, zu reden und zu handeln. Sie strahlen Zuversicht, Vertrauen und Liebe aus!

Diese Menschen schreien nicht, unterbrechen kein Gespräch, weil sie ungeduldig sind, denn sie wollen nicht siegen, weil sie wissen, dass es nichts zu verlieren gibt. Sie strahlen ihre Bescheidenheit und Würde aus und agieren in ihrem Leben öfter, als dass sie reagieren. Entscheidungen zu treffen, fällt ihnen leicht, ihre charismatische Ausstrahlung und ihre magnetische Herzensenergie ziehen viele Menschen an, die von diesen Menschen etwas lernen wollen. Dennoch oder gerade deshalb können diese bewussten Menschen mit ihrem Erfolg und ihrem Wissen demütig-dankbar sowie würdevoll und eigenliebend umgehen, ohne dass sich ihr Ego profilieren oder besonders hervorheben muss. Diese Menschen dienen sich selbst, der Liebe, der Wahrheit, handeln weise innerhalb der Macht der Liebe. Sie werden diese Energien niemals kämpfend, verletzend, zerstörend oder manipulierend einsetzen. Sie lieben sich selbst viel zu sehr, als dass sie sich so etwas antun würden, folglich tun sie so etwas auch keinem anderen an. Diese Menschen haben keine Streitigkeiten mit anderen Mitmenschen, sie führen keine Machtkämpfe um Profite oder Rechtsstreitigkeiten, sie liegen nicht im Clinch mit Gerechtigkeit und Schuld. Nein, sie handhaben ihre Materie mit Liebe und Vertrauen und sind dankbar für alles, was sie haben.

Ihr erkennt diese Menschen an der Ehrlichkeit und der Achtsamkeit, mit der sie euch begegnen. Ein gesteigertes Feingefühl und eine hohe Sensibilität sind ihnen zu eigen. Aufgrund dieser Eigenschaften lieben sie die kosmische Wahrheit und drücken diese über ihre Liebe freundlich sowie kritiklos aus, was nicht immer heißt, dass diese Wahrheit dem Gegenüber gefallen muss. Der bewusste Mensch ist geduldig, steht über vielen Problemen, erklärt sich erneut und ist somit ein Vorbild, jedoch duldet er keine emotionale oder geistige Abhängigkeit sowie keine Egolügen oder einseitigen Energieklau. Aufgrund seiner emotionalen Neutralität drückt er seine geistige Herzenswahrheit mit Bewusstsein aus. Schwere, destruktive, streitende, disharmonische, laute und trübe Menschen und Situationen meidet er; Kampf und falsche Macht sind ihm zuwider, das alles bereitet ihm energetische und körperliche Beschwerden. Nachdem er gelernt hat, entsprechend seiner Eigenliebe auf diese destruktiven Energien gar nicht mehr zu reagieren, zieht er diese schlussendlich nicht mehr an.

Wenn ihr wissen wollt, mit welchem Menschen ihr es zu tun habt, so schaut ihn genau an, beobachtet seinen Körper, seine Gestik. Hört gut zu, wie er sich ausdrückt, welche Schwingung er dabei ausstrahlt, und betrachtet die Realität, in der er lebt, genauer. Ein bewusster, wahrhaftiger Mensch lebt in einer harmonischen Umwelt, er hat seine Realität in Eigenverantwortung im Fluss, er führt keine Prozesse, es sei denn, er muss sich verteidigen, er greift aber nicht an. Er streitet nicht mit seinen Nachbarn, Freunden, Familienmitgliedern oder Chefs und Kollegen.

Viele von euch Menschen benutzen die Sprache als Maske, als Ablenkung von sich selbst oder als Aufwertung ihres menschlichen Tuns. Ein bewusster Mensch benutzt die Sprache zum Ausdruck seelisch-geistiger Wahrheiten des Herzens. Wenn ihr das Tun und Handeln eurer Mitmenschen aufgrund dieses Wissens beobachtet, so wisst ihr, wer der andere ist, ganz egal, was sein Mund erzählen wird. Ihr erkennt das wahre Wesen und den Bewusstseinsgrad an dem, was er wie tut. Schaut euch ab, was euch dient, und lasst wertfrei stehen, was euch nicht dienlich ist oder was euch in eurer eigenen Entwicklung eher behindert. Wenn ihr aber gefragt werdet oder wenn eure innere Stimme euch zum wahrhaftigen Ausdruck auffordert, so steht fest in euch, angebunden an eure Geist-Seele-Energie, und drückt in Zusammenarbeit mit eurer Herzensenergie mutig liebevoll eure Wahrheit aus. Seid ein positiver Spiegel und ein Vorbild für eure Mitmenschen.

Aus der Sicht der seelisch-emotionalen Ebene:

Dieses Gesetz erinnert uns daran, dass es keinen Unterschied in der geistigen Entwicklung zwischen Seele, Geist und Körper gibt. Was der Geist erschafft, was die Seele erfährt, das drückt der Körper über sein Verhalten aus. Der Körper sagt immer die Wahrheit, wird er daran gehindert, zeigt er sich undurchlässig, eckig, kantig und grau. Das ist sicherlich nicht die Schwingung eines bewussten Menschen.

Deshalb hilft uns dieses Gesetz, unserer eigenen Wahrheit näherzukommen, unsere "So-tun-als-ob-Lügen" zu erkennen und

Fluss, Durchlässigkeit, Liebe, Wahrheit und Glanz in unseren Körper und in unser Leben zu bringen. Wir gehen mit unserem Körper so um, wie wir mit unserer Materie umgehen. Der Körper möchte jedoch, dass wir mit ihm umgehen, wie unsere Geist-Seele mit uns umgeht, nämlich fürsorglich, verwöhnend, beschützend, vergebend, ermutigend auf allen Ebenen unseres Seins. So wie wir glauben zu sein, so benehmen wir uns auch in unserer Realität, und unser grobstofflicher Körper drückt es aus und erlebt es.

An der Art und Weise, wie der Körper etwas tut oder auf etwas reagiert und sich darbietet, zeigt sich der Grad unseres Bewusstseins. Wenn wir beobachten, in welcher Situation wir was wie tun, erkennen wir den Grad unserer Bewusstheit und den Bewusstseinsgrad der anderen Menschen.

Aus der Sicht der menschlich-materiellen Ebene:

Dein Bewusstsein ist sich im Klaren darüber, dass deine sich zeigenden Glaubensmuster und Schattenteile dir irgendwann einmal dienlich waren. Folglich begrüßt dein Bewusstsein diese Teile ohne Scham und Bewertung und hilft dir, diese in Licht, Liebe und Erkenntnisse zu verwandeln, wenn du bereit bist, diese Teile durch dein Fühlen, Denken und Tun als Mensch zu erkennen. Dann freust du dich, diese alten Teile, die du dein Leben lang mitgeschleppt hast, womöglich noch aus anderen Leben mitgebracht hast, jetzt wertfrei annehmen und neutral betrachten zu können. Du erlebst folglich ein Gefühl von Leichtigkeit und Freiheit. Vergiss bitte nicht, dich dafür bei all deinen Potenzialen für deine Erlösung hin zum Licht zu bedanken.

Die Zeiten des Jammerns, der Opferbereitschaft und des Energieklauens sind vorüber und in der Neuen Energie nicht mehr anwendbar.

Das mag einige Menschen verunsichern, aber denkt daran: Jeder Mensch in dieser Welt hat die Wahl, und keinem Menschen auf dieser Welt wird Bewusstseins-Wachstum verwehrt - egal woher er kommt, was hinter ihm liegt oder wohin er gehen will.

In der Neuen Energie kommt es vermehrt auf verfeinertes Unterscheidungsvermögen an, das durch unsere Intuition zum Ausdruck kommt.

Wem oder was willst du Energie geben, wem oder was willst du dienen? Inwieweit übernimmst du Verantwortung für deine eigenen Energien? Wie ehrlich und wahrhaftig gehst du mit dir und deiner Persönlichkeit und deinen göttlichen Energien um? Weil der Himmel jetzt auf die Erde kommt, heißt das für dich, dass der göttliche Funke deines Seins und deiner Spiritualität sich in dir und deinem Körper zu Hause fühlen will. Denn du bist: ein spirituell, dich liebender, sich wahrhaftig ausdrückender Mensch mit spirituellem Wissen und geistiger Weisheit auf dieser Erde.

Was auch immer du tun willst, das bekommst du zu tun.

Lüge ist die grobstofflichste angestaute Ausdrucksform
deiner lebendigen Wahrheit.

Geist und Seele könnt ihr nicht belügen,
ihr könnt nur euch unangenehme Energien
verstecken oder verbergen.

Du bist göttlich in allem, was du bist und was du tust.

Erst wenn du deine Stärken und Schwächen bejahst
und nichts mehr vor dir selbst und anderen versteckst,
bist du in deiner liebevollen Eigenliebe und Wahrheit.

So gibst du der Welt, wer oder was du wahrlich bist,
denn herzliches Geben ist größer als Nehmen,
so machst du aus dem Gebenden oder Genommenen
etwas Großes für die Welt.

30. Energiegesetz

"Und vergib uns unsere Schuld"
ist in Wahrheit die Bitte um geistige Klarheit
und die Erlösung von Angriffen und Verteidigungen.

Aus der Sicht der kosmisch-spirituellen Ebene:

Das Gefühl der Schuld ist eine mächtige Manipulationskraft auf eurer Erde und ein Machtspiel zwischen den Menschen. Euch wurde beigebracht, dass ihr durch die Erbsünde schon schuldig geboren wurdet. Dies ist ein Menschengesetz und kein kosmisches Gesetz. Das göttliche Universum arbeitet nicht mit Schuld, Macht, Strafe und Bewertung. Es besteht aus den Energien der Gnade, Liebe und Wahrheit. Im Universum sitzt sicherlich kein Schiedsrichter, der tagtäglich damit beschäftigt ist, eure sogenannten Schuldvergehen fein säuberlich zu registrieren, um euch irgendwann dafür lustvoll zu demütigen oder gar zu bestrafen.

Dies ist keine Wahrheit der Seele und des Geistes, es ist eine Wahrheit, die erfunden wurde von euch Menschen in eurer Welt, um Macht zu bekommen, Macht zu behalten oder Macht auszuüben, nach dem Motto: Wer am schuldigsten ist, hat am wenigsten Macht und ist auf die Gnade des Vergebenden angewiesen, indem er in der einen oder anderen Form Abbitte leistet.

Euch Menschen wurde von Kindheitsbeinen an beigebracht, dass ihr euch schuldig zu fühlen habt, wenn ihr nicht das tut, was von euch verlangt wird. So lerntet ihr, dass ihr nur geliebt werden könnt, wenn ihr euch durch Verweigerung nicht schuldig gemacht habt. Oft begleitet euch dieses kollektive Glaubensmuster euer ganzes Leben lang, angefangen von eurem Elternhaus über die Schulen, Arbeitsplätze, in euren Beziehungen bis hin zu eurem physischen Tod. Durch diese Erfahrungen glaubt ihr an die Verknüpfung von Schuld und Liebe.

Liebe spricht nicht von Schuld, sie spricht nicht von "gut" und "böse" und nicht von "richtig" und "falsch", denn Liebe ist die göttliche Verbindung zu eurem Sein, und euer Sein weiß nicht, was Schuld ist, auch wenn ihr euch aufgrund eurer Handlungen selbst schuldig fühlt.

Liebe ist die Energie der Verwandlung, die Energie der Erlösung von Gedanken und Gefühlen der Schuld. Liebe gebiert die Erkenntnis und bietet die Energie der Gnade und Erlösung durch Wachstum und Bewusstseinswandel immerwährend an. Diese Liebe gibt euch niemals auf, selbst dann nicht, wenn ihr eure Schuldspiele in euren menschlichen Gesetzmäßigkeiten wie unwissende Kinder immer wieder aufs Neue spielt, denn Gelegenheiten dazu erschafft ihr euch jeden Tag neu. Eure Schuldspielchen laufen zwischen euch Menschen in der Form ab: "Wenn du nicht tust, was ich von dir verlange, bist du schuldig." Oder: "Du bleibst bei deiner Meinung, deiner Verweigerung, dann bist du schuld, weil ich mich jetzt schlecht fühle." Oder: "Was richtig oder falsch, gut oder schlecht ist für dich und mich, bestimme ich, denn ich habe die Macht, dies anzuzweifeln, sprich dich nach meinem Ermessen schuldig zu sprechen."

In dieses Schuldspiel in euren zwischenmenschlichen Beziehungen mischt sich auch noch euer kollektives Schuldmuster mit ein. Eure Werbemethoden sind dabei der Spielführer: "Willst du erfolgreich sein, kaufe und benutze dies und das." "Selber schuld, wenn du dick, krank, ausgegrenzt, unattraktiv, arm und erfolglos bist." "Ohne dieses oder jenes Produkt zu besitzen, bist du ein Niemand und niemals erfolgreich." Euer natürlicher Selbstwert, euer angeborenes Gefühl der Eigenliebe in euch selbst wird somit durch äußerlich angepriesenen Konsum, durch überwertete Leistungen, durch scheinbare und künstliche Erfolge und vergängliche Attribute und Schönheiten verdrängt. So seid ihr jeden Tag aufs Neue damit beschäftigt, euch mit Äußerlichkeiten gut zu fühlen, und niemand sieht und fragt, wie es wirklich in euch tief drinnen aussieht, auch ihr selbst nicht, ihr fragt euer Selbst nicht.

Schuldgefühle sind keine euch angeborenen Energien, sie sind nicht universellen, kosmischen, göttlichen Ursprungs. Es sind angelernte, abgeschaute Verhaltensmuster eurer Ego- und Schattenanteile, genährt durch kollektive Schuld-Glaubensmuster, um euch klein halten, euch abhängig und gefügig machen zu wollen. Denn wer sich schuldig fühlt, greift nicht nach der Macht.

Derjenige wird nicht die wahre Macht der Liebe kennenlernen, er bleibt gefangen in dem Spiel von Angriff, Verteidigung, "Dazugehörenwollen" und ist somit kontrollierbar und manipulierbar, er bleibt willenlos verfügbar und ist abhängig einschätzbar. So verhindern viele kollektive manipulierende Kräfte, dass euch eure Schuldgefühle gar nicht erst bewusst werden. Gefühle der Schuld, an die ihr glaubt, bremsen euch Menschen jedoch aus, denn ihr kommt mit Schuldgefühlen kaum in eure Eigenliebe, nicht in wahre Größe, besitzt somit keine Macht. Ohne Bewusstsein erkennt ihr nicht, wie erbärmlich diese Schuldspiele seit Jahrtausenden auf eurer Erde gespielt werden.

Ihr Menschen reagiert auf das Gefühl der Schuld oft mit Rückzug, Ohnmacht, Selbstabwertung, Resignation und Hoffnungslosigkeit. Ihr fühlt euch dann oft traurig und ungeliebt, wertlos und verwirrt. Diese negativen Gefühle verdrehen jedoch das Grundgefühl für

Schuld in euch so, dass ihr euch weniger wertschätzt, weniger liebt, weniger achtet. In Wahrheit fühlt ihr euch schuldig, weil ihr euch nicht selbst bedingungslos lieben und vertreten könnt. Ihr seid reingefallen auf die oberflächlichen Äußerlichkeiten.

Eine andere Reaktion auf Schuldgefühle bei euch Menschen ist die, dass ihr angreift, dass ihr euch und eure Meinung oder eure Taten verteidigt oder euch gar rechtfertigt.

Ihr lebt dann im Kampf, ihr lebt im Krieg gegen euch selbst, ihr führt Kriege gegen die scheinbaren "Schuldigen".

In den immer noch anhaltenden Kriegen, in denen gemordet, vergewaltigt, eingesperrt, vertrieben, gestohlen und unterdrückt wird, fühlt sich keiner schuldig? Seltsam! Schuld daran sind immer die anderen. Sie haben sich nur verteidigt, geschützt oder an dem anderen gerächt. Aber denkt bitte immer daran:

Jeder Krieg, der im Außen geführt wird, tobt auch im Inneren, ob bewusst oder unbewusst, und jede Handlung, die gegen die kosmische Liebe gerichtet ist, wird euch erneut ein Gefühl von Schuld vermitteln.

O.K., fangt an, euch in euch zu verändern, dann wird sich auch nach und nach euer kollektives Schuld-Glaubensmuster verändern. Steigt aus aus dem Spiel um Schuld und Macht, entscheidet euch für euren Frieden, für eure Liebe, für eure wahre Größe. Hört auf zu kontrollieren und zu manipulieren, auf dass ihr nicht mehr kontrolliert und manipuliert werdet. Tretet ein für eure Meinung, für eure innere Wahrheit, vertretet euren Standpunkt liebevoll und sagt nein, wenn es für euch nicht fühlbar richtig und stimmig ist. Andererseits redet über eure Schuldgefühle, offenbart diese, damit sie sich erlösen können, und erwartet die kosmische Gnade der Liebe, der Weisheit, die euch gewiss ist. Erkennt, dass euer Schuldgefühl euch prüft, wie klein ihr euch noch fühlt, wie abhängig ihr von wem oder was auch immer noch seid, wo ihr wortlose, missmutige Mitläufer seid, wo ihr euch und andere Menschen noch missbraucht.

Wenn ihr davon ausgeht, dass jeder Mensch in jeder Situation sein Bestes gibt - das gilt auch für euch selbst -, dann könnt ihr eure Teilaspekte wie Schuld, Angst, Zweifel, Neid, Eifersucht, Hass und Habgier aufdecken, erkennen und segnend abgeben und segnend loslassen. Wenn ihr dies entscheidet, erlebt ihr Freiheit und Leichtigkeit - in der Erkenntnis, dass eure Schattenaspekte euch lange genug in diesem Spiel des Lebens gedient haben und sich somit transformieren können.

Jeder destruktive Schattenteil, von dem ihr euch verabschiedet, begünstigt euer spirituelles Wachstum enorm. Ihr kommt eurem wahren Selbst immer näher, eure Göttlichkeit wächst mehr und mehr heraus aus dem Kollektivglaubenssatz bezüglich Schuld. Ihr werdet eventuell nochmals mit dem Kollektivbewusstsein im Außen konfrontiert, das euch weiterhin schuldig sprechen will. Denn ihr verhaltet euch jetzt anders als vorher, nämlich bewusster, klarer. Somit seid ihr nicht mehr bequem, ihr funktioniert nicht mehr nach fremdem Willen und könnt nicht mehr hypnotisiert werden.

Möglicherweise seid ihr in den Bann einer Sekte geraten - so werden sie argumentieren, aus ihrer Unbewusstheit heraus.

Aber nur Mut, ihr lieben Menschen, die wahren Freunde bleiben euch. Menschen, die euch in Schubladen stecken oder an euren Fäden ziehen, um Marionetten aus euch zu machen, die euch schuldig sprechen, weil ihr nicht mehr verführbar seid, auf diese Menschen könnt ihr getrost verzichten.

Um wissender und bewusster zu werden, solltet ihr wissen, dass es verschiedene Schuldformen gibt, nämlich:

- die emotionale Schuld,
- die geistige Schuld,
- die körperliche Schuld,
- die materielle Schuld.

Emotionale Schuld

Emotionale Schuld zeigt sich meistens in Form eines unruhigen Gewissens. Ihr mögt dieses Gefühl nicht, und oftmals habt ihr es deshalb weggepackt, verdrängt, in den Keller des Unbewussten verdammt, weil es euch so wehgetan hat, was euch passiert ist, und ihr konntet nichts dagegen tun. Kinder fühlen sich oft schuldig für die Taten der Eltern, Großeltern und Geschwister. Weil sie nichts tun können, außer zu leiden, sich klein zu machen, lieb zu sein oder aufmüpfig zu sein, zu protestieren oder aufzugeben, ohnmächtig zu sein in allen Bereichen, die ihre Gefühle betreffen.

Als Erwachsene trauen diese Menschen ihren Gefühlen nicht, man könnte sie wieder schuldig sprechen, sie könnten sich wieder schuldig fühlen oder die Menschen könnten ihnen mit den gezeigten Gefühlen manipulativ wieder etwas Schmerzhaftes antun. So haben sie irgendwann entschieden, sich nicht einzumischen, sich verschlossen zu halten, um die hochkommenden Gefühle kontrollieren zu können. So entgehen sie scheinbar den Schuldzuweisungen, fühlen sich nicht verantwortlich, denn die Menschen machen sowieso, was sie wollen. So entsteht Misstrauen seinen eigenen Gefühlen gegenüber, und langsam fühlt sich dieser Mensch sich selbst gegenüber schuldig, weil er nicht lebt und sich nicht zeigt, wer er in Wirklichkeit ist, was er wahrhaftig fühlt und wovor er sich wahrlich fürchtet. So entgeht ihr zwar dem Risiko, verletzt zu werden oder andere zu verletzen, ihr habt dadurch aber auch die

Chance für euch selbst verpasst, euch auszudrücken, euch anzuerkennen, gefühlsmäßig zu hinterfragen, warum euch dieses passiert und jenes passiert, und ihr verpasst so die Gelegenheit, euch von jeglicher Form von Schuld und Angst zu befreien.

Wenn ihr noch in emotionaler Schuld steckt, könnt ihr nicht wirklich geben und nehmen. Ihr seid noch eingebunden in Schuld und Sühne, Auge um Auge, ihr könnt den Menschen nicht vergeben, was sie euch angetan haben. Solange ihr den Schmerz in euch, der diese Emotion ausgelöst hat, nicht anschaut und durch die hohe Erkenntnis, wozu euch alles gedient hat, ersetzt, könnt ihr diesen Schmerz nicht neutralisieren. Jetzt mit dem Neuen Bewusstsein könnt ihr euch selbst vergeben, den Schmerz als Wachstumsschmerz erkennen und dem Menschen wahrhaftig vergeben, der Mitverursacher eurer Schmerzen und Erfahrungen war. Wenn ihr euch durch eure Selbsterkenntnis und Läuterung nicht von eurer emotionalen Schuld befreien könnt, so werdet ihr dieses Schuldgefühl unbewusst an eure Partner, Familie, Lehrer und Kinder weitergeben.

Ihr wollt klein bleiben, weil ihr euch für was auch immer schuldig fühlt. Auch wenn ihr dieses Gefühl in euch verdrängen wollt, weil es immer noch wehtut und ihr immer noch glaubt, ohnmächtig zu sein. Schuldgefühle binden Menschen energetisch aneinander, selbst wenn diese keinen menschlichen Kontakt zueinander mehr haben. Schuld trägt aber auch die Energie der Vergebung in sich. Wenn ihr euch die erlebten Erfahrungen vergebt, vergebt ihr auch dem sogenannten Mitschuldigen seine scheinbare Schuld.

Die geistige Erkenntnis und die Akzeptanz des Erfahrenen vervielfältigen die Liebe in euch, und diese transformiert Schuld und die damit verbundene Angst. Ihr könnt dann alles annehmen, was euch geschenkt wird, ihr müsst euch nie wieder verstecken, euch klein machen, euch verteidigen oder gar angreifen: Ihr seid frei, ihr seid ohne Schuld, wie ihr es in eurem Wesen immer wart.

Damit fühlt sich jeder Mensch, der euch begegnet, auch frei und ohne Schuld. Ihr habt eure destruktiven, verletzten, auf Vergeltung oder Gleichgültigkeit ausgerichteten Gefühle in Bewusstheit und lebende Liebe verwandelt. Gratulation!

Missverständnisse, Kämpfe und Kriege sind dann keine Schlussfolgerungen verletzter oder schutzbedürftiger Gefühle mehr. Ihr müsst nicht mehr verteidigen, was ihr seid - ihr seid, ihr versteht, ihr vergebt, ihr akzeptiert, ihr seid!

Geistige Schuld

Die *geistige Schuld* zeigt sich meistens in Form des nicht gelebten geistigen Bewusstseins. Wenn ihr wisst, dass euer Geist eure Wirklichkeit erschafft, und ihr es dennoch nicht hinkriegt, dann fühlt ihr euch eurem Geist gegenüber schuldig. Denn da ist noch zu viel intellektuelle Logik, Unverständnis, scheinbare Unwissenheit, Angst und Misstrauen Veränderungen gegenüber. Da ist zu viel Sicherheitsdenken, sind zu viele Kontrollmechanismen, zu viel Verhaftetsein in der Illusion, zu viel Angst, wieder bestraft zu werden.

Eine geistige Schuld zeigt sich auch darin, dass ihr Menschen oft vorgebt, dumm zu sein. Ihr könnt jedoch nicht künstlich dumm sein wollen, um Hilfestellungen in Form von Rat und Tat von euren Mitmenschen erheischen zu wollen. Wenn ihr wisst, könnt ihr nicht so tun, als wüsstet ihr nicht. Ihr kennt dieses Gefühl als geistige Schuld.

Die andere Seite der geistigen Schuld zeigt sich als Emotion in euch, wenn ihr eure Gefühle ständig überstrapaziert, indem ihr trieft und leidet, in Löcher fallt und dort keine Auswege für euch findet. Dann geht ihr euren Mitmenschen oft auf den Geist, anstatt dass ihr selbst euren Geist bemüht, klare, verständliche und geistig-logische Antworten für eure Probleme zu finden.

Eine andere Variante geistiger Schuld ist, wenn ihr Menschen euren Verstand mit eurem Geist verwechselt. Ihr seid dann intellektuelle Streber, überzeugende Schwätzer, rechthaberische Einzelkämpfer, die sich aufgrund von Bestnoten, Ellenbogenverhalten, Karrieresprüngen ehrgeizig in den Vordergrund puschen, um ja nicht übersehen zu werden. Jedoch, wenn der Verstand aufgibt, dann hat der Geist in euch eine wahre Chance, jetzt wollt ihr nicht mehr haben, jetzt wollt ihr sein!

Denn erst wenn ihr seid, der ihr seid, und lebt, was ihr seid, wisst ihr, dass ihr alles haben könnt, geschaffen von eurem Geist – gesegnet durch eure Seele ist es eures!

Ohne intellektuelle Klimmzüge, ohne als Logik verkaufte Manipulation und ohne, dass ihr euch geistig und seelisch dabei zu verlieren droht. Der Verstand wird als IQ gemessen. Bewusstsein zeigt sich in der Zusammenarbeit zwischen Geist und Seele, EI = emotionale Intelligenz genannt, die sich in eurer Realitätsschaffung niederschlägt. Der Geist in euch amüsiert sich über die 3- bis 5-prozentige Masse in eurem Gehirn, die Verstand genannt wird. Er wartet darauf, von euch eingeladen zu werden, um dann mit seiner geistigen Klarheit, mit seiner messerscharfen kosmischen Intelligenz Realitäten, Wunder, Zufälle und Ereignisse zu schöpfen, die euer Verstand nicht annähernd nachvollziehen und verstehen kann.

Geistige Schuld entsteht also, wenn ihr euren Verstand vor euren Geist setzt, aber auch wenn ihr eure geistigen "Aha-Erlebnisse" und eure geistigen Klarheiten sowie euer geistiges Wissen ignoriert. Wenn ihr nicht danach lebt und es nicht mit den Menschen teilt, die gerne an euren geistigen Weisheiten teilhaben möchten, um von euch begeistert zu werden.

Körperliche Schuld

Körperliche Schuld zeigt sich in, durch und über euren Körper. Wenn ihr einen anderen Körper willentlich verletzt, missbraucht oder tötet, so kann euch euer Glaube an Schuld einen eigenen verletzten, kranken, missbrauchten, energetisch ausgelaugten Körper präsentieren. “Wer ohne Schuld ist, der werfe den ersten Stein”, sagte Jesus Christus. Er wusste, dass ihr an Schuld glaubt und somit keine Steine werft, um nicht noch schuldiger dazustehen.

Der, der sich ohne Schuld wahrnimmt, wird nicht gerichtet, nicht an den Pranger gestellt, nicht verurteilt und nicht mit Steinen beworfen. Er ist unschuldig im Sinne von Erfahren, aus Fehlern lernen, sich offenbaren. “Richtet nicht, auf dass ihr nicht gerichtet werdet”, heißt eine andere Aussage von Christus. Der, der unschuldig ist, der, der nicht an Schuld glaubt, wird nicht richten und somit auch nicht gerichtet werden, es sei denn, ihr Menschen spielt willentlich das Spiel der Macht, das Spiel der Märtyrer oder das Spiel der Opferideologie.

Der Körper ist der Tempel für eure Geist-Seele, er weiß das und liebt sich dafür. Mit eurem Bewusstsein könnt ihr euren Körper begeistern, vergeistigen und beseelen. Ihr könnt ihn aber auch lieblos behandeln, abwerten, überfordern und quälen. Ihr quält ihn, wenn ihr ihn nicht als Gefäß für eure Geist-Seele anseht. Wenn ihr ewig an ihm herumnörgelt und experimentiert und nicht wisst, dass der Körper eure Wahrheit in Bezug auf euer geistig-seelisches Wachstum und eure Glaubensmuster widerspiegelt. Euer Körper zeigt euch unverblümt, was ihr von euch haltet, er stellt sich zur Verfügung, sich krank, schwach, schön, schlank, begehrenswert oder ablehnend oder gar schwer krank zu zeigen, damit ihr verstehend verändern könnt. Ihr seid sauer auf euren Körper, wenn er nicht so funktioniert, wie ihr es gerade braucht, und ihr wertet ihn ab. Er aber zeigt euch auf, wann ihr eure Einstellung euch und eurem Leben gegenüber verändern solltet. Ihr könnt das Gute in euch und das Schöne eures Körpers nur sehen, wenn er sich verweigert, also hilft er euch, bewusster zu werden.

Ihr seid der Schöpfer eures Körpers. Ihr habt ein Recht auf ihn und mit ihm dieses Leben zu erleben, sonst hättet ihr einen anderen Körper erschaffen. Ihr liebtet ihn als eure Schöpfung, und jetzt, da er euch in Wahrheit dient, lehnt ihr ihn oftmals ab. Wenn euch etwas an euch nicht gefällt, ändert es, ihr seid der Schöpfer, nur glaubt ihr nicht daran und macht euch schuldig an eurer eigenen materiellen Schöpfung. Ihr sagt: "In einem gesunden Körper sitzt ein gesunder Geist." Wir sagen: "Ein gesunder Geist erschafft einen gesunden Körper." Ein gesunder Körper wird bewegt vom Geist, wird durchflutet durch die Seele. Euer Körper ist der Spiegel dafür, wie viel Geist-Seele im Körper flutend bewegt wird. Ein Körper, der Angst, Schuld oder Wut, Druck oder Ablehnung verspürt, ist blockiert, verkrampft und undurchlässig für höhere Energien. Körperliche Schuld entsteht durch Ablehnung und Missbrauch des Körpers, der dann kein Tempel für die Geist-Seele, sondern eine Müllhalde für destruktive Gedanken, Gefühle und nicht erlöste Schattenteile ist.

Je größer die Verkrampfung eures Körpers ist, desto mehr versucht euer Ego als Beschützer eures Körpers, sich stark zu machen, abzuwehren oder anzugreifen. Ihr baut eine energetische Mauer um euch herum, damit euch niemand körperlich zu nahe kommt.

Das geschieht, wenn ihr euren Körper nicht lieben, nicht annehmen, nicht achten und ehren könnt. Wenn ihr ihn nicht zärtlich berühren, ihm danken und ihn nicht heilen könnt. Dann versucht ihr, diese Bedürfnisse von anderen Menschen erfüllt zu bekommen. Dann sucht ihr Heilung ohne spirituelles Verantwortungsbewusstsein. Körperliche Schuld erfahrt ihr auch, wenn ihr nicht offen, dankbar und freudvoll liebevolle Energien annehmen könnt ohne Hintergedanken der Schuld. Auf Dauer steckt ihr somit fest.

Körperliche Schuld erfahrt ihr auch, wenn ihr euren Körper benutzt, verletzt, verratet oder missbraucht, um von anderen Menschen das zu bekommen, was ihr selbst glaubt, nicht zu besitzen. Oder anders gesagt, wenn ihr den Körper eines anderen Menschen benutzt für eure Zwecke, die nicht der Liebe als Energie entspringen oder dienen. Niemals kann der eine Körper den anderen Körper von Schuld erlösen, denn Geist, Seele und Körper eines Menschen sind eine Ganzheit, ein untrennbares Team, das nur einem Menschen dient, nämlich dir. Das Bewusstsein um deine Ganzheit und dein Leben, dein Handeln und dein Sein bewirkt die Bewusstmachung dieser Ganzheit auch bei anderen Menschen. Das, was der andere Mensch zuerst sieht, ist dein Körper. Zeige ihn, sei stolz auf ihn und unterstütze ihn durch dein geistig-spirituelles Bewusstsein darin, immer durchlässiger, feinstofflicher und transparenter zu werden - sprich: Nimm auch die körperliche Liebe eines anderen Menschen unvoreingenommen an, wenn dein Gefühl dich dazu auffordert.

Materielle Schuld

Wenn euer Körper euch euren Glauben an Schuld bewusst machen kann, so gilt dies auch für eure Realitätsschaffung. Schulden in Form der Energie Geld in eurer Realität sind immer ein Hinweis auf eure Schuldfähigkeit in euch. Schulden in eurer Realität sind immer Ausdruck eures Nicht-Seins als Form eures Nicht-Habens oder Nicht-genug-Habens oder ihr glaubt, nicht würdig zu sein. Weil Schulden haben heißt, sich schuldig zu fühlen - egal für was. Das heißt, in eurer Wahrnehmung dürft ihr etwas nicht haben, könnt es nicht freudvoll annehmen, weil ihr glaubt, es nicht verdient zu haben, schon gar nicht ohne Leistung, und deshalb bestraft ihr euch.

Geld ist eine kosmische Energie und fließt dahin, wohin sie eingeladen wird. Diese Energie ist im Kosmos reichlich vorhanden für jeden von euch. Materielle Schulden, die den Energiefluss zu eurem wahren Selbst blockiert haben, könnt ihr mit eurer neuen Erkenntnis über Opfer- und Schöpfungshaltung, über Schuld und Fülle, die aus der Eigenliebe resultiert, verändern.

Ihr vertraut darauf, dass mit wachsender Erkenntnis über euch selbst sich Regelungen für eure materiellen Schulden ergeben werden. Wenn ihr eure Einstellung bezüglich materieller Schuld verändert, müsst ihr euch um die Art und Weise des Ausgleichs keine Gedanken machen. Macht einfach weiter und vertraut eurem Selbst. Ihr könnt diesen Prozess unterstützen, indem ihr etwas abgebt, an dem ihr wahrlich hängt, etwas teilt, was ihr am liebsten für euch behalten möchtet, oder aber gönnt euch eine langersehnte Anschaffung, die euch Freude macht, ohne zu rechnen und zu geizen. Allerdings schon in dem vorgegebenen Budget.

Materielle Schuld zeigt euch, dass ihr euch schuldig fühlt, weil ihr noch keine wahren bewussten Schöpfer eurer Realität seid, ihr fühlt euch noch als Opfer und ihr denkt und handelt dementsprechend. Verändert euer Denken, euer Fühlen und Handeln, Schritt für Schritt, sucht nach Lösungen, sucht das Gespräch, so erlangt ihr mehr Klarheit, legt die Karten offen auf den Tisch und trefft die Entscheidung, aus der Opferrolle herauszutreten, um in Eigenverantwortung der Schöpfer eures Lebens zu werden. Und dann lasst euch von eurer Geist-Seele überraschen – die Geschenke werden kommen.

Überprüft eure Einstellung zum Geld und zur Materie, sie ist göttlichen Ursprungs, wertet sie nicht ab, dient ihr vielmehr, auf dass die Materie euch dient und euch Fülle beschert.

Der Schuldner fühlt sich seinen Schulden verpflichtend verbunden, die Materie bindet ihn an die Opferhaltung. Der Schöpfer ist gebunden an den Kosmos, was ihn reich macht. Keine Schuld - keine Schulden - keine Opferhaltung. Der Schöpfer kennt die Kraft des Geistes, der die Materie erschafft. Fülle oder Schulden - wie es euch beliebt!

Materielle Schulden hindern euch größtenteils an eurem spirituellen Erwachen, denn ihr seid noch so sehr mit eurer Materie und der Absicherung derselben beschäftigt, dass ihr keinen Raum und keine Zeit und Lust habt, euch mit solchen spirituellen Hirngespinsten zu beschäftigen, und dennoch beginnt eure Entwicklung auf der untersten Sprosse der Leiter und endet irgendwann da oben!

Geld als Energie ist nichts Schlechtes, es ist eure Form, Leistungen, die aus Energie erbracht werden, zu honorieren, und wer viel Energie hat, kann viel Energie geben - auch in Form von Geld. Wer noch nicht so viel Geld hat, lernt, es haben zu wollen, wer alles gehabt hat, lernt zu sein, aber auch der Mensch, der nicht gehabt hat, kann lernen zu sein.

Aus der Sicht der seelisch-emotionalen Ebene:

Dieses Gesetz erinnert uns daran, dass Schuld ein mächtiger Gegenspieler zu Liebe und Fülle auf allen Ebenen ist. Es erinnert uns aber auch daran, dass Schuld keine kosmische Energie ist, die Schulden provoziert, um Gnade walten zu lassen. Gnade ist die Energie der bewussten Liebe, aber auch des liebenden Gewährenlassens von euch Menschen, wenn ihr auf euren Erkenntnissen besteht, die euch durch die Gnade der freien Wahl zur Verfügung stehen. Es gibt keine Art der Schuld, die aus unserer Sicht nicht zu Einsicht und Erlösung führen kann durch die größere Kraft der Gnade und des Geistes. Wir Menschen haben jederzeit die Wahlmöglichkeiten, uns für dieses oder jenes zu entscheiden; wie auch immer, die Gnade und die Liebe unserer Göttlichkeit sind uns dabei gewiss. Diese Kraft der Gnade erlöst unsere sogenannten Schulden schon in dem ersten

Moment unserer Klarheit und im ersten Moment unserer Bewusstwerdung, lange bevor wir auf Erden unsere Rechnungen beglichen haben. Die wahre Bitte in uns um Klarheit und Erlösung tilgt all unsere scheinbar aufgeladene Schuld, somit bitten wir nicht um Vergebung unserer Schuld und um Vergebung unserer Schuldiger, sondern wir bitten um die Erkenntnis dessen, wer wir wahrlich sind und warum wir noch nicht wahrlich sind. Wenn wir bereit sind, das fühlend, wissend zu erfahren, nämlich die Fragen "Wer bin ich?" und "Warum bin ich hier?", dann führen wir uns selbst nicht in Versuchung und schon gar nicht andere Menschen, und somit fühlen wir uns frei von jeglicher Schuld!

Bis dahin erleben, erfahren, erkennen, erinnern, erschaffen wir uns aus unserem Glauben heraus, aus uns selbst heraus unser Leben.

Mag uns unser Leben auch in einigen Teilen schuldig erscheinen als menschliche Wesen - unser Wesen, unser Selbst, unsere Geist-Seele ist, war und bleibt ewiglich unschuldig!

Aus der Sicht der menschlich-materiellen Ebene:

Es gibt Menschen mit viel Geld, die vielleicht lernen sollen, zu teilen, zu unterstützen oder Mitgefühl zu entwickeln.

Es gibt Menschen, die wenig Geldenergie besitzen und damit zufrieden sind; und es gibt unzufriedene Menschen, denen es an allem mangelt. Es gibt leider zu viele Menschen auf der Erde, die hungern und dursten; sie fordern die Gesellschaft zum Umdenken auf, die Ressourcen gerechter zu verteilen und ihr Profitdenken abzulegen. Dies ist traurig und erscheint uns als sehr ungerecht, aber die Seele macht keinen Fehler. Immerhin erleben wir in unserem Land nach wie vor eine große Hilfsbereitschaft bedürftigen Menschen gegenüber. Das zeigt, dass wahres Mitgefühl stärker wiegt als Profitgier.

Jeder Mensch sucht sich vor seiner Inkarnation seine Aufgaben, an denen er wachsen kann, selbst aus. Dazu gehört auch die Aufgabe: "Wie verteile ich tagtäglich meine vorhandene Energie, auch in Form von Materie?" Sogenannte "besser gestellte" Menschen haben aufgrund ihrer gewählten Inkarnation in Fülle keinen Freifahrtschein für Egoismus und Ignoranz.

Mitgefühl - nicht Mitleid - ist eine tragende Energie der Erkenntnis, die dich für das, was du hast, demütig und dankbar werden lässt. Mitgefühl ist die Energie, die durch das Neue Bewusstsein schlussendlich zur gerechten Verteilung der Güter dieser Erde führen wird. Wie jeder Mensch in Dankbarkeit und Demut daran arbeitet und liebevolles Mitgefühl, Licht und Liebe für die Wahl der Menschen hat, die weniger begütert sind, so wird sich die Welt in eine zunehmende Energie des Mitgefühls verwandeln - ohne Leid. Das wird unserem Planeten Erde helfen, da das wachsende Bewusstsein Erkenntnisse des Miteinanders und der Ganzheit gebiert, aus der wir alle stammen und zu der wir alle zurückkehren werden, früher oder später.

Der Mensch erschafft sich äußerlich ein Chaos,
um sich zu erlauben, innerlich zu wachsen.

Dankbarkeit und Demut
erhöhen deine Empfangsbereitschaft.

Gerechtigkeit ist die Erlösungsformel der Neuen Energie,
heiße sie willkommen, sie wartet gnadenfroh
auf deine Empfänglichkeit.

Das Universum benennt keine Fehler,
keine Verfehlungen und keine Sünden, es liebt dich
für deine Erkenntnisse und Erfahrungen.

31. Energiegesetz

Ganzheit transformiert jegliche Art von Trennung.
Hingabe führt zu Ganzheit.

Aus der Sicht der kosmisch-spirituellen Ebene:

Ganzheit ist entstanden aus Einheit, denn jede Energie, die sich selbst als Einheit erfährt, strebt der Ganzheit entgegen.

Das heißt, jedes Teilchen in der Ganzheit ist eins in sich selbst und doch auch Teil der Ganzheit. Diese trennt nicht, sie hebt - aus der höheren bewussten Ebene wirkend - die scheinbaren Gesetze der Trennung in euch und innerhalb eurer illusionären Welt auf, der ihr geistig und emotional so lange verhaftet wart.

Die Energie Ganzheit erinnert euch Menschen in dieser Zeit daran, dass es mehr gibt als das, was ihr mit eurem Körper, euren Sinnen und eurem Verstand wahrnehmen könnt. Sie erinnert euch daran, dass es Zeit ist für euer Erwachen in eure Ganzheit hinein. Der Himmel kommt auf die Erde, und ihr bereitet euch darauf vor, feinstofflichere Energien in euch aufzunehmen, um durchlässiger zu werden für euren eigenen Lichtkörper. Dieser Lichtkörper transformiert eure Schattenteile, lässt euch intuitiver, hellsichtiger und hellfühlender werden, und ihr seid alle zu diesem Zeitpunkt in euren Körpern auf diesem Planeten, um euch dieses Energie-Abenteuer nicht entgehen zu lassen - ihr habt gut gewählt!

Viele, viele geistige Helfer sind an diesem Prozess beteiligt, der schlussendlich eine bewusstere Energie auf eure Erde und ins Weltall bringt, um die Schwingungen anzuheben, sich dem Himmel entgegenzustrecken. Es ist für euch Menschen gut zu wissen, was ihr gewählt habt und warum ihr euch in eurem spirituellen Wachstum beschleunigt fühlt, denn jeder Einzelne von euch ist aufgefordert, seine eigenen Schwingungen zu erhöhen, um das gesamte Bewusstsein auf eurer Erde anzuheben.

Ihr wart niemals wirklich getrennt von dem, wer ihr seid, eure Illusionsebene der Polarität hat euch das glauben gemacht. Die Ganzheit eures Wesens besteht auch dann, wenn ihr euch getrennt gefühlt habt von euren höheren Bewusstseinsebenen. Euer gewachsenes Bewusstsein macht es jetzt möglich, dass ihr dieser neuen, frischen, lichtvollen, feinstofflicheren Energie gestattet, euch zu berühren, euch zu beseelen, euch zu begeistern; ihr könnt jetzt mehr und mehr aus ihr heraus handeln. Somit überwindet ihr allmählich eure Angst vor dem scheinbar kosmischen Unbewussten, ihr kommuniziert mit euren geistigen Helfern und Freunden, Lehrern und Meistern und erfahrt euch selbst mehr und mehr als Teil dieser Großartigkeit.

Eure Ängste und eure negativen Egoanteile haben dann eure Größe und eure Weisheit anerkannt. Die scheinbare Trennung von euch, von eurem Selbst und eurer Seele wird dann mehr und mehr aufgehoben. Ihr habt die Weisheit hinter eurem Schatten gefunden und lernt als weiser Mensch, weise und vertrauensvoll zu handeln und zu sein, der "ICH BIN, der ICH BIN". Die Opferhaltung, die euch von eurer Ganzheit trennte, hat sich in den weisen, liebenden Schöpfer verwandelt, der in spiritueller Eigenverantwortung der Vormacher, das Vorbild, der Lehrer und der Lichtträger und Energiebeweger wird, der er immer schon war.

Jede Form der Bedürftigkeit ist vorbei, ihr seid nicht bedürftig, ihr erfahrt keinen Mangel, wenn ihr euch ganz fühlt, wenn ihr den Kontakt zu eurer eigenen Meisterschaft hergestellt habt.

Ihr erkennt den tiefen Sinn all eurer Realitäten in Neutralität, in der jegliche Form der Verurteilung und Bewertung aufgehoben ist. Ihr erfahrt Liebe als Energie, die der Ganzheit entspringt. Ihr erfahrt Einssein mit euch, das eurer Eigenliebe entspringt. Ihr erfahrt kosmische Wahrheit, kosmische Gesetzmäßigkeiten und kosmische Verbundenheit in eurem Körper und in eurem Leben. Ihr habt eure scheinbare Vergangenheit losgelassen und euch nur die positiven Erfahrungen des Erlebten zunutze gemacht. Ihr fragt nicht mehr nach eurer Zukunft und lebt genießerisch den Augenblick, vertrauensvoll eingebettet in eure göttliche Lichtkörperenergie, denn ihr habt den letzten Schritt, der da Hingabe heißt, vollzogen.

Ihr habt Hingabe auf allen euren Bewusstseinsebenen gelebt und habt in eurer Vergangenheit öfter die Erfahrung gemacht, dass eure Hingabe, eure Gabe nicht angenommen, nicht verstanden, nicht unterstützt oder gar abgelehnt wurde. Die Wahl eurer Mittel katapultierte euch unbewusst zu Bewusstheit.

Ihr habt Hingabe benutzt, um mit Liebe zu buhlen, oder habt euch selbst kleingemacht, um Anerkennung zu bekommen, oder ihr habt mit manipulierendem, kontrollierendem Verhalten geprüft, ob es sich lohnt, euch irgendjemandem hinzugeben. Es lohnt sich niemals, wenn ihr euch selbst dabei verliert! Wenn ihr erst etwas bekommen wollt, bevor ihr etwas gebt, oder euch etwas erschleicht in Unehrlichkeit und Opferbereitschaft euch selbst gegenüber. Niemand wird sich wirklich zur Verfügung stellen, dem ihr euch hingeben könnt, wenn ihr nicht zuerst Hingabe zu euch selbst zugelassen habt. Hingabe ist der Prozess, der euch unweigerlich zu eurer Ganzheit führt, und da es hierbei um eure

Ganzheit geht, geht es auch um eure eigene Hingabe zu euch selbst. Kein anderer Mensch erkennt euch, wenn ihr euch nicht selbst erkennt.

Folglich habt ihr euch entwickelt aus dem Gefühl heraus, getrennt zu sein, alleine zu sein, nicht geliebt zu werden. Das Gefühl der Trennung hat euch resignieren oder kämpfen lassen, bis ihr mit wachsender Erkenntnis herausgefunden habt, dass, egal was ihr tut, ihr selbst euer treuester und bester Freund seid.

Wenn ihr nicht weiter wachsen wolltet oder frustriert wart, so hat eure Seele angeklopft und euch dieses bekannte Sehnsuchtsgefühl geschickt, dass ihr in eure Ganzheit zurückkehren wollt.

Und diese Sehnsucht trieb euch voran, bis ihr schließlich bei euch selbst angekommen wart, bei euren positiven und negativen Gefühlen, bei euren konstruktiven und destruktiven Gedanken. Ihr habt durch die geistig-seelische Arbeit herausgefunden, wie ihr fühlt und denkt, agiert, reagiert, handelt und eure Wirklichkeit erschafft. Ihr habt mehr und mehr gelernt, euch selbst zu lieben, euch hinzugeben an das, was ihr gerade seid oder zu sein glaubt. Damit hört der Kampf um Liebe auf, das Band der gegenseitigen Abhängigkeit wurde gekappt, die Eigenverantwortung für euer Sein und Tun wuchs, und ihr spürtet die Freiheit und Liebe eures Seins. So habt ihr gelernt, was kosmische Hingabe wirklich bedeutet, nämlich sich hinzugeben an das höhere Bewusstsein in euch selbst und dadurch Eigenliebe und Würde zu erfahren! Selbst die Situationen, in denen ihr euch früher abgewertet und verurteilt habt, könnt ihr euch jetzt anerkennend anschauen. Ihr habt eure Muster von Angst und Strafe überwunden, ihr habt eure Kleinheit in eure wahre Größe gehoben und wisst doch, dass es noch etwas Größeres gibt, das euch nur in ehrlicher, demütiger, wissender, liebender Hingabe dient.

Der eigentliche Schritt, der euch bewusst so weit gebracht hat, war eine tiefe, im Innen getroffene Entscheidung, nämlich jeglicher Form des Kampfes zu entsagen.

Kämpfe binden eure Energien an die Illusion.

Die Entscheidung, nie mehr, für nichts mehr auf der Welt zu kämpfen, macht euch frei von Verteidigungsmechanismen und bindet eure frei gewordene Energie an eure Geist-Seele anstatt an destruktive Gefühle. Erst jetzt erkennt euer negatives Ego eure wahre Größe an, es vermittelt euch nicht mehr die Verlust- oder Verliererenergie, selbst wenn das Gewünschte nicht gleich in der Illusionsebene sichtbar wird. Die Seele macht keine Fehler. Der Mensch, der nicht kämpft, der weiß und vertraut und sich diesen kosmischen Energien der Hingabe überlässt, dieser Mensch hat schon gewonnen, ohne Kampf, ohne Schmerzen, ohne Leid. Er hat gewonnen in seinem Sein. Seine Lektionen, Egoprüfungen, Schattenteile, Glaubenssätze und Verhaltensmuster haben keine Macht mehr über ihn.

Lange genug hat er sich an diese hingegeben und sich geduckt. Jetzt haben diese dunklen Teile keine Macht mehr über ihn, er hat sie angesehen, verstanden, geliebt und erlöst. Kämpfe sind für diesen Menschen vorbei, und somit ändert sich sein kämpferisches Verhalten im Außen, das ihn von seiner ursprünglichen Ganzheit getrennt hat, weil er an Trennung geglaubt hat.

Durch die Wahrnehmung seiner Einheit hat er alles, was ihn ausmacht, alles, was er ist, und alles, was er noch nicht ist, in die Ebene der Ganzheit gehoben, er hat sich selbst transzendiert. Diese Erkenntnis bei vielen Menschen bewirkt eine Verstärkung und Anhebung des ganzheitlichen Bewusstseins, in dem die Energie der Trennung nicht existiert.

Trennung ist eine Illusionsenergie, durch die den Menschen die Ganzheit bewusster wird.

Mehr und mehr Menschen wenden sich diesem wachsenden Bewusstsein zu und heben das energetische Feld eures Planeten an, indem sie ihr Wissen um die Ganzheit dem Himmel entgegenstrecken.

Aus der Sicht der seelisch-emotionalen Ebene:

Weil wir und viele andere Menschen durch unser stetiges Wachstum, die Aussendung unserer Liebe und die Verbreitung unserer Weisheit daran mitgearbeitet haben, das Neue Bewusstsein in diese Welt zu ziehen, können wir und auch alle anderen Menschen an der Energie des Neuen Bewusstseins teilhaben und unser Erbe weitertragen.

Wir haben verstanden, dass uns Getrenntheit, die wir in unseren Körpern und in unserer illusionären Welt und auch in unserem unmittelbaren Umfeld erleben, schlussendlich den bewussteren Weg zur Einheit zeigt.

Denn erst die Erfahrung von Trennung macht uns die Seligkeit unserer Ganzheit bewusst. Ganzheit ohne Trennung erfährt sich selbst nicht als Ganzheit, erst durch die Reflexion der Trennung erkennt sich die Ganzheit als solche selbst an und führt schlussendlich zur Einheit.

Unsere illusionäre Welt ist auf Polaritäten aufgebaut, so dass wir diese in den kleinsten Gegebenheiten auch polar erfahren, nämlich genau so lange und so häufig, wie wir die Illusion für unsere Wirklichkeit halten. Erst die Aufhebung unserer trennenden Gedanken und Gefühle in uns durch Akzeptanz, Liebe und Hingabe ermöglicht es uns, die höhere Sichtweise unseres Bewusstseins als Teil der Ganzheit anzuerkennen.

So bringen wir nach und nach alle unsere getrennten Teile in unsere Bewusstseinsebene. Alles Bewusste, alles Unbewusste, was wir von uns selbst abgetrennt haben, führt uns schlussendlich bewusst zurück zu unserem Selbst, zurück zu unserem göttlichen Kern.

Und mit jedem Teil, der uns liebevoll zurückführt, werden wir ganzer, transparenter, weiser und hingebungsvoller. Wir dienen der Ganzheit, und die Ganzheit dient uns. Welch ein Fest der Gnade!

Diese Befruchtung macht uns nicht überheblich und arrogant, was wir manchmal befürchtet hatten als sensible spirituelle Menschen. Aus unserer Sicht sind wir eher arrogant und überheblich, wenn wir nicht zu dem werden wollen, was wir im Namen unserer Ganzheit sind.

Das Gesetz über Hingabe und Ganzheit zeigt uns, wie wir unsere ungezogenen Schattenkinder erziehen, unsere verloren gegangenen Schäfchen wieder einsammeln, für die wir liebende Mutter und liebender Vater zugleich sind. Denn auch diese wollen sich uns hingeben, verstanden, geliebt und sich geborgen fühlen. Mit jedem wiedergefundenen Schattenkind, das vorher respektlos, traurig und sogar wütend war, mit jedem wiedergefundenen Schäfchen werden wir selbst ganzer und ganzer. Somit vergrößert sich die Liebe zu uns, und unsere Teile integrieren sich in unsere Akzeptanz, Dankbarkeit und Freude.

Durch unser Wachstum sind wir die große "Mutter der Hingabe", und wir übergeben uns selbst an unsere große "Mutter der Hingabe", die uns als Ganzheit zurückbringt in das "Reich des Vaters", in das Reich der Ganzheit, aus dem wir willentlich einst entlaufen sind, um unsere eigenen Wege zu erkunden.

Unser kosmischer Vater und unsere kosmische Mutter wissen immer, dass wir nicht wirklich verloren gehen können innerhalb unserer Spielwiese der Illusion. Sie lieben ihre Kinder! Selbst wenn wir uns dabei etwas ungezogen, manchmal störrisch und auch kleinmütig anstellen oder gar Dramen inszenieren, um auf uns aufmerksam zu machen.

Die Ganzheit bewertet nicht, sie straft uns nicht, sie freut sich an unseren Erkenntnissen und Erfahrungen und an unserem Wachstum, das wir durchlaufen haben, um endlich zu wissen, wer wir sind.

Und die kosmische Liebe war immer bei uns, dieses Band kann niemals reißen, niemals zerstört werden.

Liebe verbindet, sie trennt niemals, sie begrüßt und unterstützt uns als ganzheitliches Wesen, selbst wenn wir uns in der illusionären Realität als ein getrenntes, verlorenes Schaf empfinden.

Aus der Sicht der menschlich-materiellen Ebene:
Hingabe ist die letzte Instanz, die du vor deiner Erleuchtung und Selbst-Anerkenntnis durchlaufen musst.

So wie du deine eigenen Schattenkinder ohne Verurteilung und emotionale Dramen zu dir nach Hause geholt hast, so ist dein Höchstes in dir bereit, immer und ewiglich dich in deinem Zuhause zu begrüßen, ohne dich für irgendetwas schuldig zu sprechen.

Als Mensch in dieser Illusion hast du die Wahl, eigene Entscheidungen zu treffen und Wünsche zu realisieren, und dein Zuhause nimmt es hin und freut sich an deinem Wachstum. Das heißt, du hast als Mensch den freien Willen der Entscheidung, und dein Zuhause anerkennt jegliche Entscheidung von dir als Wachstumsphase.

Hingabe aus kosmischer Sicht ist also das absolute Vertrauen zu deiner Seele, zu deinem Geist und zu deinen höheren Anteilen, von denen du niemals getrennt warst und niemals getrennt sein wirst. Und mit dieser Erfahrung und diesem wunderbaren vertrauensvollen Gefühl kannst du jetzt aus vollem Herzen sagen:

"Nicht mein Wille geschehe, sondern deiner", und das ist die bedingungslose Liebe - Agape genannt.

Man muss erst lernen, ein Mensch zu sein,
bevor man ein göttlicher Mensch
auf höherer Ebene werden kann.

Wenn ihr versucht zu verändern, kontrolliert ihr.

Wenn ihr annehmt und segnet,
habt ihr schon verändert.

Das Göttliche in dir trennt das Menschliche nicht ab,
im Gegenteil, es verbindet alles.

32. Energiegesetz

Das Schöpfungsprinzip auf der menschlichen Ebene basiert auf den drei Pfeilern
– Gedanke
– Wort
– Tat

Aus der Sicht der kosmisch-spirituellen Ebene:

Gedanke

Am Anfang war der *Gedanke* Gottes, um sich über seine eigene Schöpfung erkennen zu können, und er sprach das Wort, die Offenbarung, er erschuf das Licht, um daraus die Schöpfung Mensch zu erschaffen. Und er erschuf die Welt, auf der seine Schöpfungen leben sollten, in sieben Tagen. Dieses Schöpfungsprinzip hatte und hat in allen Zeiten seine eigene Gesetzmäßigkeit. Dieses Gesetz erinnert euch daran, wie ihr eure eigene Realität auf eurer bewussten Ebene neu erschaffen könnt.

Geist erschafft Materie. Auf der unbewussteren Ebene sind eure Gedanken euer Werkzeug zur Erschaffung einer neuen Realität. Bewusst geboren stammt ihr aus der Quelle, gebadet in Liebe entließ er euch Menschen ausgestattet mit eigenem Willen in eure Grobstofflichkeit.

Nun stehen eure Gedanken oft im Widerstreit zu euren Gefühlen, und anstatt Lösungen bilden sich in eurem Denken immer neue Fragezeichen, die wiederum neue, andere Gefühle in euch auslösen, bis ihr oft verwirrt seid.

So scheint es nicht zu funktionieren, ihr könnt eure Wirklichkeit nicht ausschließlich aufgrund eurer Gedanken verändern, ihr könnt euch kein besseres Leben erdenken, es bleibt, wie es ist. Es funktioniert nicht, und mit jedem Fragezeichen steigt eure intellektuelle Verwirrung.

So wie ihr kein Haus auf einem Pfeiler erbauen könnt, so könnt ihr keine Wirklichkeiten erschaffen, wenn ihr die Grundpfeiler der Schöpfungsenergie nicht verstanden habt.

Eure Gedanken sind die unbewussten Ebenen eures Geistes. Ohne den Einfluss eures Geistes auf eure Gedanken drehen sich diese im Kreis eurer Illusionen, ohne Lösungen bezüglich eurer Veränderungswünsche liefern zu können. Es entstehen mehr Fragezeichen als Ausrufezeichen. Euer Verstand ist euch ein wichtiger Berater für viele eurer Entscheidungen in eurer materiellen Wirklichkeit, denn das ist sein Job, euch hier gut und logisch, abwägend und ausreichend zu bedienen. Allerdings gehört es nicht zu der Aufgabe eures Verstands, andere bewusst gefühlte Wirklichkeiten zu erschaffen oder diese zu verändern. Hierzu benötigt ihr eure geistigen Kräfte, die bewusster, umfassender, klarer, brillanter und kosmisch-logischer sind. Da eure geistigen Bewusstseine jedoch niemals in Konkurrenz mit eurem Verstandesbewusstsein stehen, ist es die Aufgabe von euch Menschen, der Meister über euer Verstandesbewusstsein zu werden und genau zu wissen, wer hier welchen Job auszuführen hat und wer hier der Meister ist. Euer Verstandesbewusstsein hat die Oberhand über euch Menschen, wenn ihr von ihm Lösungen und Hilfestellungen erwartet, die er nicht erfüllen kann. Im Gegenteil, euer Verstandesbewusstsein wartet auf euch, um den Meister anzuerkennen, der ihr in Wahrheit seid, denn erst dann wird es sich dem höheren, geistigen

Bewusstsein beugen und mit diesem zusammenarbeiten. Euer Verstandesbewusstsein denkt und denkt, es hört nie auf zu denken, solange ihr in diesem Körper weilt. Ihr könnt jedoch lernen, welche dieser Gedanken euch dienen, euer Wachstum fördern oder aber eurer Angst Nahrung geben. Das heißt ganz praktisch, dass ihr eure Gedanken erzieht, die geistige Ebene in euch um Unterstützung in der Problemlösung zu bitten. Ihr ladet den Geist ein, Ruhe in eure verwirrten Gedanken zu bringen. Der Meister in euch erscheint und sagt, wo es langgeht, dies verschafft euch Klarheit über euer strukturiertes Denken hinaus. Die Gedanken, die euch Zweifel, Ängste, Misstrauen und dergleichen suggerieren wollen, lasst ihr dabei vorbeiziehen. Ihr registriert diese lediglich als Botschafter eurer Zweifel und Ängste, die ihr mit eurer Gesamtheit, mit eurer Disziplin, mit eurer Eigenliebe in euch aufspürt und mit eurem spirituellen Bewusstsein erlöst, anstatt diesen Gedanken immer mehr Aufmerksamkeit zu geben, als ihnen zusteht. Denn sonst entsteht ein Sammelsurium von destruktiven Gedanken in euch, die euch eine Wirklichkeit erschaffen, die ihr sicherlich so nicht gewünscht habt. Geist erschafft Materie. Gedanken als unbewusste Kinder des Geistes tun dies auch, allerdings unbewusst und langsamer als eure Geisteskraft. Werdet der Meister über euren Verstand und sagt ihm, wann er eine "Pause" hat.

Wort

Der zweite Pfeiler des Schöpfungsprinzips ist der Pfeiler des Wortes - das *Wort*, das offenbart, was ihr wünscht, was ihr denkt und wie ihr euch selbst und die Umwelt erlebt. Das Wort ist der verbale Ausdruck eurer Gefühle und eures Geistes - oder eures intellektuellen Verstandes - je nach Grad eures Bewusstseins. Über das Wort offenbart ihr eure Wünsche, eure Träume, aber auch eure Missstände, eure Enttäuschungen und Ärgernisse. Allein durch den Ausdruck und den Austausch mit anderen Personen lernt ihr viel über euch selbst, wenn ihr euch beim Reden aufmerksam zuhört und nachspürt, warum ihr wann, wie gerade dieses oder jenes sagt. Das Wort ist Mitschöpfer der Realitätserschaffung entsprechend der Schwingung eurer inneren wahrhaftigen Überzeugung. In eurer klaren Neutralität offenbart ihr jetzt selbst eure gut versteckten Ängste und Selbstzweifel, ohne zu jammern. In diesem Fall unterstützt euch die kosmische Energie, wenn ihr schon mutig genug seid, ehrlich eure Ängste und Zweifel preiszugeben. Die Gnade des Kosmos gibt euch dann einen Bonus und belohnt euren Mut zur Wahrheit, indem er die ausgesprochene Angst, Zweifel und dergleichen nach und nach transformiert und eure Lasten entfernt. Ausgedrückte, offenbarte Ängste wiegen somit nur noch die Hälfte. Das ist ein Bonus für eure neue Realitätsschaffung, denn jetzt versteckt ihr eure scheinbar schlechten Gefühle nicht mehr hinter einer Maske der Lüge - im Gegenteil, ihr offenbart diese und teilt sie mit. Ihr habt riskiert, abgewertet und ausgelacht zu werden. Menschen werten vielleicht oder lachen über euch. Euer Selbst jedoch ist stolz auf euch, belohnt euch mit mehr Kraft, Mut und Wahrhaftigkeit. Ihr habt gelernt, dass euer Selbst keinen Unterschied macht zwischen scheinbar guten und scheinbar schlechten Gefühlen. Außerdem habt ihr erkannt, dass ihr Gefühle habt, aber nicht eure Gefühle seid. Ihr seid viel mehr als eure Gefühle, die nur ein Barometer für euer bewusstes Wachstum sind. Je mehr ihr wisst, wer ihr seid, desto ehrlicher könnt ihr über eure Gefühle sprechen. Ihr offenbart und teilt eure scheinbar schlechten Gefühle ebenso wie die scheinbar guten Gefühle wie Freude, Leichtigkeit, Tiefe, Humor. Ihr offenbart euch, und dadurch erkennt ihr euch selbst, eure Gedanken werden kontrolliert und erzeugen in euch gute Gefühle.

Später, wenn ihr allein in eurem bewussten, spirituellen Raum seid, holt ihr euch diese Gefühle nochmals hervor, jetzt jedoch, um sie mit eurem höheren, spirituellen Bewusstsein zu erkennen, zu akzeptieren, zu lieben und schlussendlich zu transformieren. Schlussendlich bleiben durch diese Arbeit an euch und mit Hilfe der kosmischen Gnade in euch nur tiefe, wahrhaftige, glückselige, liebevolle, lichtvolle, vertrauensvolle und fördernde Gefühle übrig. Diese verbinden sich mit eurem geistigen Bewusstsein, werden stetig aufgeladen und vervielfältigt. Ihr wisst jetzt, dass ihr einer zufriedenen Realitätsschaffung sehr nahe seid, ihr habt das geistige Bild, die Vision eures Wunsches und ladet diesen energetisch auf mit dem inneren Glücksgefühl der Liebe zu euch. Euer Gefühl explodiert, die Vision ist gefühlsmäßig in euch wahrnehmbar, obwohl sie noch nicht in eurer Realität sichtbar ist. Auf der geistig-seelischen Ebene ist sie schon Wirklichkeit, und eure Freude darüber ist unermesslich - ihr fühlt euch endlich als Schöpfer - das schicksalsgebeutelte Opfer hat ausgedient.

Tat

Nun fehlt noch der letzte Pfeiler des Schöpfungsprinzips, nämlich die *Tat*. Denkt daran: Ihr trefft die Entscheidungen selbstständig, das Universum erfüllt Wünsche oder auch nicht. Werden die Wünsche nicht erfüllt, könnt ihr davon ausgehen, dass noch etwas Besseres für euch nachkommt, immer!

Ihr habt geistig-seelisch erschaffen, jetzt drängt diese Energie in die Vollendung, sie will sich nämlich in eurer Realität manifestieren. In euren Taten zeigt sich, wie viele Egoanteile, Weigerungen oder Schattenteile euch noch an der Empfängnis eurer neu geschaffenen Wirklichkeit hindern.

Vertraut ihr eurem Selbst, eurem Kosmos, dass alles, was geistig ist, auch stofflich wird? Oder wollt ihr euch absichern?

Schafft ihr euch noch Hintertürchen und Versicherungen für den Fall, dass es doch nicht funktioniert?

Ist euer Vertrauen größer als euer Misstrauen, eure Geduld friedvoller als eure Ungeduld?

Bleibt ihr bei eurer Vision von euch und eurer neu geschaffenen Realität, oder siegen die alte Vernunft, eure Kleinheit, eure Ängste und eure alte Opferbereitschaft?

Wenn ihr eurer Geist-Seele wahrhaftig vertraut, so führt sie euch über eure Intuition in euer wahres Handeln. Sicherlich seid ihr in diesen Zeiten der neuen Realitätsschaffung sehr wachsam und diszipliniert. Ihr folgt bedingungslos eurer inneren Stimme und erkennt in eurer Außenwelt wundersame Fügungen, Zusammenhänge und Zeichen. Selbst wenn ihr bezüglich eurer inneren Stimme nicht ganz sicher seid und scheinbar "Falsches" tut, wird euch das nicht sonderlich berühren oder erschrecken, denn ihr wisst euch in guter, liebevoller Führung auf dem rechten Weg. Kleinere Umwege lassen euch noch tiefere Erfahrungen sammeln, ohne dass ihr von eurem Schöpfungsziel abweicht. Ihr seid mutig und vertrauensvoll genug euch selbst gegenüber, und die Gesetzmäßigkeiten des Kosmos sind euch vertraut. Ihr seid jetzt so weit fortgeschritten, dass ihr eure Gedanken vergeistigen könnt, dass eure Gefühle angstfrei jetzt die Früchte dieser Bewusstseinserweiterung annehmen können, und ihr werdet diese Früchte in der Tat erhalten. Ihr selbst prüft euch nochmals in eurem menschlichen Verhalten, ihr öffnet euch im Körper für eure Schöpfung, ihr lernt dadurch, zu wissen und zu fühlen, dass ihr das alles verdient habt. Ihr erkennt, dass eure Geist-Seele euch nur das Beste schenkt - und dass ihr geliebt werdet dafür, wer ihr seid. Die körperlichen Anstrengungen sowie die geistig-seelischen Frustrationen hören auf!

Jetzt ist euer Tun ausgerichtet auf eure inneren Wünsche und Träume, angeschlossen an euer wahres Selbst. Ihr seid bereit, alles zu tun, was euch als Mensch und als Geist-Seele guttut. Ihr tut nicht mehr, um zu tun, ihr tut nicht mehr, um zu gefallen, ihr tut nicht mehr, um geliebt zu werden!

Ihr handelt aus eurem höheren Bewusstsein heraus, und es ist euch ziemlich gleich, was ihr tut, denn wenn es euch nicht mehr gefällt, was ihr tut, so erschafft ihr euch ein neues Schwingungsfeld. Und bis dieses Schwingungsfeld die Art und Weise eures Handelns in die Wirklichkeit bringt, macht ihr eben geduldig weiter im alten Tun. Ihr vertraut euch selbst, sprich eurem Selbst, durch das ihr mehr und mehr erkennt, wer ihr seid - im Gegensatz zu eurer Vergangenheit, in der ihr euch ausschließlich über das identifiziert habt, was ihr tatet, anstatt über euer ICH BIN. Das Tun obliegt euch Menschen, ihr entscheidet darüber, warum, wie und wann ihr etwas tun wollt. Das ist eure Wahl. Dabei werdet ihr entweder von euren Gefühlen, eurem Intellekt, eurem selbst auferlegten Stress, von euren Ängsten, eurer Gier, eurer Gefallsucht oder sonstigen Schattenteilen und Glaubensmustern gesteuert. Aber ihr werdet mit jedem wachsenden Bewusstseinsanteil von euren Potenzialen, eurer Eigenliebe, eurem Vertrauen zu euch und eurem liebenden Selbst getragen, und ihr erfahrt euch selbst mehr und mehr als Schöpfer eurer eigenen Wirklichkeit.

Dieses Gesetz zeigt euch den Weg heraus aus eurem Opferdasein, heraus aus dem bisher jämmerlichen Erdendasein hin zu Frieden, Freude und Leichtigkeit. Ihr begegnet wieder eurer Freude - in Dankbarkeit und Leidenschaft für euer Leben.

Aus der Sicht der seelisch-emotionalen Ebene:

Dieses Schöpfungsgesetz erinnert uns daran, dass es jedem Menschen freisteht, dieses Gesetz in seinem Leben anzuwenden, um ein bewusster Schöpfer zu werden. Unsere scheinbaren menschlichen Ungerechtigkeiten, die wir auf unserem Planeten täglich erfahren, sind nicht göttlichen Ursprungs.

Vielmehr gibt dieses kosmische Gesetz allen Menschen die Möglichkeit, die selbst erschaffenen Realitäten zu verändern und dadurch bewusster zu gestalten. Diese scheinbaren Ungerechtigkeiten dienen uns Menschen als Erfahrungen zur Umkehr. Der bewusste Umgang mit Gedanken, Worten und Taten lässt uns Menschen zu bewussteren Schöpfern in unserer Ebene werden - was uns gleichsam zu Mitschöpfern auf allen existierenden Ebenen erhebt, wo Liebe, Wahrheit und Urvertrauen vorherrschen. Diese Energien können somit leicht durch unseren Körper als Schöpfungsenergie fließen und Liebe, Wahrheit und Urvertrauen in unsere grobstoffliche Ebene bringen. Durch diesen Prozess in uns selbst inspirieren wir unser Umfeld, es uns gleichzutun, ohne dass wir dies erwarten.

Das Neue Bewusstsein, das unsere Erde mehr und mehr erreicht, hilft uns Menschen jetzt effektiver in unserem Bewusstseinsprozess und unterstützt alle Menschen, deren Bewusstsein auf Liebe, Wahrheit und Frieden ausgerichtet ist. Auch im Moment weniger bewusste Menschen werden von diesem Prozess unterstützt und werden sich dementsprechende Realitäten schaffen, um auch an der erwachenden Schöpfungskraft dessen, wer sie wirklich sind, teilnehmen zu können.

Dieses Gesetz unterstützt uns in dem Prozess des erwachenden Schöpfers in uns und verteilt das Neue Bewusstsein auf unserem Planeten, so kommt das Christusbewusstsein auf die Erde!

Aus der Sicht der menschlich-materiellen Ebene:
Um die Neue Energie gepaart mit wachsendem Bewusstsein in dir aufnehmen und mit dieser arbeiten zu können, musst du das Alte, das Schwere und Leidvolle und damit nicht mehr für dich Passende loslassen und wahrhaftig Platz schaffen für dein Neues Energiefeld. Je mehr Menschen im Neuen Bewusstsein leben, desto schneller und intensiver kommt für dich die Neue Energie herein. Bewusstsein braucht Energie, um sich zu transportieren. Je mehr Menschen im Bewusstsein wachsen, umso mehr beschleunigt sich die Energie, verbreitet sich auf unserem

Planeten und erfährt eine Anhebung der Schwingung für Mensch, Tierwelt und Natur. Das Universum unterliegt jedoch nicht der Zeit, denn es besitzt die Ewigkeit. Nur dir erscheint die Zeit schnelllebiger, weil du aufgrund deines steigenden Bewusstseins in der jetzigen Zeit viel schneller deine dunkleren Teile ins Licht hebst als früher. Schon die Anerkennung und Bejahung deiner dunkleren Teile bewirkt eine multidimensionale Veränderung deines Seins auf all deinen Ebenen. Einige Menschen haben zu jeder Zeit durch stetige energetische Arbeit an sich selbst und ihrem Umfeld der Erde und allen Lebewesen zu Neuem Bewusstsein verholfen. Diese Menschen glaubten nie an den Untergang der Welt, sondern erkannten, dass ein stetig wachsendes Bewusstsein in Liebe diese Erde und die darauf lebenden Menschen in eine höhere Dimension anheben kann, ohne dass dabei alles zugrunde gehen muss.

Entledige dich der feststeckenden Energien
in deinem Körper über liebevolle Worte,
positive Gedanken und schöpferische Taten.
Beginne Veränderungen über Energiebewegungen,
die zu Taten führen, die deine veränderten Gedanken
und Gefühle zum Ausdruck bringen werden.

Deine Wahl entscheidet über dein Sein.

Die Sicht, die du von dir selbst hast,
entscheidet über dein Handeln.
Und dein Handeln zeigt dir, wer du wahrlich bist.

Leben heißt: bewusst werden, wachsen,
nichts hinnehmen oder aushalten,
sondern mit Wahrheit, Liebe und Bewusstheit verändern.

33. Energiegesetz

Das Schöpfungsprinzip auf der kosmischen Ebene basiert auf den drei Pfeilern
– Akzeptanz
– Segnung
– Neu-Schöpfung

Aus der Sicht der kosmisch-spirituellen Ebene:

Was euch das 32. Energiegesetz bezüglich Realitätsschaffung aus menschlicher Sicht erläutert hat, vertieft dieses Gesetz aus seiner übergreifenden kosmischen Sichtweise heraus, um euch eine vertiefte Form des Schöpfungsprinzips zu verdeutlichen. Es ist eine Sichtweise, die euch die dauerhafte, integrierte Schöpfungsmacht, die auf allen Ebenen beständig ist, garantiert.

Dieses Gesetz basiert auf drei Basisenergien: der Dreiheit, der Dreieinigkeit, der Dreifaltigkeit von Vater, Sohn und Heiligem Geist. Die Zahl "3" als Schlüssel steht sowohl für kosmische Wahrheiten und kosmische Gesetzgebung wie auch für die Gesetzgebung in der menschlichen Ebene.

Akzeptanz

Der erste Pfeiler besteht aus der Energie *Akzeptanz* und besagt, dass Neuerschaffung sowie Realitätsveränderungen nur möglich werden, wenn ihr Akzeptanz üben könnt. Diese Energie fängt in euren Körpern an und endet in der Akzeptanz, dass euer Selbst keine Fehler macht. In eurem Leben begegnet ihr vielen Situationen, die euch Akzeptanz abfordern, was euren Egoanteilen und euren Schattenteilen anfangs garantiert nicht gefällt. Ihr lernt, Akzeptanz zu üben, wenn ihr eure Entwicklung schrittweise bewusst durchlaufen habt. Nämlich:

- Ihr habt die spirituelle Verantwortung für eure jetzige Realität übernommen. Ihr habt aufgehört, Umstände und andere Menschen für euer Chaos verantwortlich zu machen.
- Ihr habt akzeptiert, dass alles, was geschieht, einen Sinn hat, auch wenn ihr diesen Sinn nicht immer gleich erkennt.
- Ihr habt gelernt, Unwichtiges von Wichtigem zu trennen, ihr habt gelernt, euch abzugrenzen, notfalls durchzusetzen in eurer Wahrheit mit der klaren Offenbarung eurer Gedanken und Gefühle.
- Ihr habt gelernt, euch nicht einzumischen in Erfahrungen und Entwicklungsprozesse anderer Menschen.
- Ihr habt gelernt, Mangel und Bedürfnisse aus eurem Selbst heraus zu stillen.
- Ihr habt gelernt, wertfrei und neutral eure Wahrheit des Herzens zu teilen, ohne zu verurteilen und ohne euch selbst zu erheben.
- Ihr habt schlussendlich gelernt, dass alle eure gemachten Erfahrungen, selbst die schmerzvollsten, eurem Wachstum gedient haben.
- Ihr habt gelernt, euch und anderen Menschen diese eure erlittenen Schmerzen und Enttäuschungen zu verzeihen, weil ihr aufgrund eures gewachsenen Bewusstseins immer mehr den höheren Sinn in der durchlebten Situation verstanden habt.
- Ihr habt gelernt, dass jede Energie eine Gegenenergie besitzt. So schaut ihr nicht nur die schmerzvolle Seite eurer Lernaufgabe an, sondern lobt euch für eure guten Aspekte, eure Potenziale, euer Wachstum und für eure Eigenliebe, die in der Waagschale für Gerechtigkeit sorgen.

- Ihr habt gelernt, dass es eine kosmische Wirklichkeit und eine illusionäre Spielwiese gibt.
- Ihr habt gelernt, Unbewusstes in euer Bewusstsein zu heben, um vom Opfer zum Schöpfer aufzusteigen.
- Ihr habt gelernt zu lassen, was ihr nicht ändern könnt. Aber ihr habt auch gelernt, im richtigen Moment Vorbild, Lehrer und spiritueller Ratgeber zu sein.
- Ihr habt gelernt, eure Gedanken zu kontrollieren, diese zu eurem Freund zu machen, anstatt sie als Feind zu betrachten, so hat der Geist schon begonnen, euch zu unterweisen, aufzuklären, zu führen und zu begeistern.

Euer Leben ist bedeutend stressfreier und gelassener geworden. Euer Ärger über Kleinigkeiten hat aufgehört, ihr habt durch die Arbeit an euch selbst erfahren, dass viele Schattenteile und Glaubensmuster transformiert sind und die äußeren Spiegel euch kein Unbehagen mehr bereiten. Ihr seid durchlässiger, transparenter geworden, ihr könnt in vielen Situationen gelassen darüberstehen und "fünfe gerade sein lassen".

Der Geist in euch ist erwacht und "versteht" in Bruchteilen von Sekunden den höheren Sinn hinter dem Erlebten, und er weiß, warum es geschehen ist und wozu es euch gedient hat.

Akzeptanz üben heißt: Alles, was geschieht oder geschehen ist, aus der brillanten Logik des Geistes zu begreifen, im Vertrauen auf die Richtigkeit, Klarheit und Wahrheit dieser geistigen Kraft, ohne die Einmischung des strukturierten Verstandes und ohne die Einmischung unklarer Gefühle. Wenn ihr in Akzeptanz eurem inneren höheren Geist euer Leben, eure Wünsche und Fragen bedingungslos anvertrauen könnt, dann bereitet es euch keine Schwierigkeiten mehr, in eurem menschlichen Umfeld Akzeptanz zu leben und zu erfahren und dementsprechend zu agieren. Ihr erfahrt über euer geistiges Bewusstsein dieses Urvertrauen, nach dem so viele Menschen streben. Ihr akzeptiert alles, was ist und wie es ist; ihr wisst, wenn es anders sein sollte, so wäre es anders. Ihr begreift, dass dauerhafte positive Veränderungen einzig und allein nur über jeden einzelnen Menschen, der bewusster und bewusster wird, erfolgen können, und ihr erkennt, dass ihr einer dieser Menschen seid.

Durch eure Bewusstseinsveränderung erschafft ihr neue liebevolle, wahrhaftige, friedvollere und freudvollere Realitäten, die euch und allen anderen Lebewesen dienen. Ihr erinnert euch, dass ihr einen wunderbaren Geist besitzt und dass dieser wundervolle Geist in Verbindung mit der Seele wunderbare Realitäten schafft – wenn ihr dieses freudvoll akzeptiert. Und wenn ihr dies verstanden und akzeptiert habt und danach lebt, so werden andere Menschen es euch gleichtun, und es entsteht eine wunderbare Kettenreaktion von erwachtem Bewusstsein im Universum.

Segnung

Der zweite Pfeiler der Schöpfungsenergie heißt *Segnung*. Auch diese Energie fängt in eurem Körper an, in der Seele, die euren Körper bewohnt, und endet in der Erkenntnis, dass euer Selbst keine Fehler macht. Euer Selbst besteht aus eurem Geist und aus eurer Seele. Euer Geist liefert euch bei Bereitschaft zur Akzeptanz seine brillante kosmisch-logische Klarheit über alle unklaren Situationen eures Lebens. Eure Seelenenergie gibt ihren Segen, die Segnung dazu; der Vater in euch hat das Wissen gebracht, die Mutter in euch bringt durch ihren Segen die Liebe, die Geborgenheit, das Verständnis, den Schutz, das Vertrauen und damit die segnende All-Liebe zu euch zum Ausdruck.

- Ihr habt gelernt, dass Liebe eine Energie und kein Gefühl ist.
- Ihr habt gelernt, dass Gefühle den Grad eures Bewusstseins gespiegelt haben.

- Ihr habt gelernt, dass Gefühle euch zu euren Glaubenssätzen und Schattenteilen geführt haben.
- Ihr habt gelernt, dass ihr Gefühle habt, aber Liebe seid.
- Ihr habt auch gelernt, dass eure Seele euch immer segnet, egal was ihr tut.
- Ihr habt gelernt, dass die Seele euch nicht bestraft und euch nicht verurteilt.
- Ihr habt gelernt, dass die Seele immer bei euch war und ist und euch geduldig alle Erfahrungen machen lässt, die ihr für eure Bewusstseinserweiterung braucht.
- Ihr habt gelernt, dass ihr eure Seele nicht um Liebe anbetteln müsst, euch nicht aufopfern müsst und nichts beweisen müsst.
- Ihr habt gelernt, eure eigene Seele zu fühlen über eure Intuition und ihr bedingungslos zu vertrauen.
- Ihr habt gelernt, dass ihr mit eurer Seele kommunizieren könnt.
- Ihr habt gelernt, auf die Stimme der Seele, die über eure Intuition und eure innersten Gefühle zu euch spricht, zu hören und eurer kosmischen Mutter (Seele) und dem kosmischen Vater (Geist) vertrauensvoll zu folgen.

Wenn ihr die Energie der Akzeptanz in euch fühlt, so verleiht ihr dieser Energie euren Segen; dadurch verfügt ihr über eure Seelenenergien in strahlendem Glanz und allumfassender Liebe. Ihr segnet eure Vergangenheit, ihr segnet jede Katastrophe, die euch widerfahren ist, weil ihr über den Geist die höhere Sinnhaftigkeit erkannt habt.

Und jetzt gebt ihr das Höchste dazu, was ihr besitzt, nämlich eure höchste Liebesenergie, zu der ihr jetzt fähig seid, und ihr segnet somit alles, was war, und alles, was ist, weil ihr wisst, dass die Seele keine Fehler macht.

Der liebevolle Kontakt zu eurer Seele befähigt euch, euer Leben, eure geschaffenen Realitäten und auch eure Mitmenschen zu segnen. Denn wenn ihr eure eigene Seele wahrnehmen könnt, so seid ihr auch in der Lage, die Seele aller anderen Lebewesen wahrzunehmen. Euer Segen, eure Achtung und diese beflügelnde Liebe befähigen euch, alle Lebewesen für das zu lieben, was sie sind, und sie nicht für das zu lieben, was sie tun oder sagen.

Eure Seele segnet euch, und ihr segnet eure Seele und alle Seelen, denen ihr begegnet. Denn dieses Bewusstsein bringt euch wieder in den ursprünglichen Kontakt zu eurer Ganzheit, eurer Sehnsucht nach allumfassender, bedingungsloser Liebe - und diese wird durch euer Gefühl wahrnehmbar in euch selbst gestillt. Eure geschaffenen Realitäten sind in diese All-Liebe eingebettet, und eure Liebe zieht zu Liebe. Andere Menschen werden euch folgen, und so wird mehr Liebe auf Erden und in den Himmeln geboren.

Neu-Schöpfung

Die *Neu-Schöpfung* oder die *Neu-Erschaffung* eurer Realität ist sozusagen das kosmische Geschenk für die gelebte Erkenntnis der Akzeptanz und der Segnung.

In dieser Entwicklungsphase werdet ihr wahrhaftig die Früchte in eurer Realitätsschaffung sehen. Ihr akzeptiert, ihr segnet und bekommt von Vater und Mutter genau das, was euch dient und was euch zusteht. Das macht euch größer, reicher, friedvoller und bewusster. Ihr entscheidet, ihr wünscht, ihr empfangt in Dankbarkeit in dieser grobstofflichen Welt, was ihr einstmals geistig und seelisch in Auftrag gegeben habt. Jetzt empfangt ihr eure Früchte, die Früchte eurer Erkenntnisse, die Früchte aus eurem wahren Selbst - eure Saat ist aufgegangen!

Ihr empfangt euren Lohn, den Lohn für die Erkenntnis eures Seins - nicht zu vergleichen mit dem Lohn für eure vollbrachten Leistungen auf der menschlich-materiellen Ebene.

Ihr habt Wünsche, Träume, Visionen, und der dritte Pfeiler des Schöpfungsprinzips erfüllt euch die Wünsche, die Träume und lässt eure Visionen Wirklichkeit werden – die, die ihr wirklich und wahrhaftig braucht, nicht die, die ihr geglaubt habt zu brauchen. In diesem Wissen, dass Geist und Seele, euer Vater und eure Mutter, euch nur das Beste geben in ihrer segnenden Klarheit, empfangt ihr alle Geschenke in Dankbarkeit, Akzeptanz und im Segen eures Seins.

Und eure trotzigen Egoanteile, die dieses und jenes haben wollten, erhalten jetzt die Liebe, nach der sie sich immer gesehnt haben. Diese Egoanteile haben keine Lobby mehr in euch, diese Stimmen verstummen, sie sind euren höheren Bewusstseinsanteilen gewichen.

Eure Realität hat sich verändert, eure Wahrnehmung hat sich verändert; ein Schöpfer genießt seine Schöpfungen und erfreut sich an ihnen. Durch eure disziplinierte Arbeit an euch selbst hat sich euer Bewusstsein erweitert. Und über die Suche, die in eurer Außenwelt begann, habt ihr euch selbst gefunden. Ihr habt zu eurem Selbst gefunden. Ruhe, Vertrauen, Gelassenheit und innere göttliche Glückseligkeit machen euch zu liebenden, achtsamen, mitfühlenden, verständnisvollen und klaren, wahrhaftigen Menschen, die ihr Hohes Selbst lieben und die von ihrem Selbst geliebt werden. Ihr versteht jetzt den Satz "Wenn nicht geschieht, was du willst, dann will ‚es' geschehen".

Aus der Sicht der seelisch-emotionalen Ebene:

Dieses Gesetz des kosmischen Schöpfungsprinzips erinnert uns daran, dass wir wahrhaftig Schöpfer sind. Jegliche Opferbereitschaft diente der Erkenntnis, dass wir die Schöpfungsenergie erinnernd neu einsetzen können. Außerdem dient es der Rückbesinnung auf die für uns wichtige Existenz geistig-kosmischer Gesetzmäßigkeiten, die für alle Menschen die gleiche Gültigkeit besitzen. Diese Gesetze wurden uns gegeben, damit wir uns erinnern, dass wir diese Gesetze mit verfasst haben. Als unsere Göttlichkeit beschloss, die Göttlichkeit im Körper und in der Grobstofflichkeit zu vergessen, wussten wir doch tief in uns, dass wir eine Sicherung in unseren Plan eingebaut haben, nämlich die kosmischen Gesetze, an die wir uns zur rechten Zeiten erinnern würden, um wieder nach Hause zu gelangen. Wir haben Wegweiser, Straßenschilder, Landkarten, Lehrer, Seelenfreunde in unseren Seelenplan eingebaut, um zu gegebener Zeit unsere illusionäre Wirklichkeit zu durchschauen und unser spirituelles Bewusstsein zum Erwachen zu bringen. Wir wussten, dass es hilfreich sein wird für uns Menschen, sich zur rechten Zeit wieder an die kosmischen Gesetze zu erinnern, um unsere Heimkehr zu erleichtern. Diese Gesetze eröffnen uns immer wieder die Möglichkeit, unser Selbst, unsere Großartigkeit und unsere Göttlichkeit jetzt schon in unserem grobstofflichen Körper zu erfahren. Wir können schon jetzt feiern, um endlich den uralten Trennungsschmerz zwischen Körper, Geist und Seele aufzuheben. Unser erwachendes Schöpfungsbewusstsein erinnert uns daran, dass wir selbst den Himmel auf Erden erschaffen können.

Ein jeder für sich und doch "einer für alle" und "alle für einen", damit der Himmel auf die himmlische Erde kommen kann für alle Lebewesen und damit diese unsere Erde mit Hilfe von uns allen in eine neue Bewusstseinsebene aufsteigen kann. Wir haben Großputz gemacht, aufgeräumt, weggeworfen, entrümpelt, renoviert, aber auch verschönert, denn wir erwarten hohen Besuch. Unser jetziges Zuhause begrüßt unser geistig-seelisches Zuhause in Liebe, in Frieden und mit unserem göttlichen Selbst-Verständnis. Gesegnet sind wir Menschen für den Mut zur Neuschöpfung!

Aus der Sicht der menschlich-materiellen Ebene:

Wir alle haben diese Zeit des Wandels mitgeprägt, auch du bist mit daran beteiligt, ob bewusst oder unbewusst. Auch du hast dich in diese sich schnell verändernde Zeit inkarniert, weil du körperlich erfahren wolltest, wie es sich anfühlt, wenn das Bewusstsein die Schwingung, die Energie, die Natur, die Menschen und die Erde verändert. Alles, was existiert, erlebt einen Anstieg an kosmischer Energie. Auch du fühlst das in dir, deinem Körper und deinem Umfeld. Die Energie, die du wahrnimmst, ist schneller, transparenter, klarer, mehr auf den Punkt gebracht als die bisher bekannte. Das erzeugt in dir und in deinem Körper manchmal einige kurzzeitige energetische Irritationen, weil der grobstoffliche Körper sich in die höhere Energie integrieren will. Viele Informationen, die bisher von den Meistern im Verborgenen gehalten wurden, werden jetzt für alle Menschen zugänglich gemacht. Sämtliches Leben in unserem wie auch in anderen Universen dehnt sich aus und überlagert sich in den Dimensionen. Die Wissenschaft hat keine Erklärungen für Umweltkatastrophen, Klimaveränderungen und dergleichen. Was genau geschieht, ist eine Anpassung an das Neue Bewusstsein, an eine höhere Ebene allen Seins, und es erzeugt oft ein kurzzeitiges Chaos.

Alles Alte, das der Ganzheit nicht mehr dienlich ist, ja, was der Neuen Energie im Wege steht, wird transformiert und kann somit in die Neue Energie einfließen und das Bewusstsein in der Neuen Zeit zur neuen Blüte bringen.

Alles, was existiert, existiert gleichzeitig. Du nimmst in deiner Welt nur einen Bruchteil dessen wahr, wer du wirklich bist, woher du gekommen bist und wohin du wieder gehen wirst. Doch alles, was du als Mensch auf dieser Erde in diesem deinem Leben akzeptierst und transformierst, wird in allen Dimensionen angehoben, transzendiert aufgrund des stetig anwachsenden Bewusstseins. Erinnere dich daran, dass du gekommen bist, um diese Erde mit mehr Licht, Liebe und Weisheit zu befruchten, denn das ist dein Geburtsrecht und wird dir in diesem Leben und darüber hinaus wahrlich Geschenke versprechen!

Die Neue Energie trägt das Neue Bewusstsein empor.

Da wo Eigenliebe ist, ist stets Fülle.

Das Ego schafft Illusionen, die Liebe schafft Wirklichkeiten.

Weisheit entbindet von Leid und von Abhängigkeiten.

Sei bereit, mit dir und anderen Frieden zu schließen.

Anerkenne deine Großartigkeit – deine Einmaligkeit –
du wirst geliebt.

Ein Meister macht keine Kompromisse, ein klares Ja –
ein kleines Nein – dazwischen gibt es nichts.

ICH BIN, der ICH BIN, gestern, heute und morgen.

Nachwort der Autorin

Ich danke Ihnen für Ihr liebevolles Interesse und Ihre Aufmerksamkeit beim Lesen des vorliegenden Buches.

Ich wünsche jedem Leser von Herzen, dass er sich an sein göttliches Potenzial erinnern möge und sein Leben aus dem göttlichen Bewusstsein heraus freudvoll gestalten kann. Dieses erinnerte, erwachte göttliche Bewusstsein wird dann jeden Menschen zu dem wichtigsten Energiegesetz führen, nämlich:

Erkenne dich selbst, erkenne, wer du bist.

Dann geschieht gelebte Spiritualität, wo Geist, Körper und Seele eine Einheit bilden und der unbewusste Mensch zum wahren Menschen wird, der sagen kann:

ICH BIN.

In meiner spirituellen Arbeit sehe ich mich selbst als Wegbegleiter, Unterstützer, Transformator, Vormacher und Vertreter der geistigen Gesetze. Meine mediale Gabe, meine Erfahrungen und die Liebe zu den Menschen haben mich in all den Jahren in positivster Weise in meiner Arbeit unterstützt und immer wieder positiv überrascht. Nach 30-jähriger Arbeit habe ich mich jetzt entschlossen, meine Arbeit zu reduzieren, aber immer noch bin ich mit Hingabe und Leidenschaft dabei. Die Menschen, die an sich wachsen, geben mir so viel Freude, Liebe zurück, und ich erfreue mich an ihrer Selbsterkenntnis und ihrem wachsenden Bewusstsein. Meine

Lebensaufgabe sehe ich darin bestätigt, dass aus "normalen" Menschen spirituell bewusste Menschen werden können, die ihr Leben in Eigenverantwortung und Vertrauen in Verbindung mit ihrem göttlichen Selbst erfahren.

Weitere Informationen finden Sie unter: *www.ushaelella.com*

Danksagung

Es ist mir ein Herzensanliegen, mich bei allen helfenden Händen, klugen Köpfen und unterstützenden Energien zu bedanken, die den Raum mit ihrem Vertrauen, ihrem Tun und ihrer Inspiration unterstützend gefüllt haben, aus dem heraus dieses Buch entstehen konnte.

Viele liebe Menschen haben an der Entstehung dieses Buches mitgewirkt, denen ich Schwingungen der Dankbarkeit übersende.

Besonders meine Kinder Pascal, Ralf und Chris haben ihre Mutter in ihrer spirituellen Arbeit immerwährend nach allen Kräften unterstützt. Mal war das der Raum, um arbeiten zu können, ein zubereitetes Essen, ein hingestellter Kaffee, ein inspirierendes Gespräch. Danke für eure Anteilnahme und Mut machende Inspiration! Ich weiß, dass ihr manchmal eure Bedürfnisse zum Wohle meiner spirituellen Arbeit zurückgestellt habt. Eure Liebe ist bedingungslos. Ich verbeuge mich in herzlicher Demut und Dankbarkeit.

Danke an mein Dual. Du warst und bist stets in meinem Geist und in meiner Seele. Unsere Energien verbinden sich zur Einheit. Dieses Buch ist nur ein Resultat davon.

Danke an den Silberschnur Verlag und seine vielen helfenden Hände, die mich und mein Buch in liebevoller Freiheit aufgenommen haben.

Danke Dieter für deinen Mut.
Danke Christa für deine unermüdliche Unterstützung.

Über die Autorin

Usha Gönnawein - El Ella - wurde in Castrop-Rauxel im Ruhrgebiet geboren. Nach Aufenthalten in Bordeaux und Chambéry in Frankreich entschied sie sich 1984 nach ihrer Tätigkeit als Arztsekretärin in der Kinder- und Jugendpsychiatrie Mosbach und Orthopädie Heidelberg zur selbstständigen Tätigkeit, um ihre Gaben zu verfeinern, sie zur Vollkommenheit zu führen und in den Dienst der Menschen zu stellen. Seit 1977 wohnt sie in Leimen bei Heidelberg.

Usha El Ella arbeitet seit 30 Jahren als Bewusstseinslehrer für geistige Energiegesetze und deren Anwendung zur Lösung von Blockaden in menschlichen Verhaltensweisen. Sie gibt ihr Wissen in persönlichen medialen Sitzungen weiter.

Ihre Hobbys sind Reisen und Kultur, mystische Orte besuchen, die Natur an Kraftplätzen erleben, Energien scannen, aufbauende Gespräche führen und die Geselligkeit genießen. Sie liebt es auch, mit ihrem Hund spazieren zu gehen, mal ganz für sich allein zu sein oder ein gutes Buch zu lesen, um sich selbst inspirieren zu lassen.

www.ushaelella.com

256 Seiten, broschiert
ISBN 978-3-89845-232-8
€ [D] 12,90

Franziska Krattinger

Machtworte

Was Worte machen können

Dass sich mit dem richtigen Wort zur rechten Zeit jede Situation verändern lässt, je nachdem, welche Energie mit diesem Wort in die entsprechende Situation strömt, haben schon viele Menschen selbst erfahren. Schaltworte, Kraftworte – die Autorin stellt in diesem Buch 72 solcher Worte mit magischer Wirkung vor und führt uns gleichzeitig eindrucksvoll die Macht des Wortes vor...
Denn eines dieser magischen Worte genügt schon, um einen unterbrochenen energetischen Fluss wieder zum Fließen zu bringen – und so alles wieder in die richtige Bahn zu lenken!

160 Seiten, broschiert
ISBN 978-3-89845-054-6
€ [D] 9,90

Franziska Krattinger

Erfolgsrezepte

Greife nach den Sternen, wenn du wachsen willst!

Menschen leben in ihren Gewohnheiten, und sie wiederholen sich ständig. Um seine Gewohnheiten, die allein aus fixiertem Denken entstehen, zu ändern, muss der Mensch zuerst auf andere Gedanken kommen. Denn andere Gedanken bringen neue Vorstellungen, und neue Vorstellungen bringen neue Lebenssituationen. Die richtige Einstellung macht jeden Menschen zum Gewinner! Franziska Krattinger hilft den Menschen, auf andere Gedanken zu kommen und so ihr Leben mit wahrer Freude, tiefer Liebe und verstärktem Bewusstsein dauerhaft zu verändern, um sich so den Weg durch den Alltag zu erleichtern.

160 Seiten, broschiert,
2-farbig
ISBN 978-3-89845-302-8
€ [D] 14,90

Petra Schmidt-Decker

52 Verträge mit mir selbst

Das Geheimnis der Gewinner

52 VERTRÄGE MIT MIR SELBST wirken wie eine unerwartet positive Nachricht: Sie bekommen bereits beim Lesen gute Laune, werden zuversichtlich, strahlen aus, dass auch Sie das Gewinner-Gen in sich tragen. Dieses Buch zeigt Ihnen, wie Sie es aktivieren können.
Das lang gehütete Geheimnis, wie man Angst, Unsicherheit, Niedergeschlagenheit in Zuversicht, Optimismus, Lebensfreude, in Mut, Energie und Anerkennung umwandelt, wird hier zum ersten Mal gelüftet.

144 Karten
mit Kurzanleitung,
inkl. Miniposter, in Box
EAN 4260075280-28-8
€ [D] 19,95

Franziska Krattinger

Die Kraft der 144 Schalt- und Machtworte

Es ist schwer, eingefahrene Wege zu verlassen und wirklich etwas in seinem Leben zu verändern.
Die 144 wirkungsvollen Karten mit Schalt- und Machtworten helfen dabei, denn sie erwecken die uns innerwohnende positive Macht zur selbstbestimmten Veränderung von Situationen und Vorhaben. Eines dieser Worte genügt bereits, um einen unterbrochenen energetischen Fluss wieder zum Laufen zu bringen und so alles zum Besten zu lenken!
Schalten auch Sie einfach um – und beobachten Sie die positiven Veränderungen in Ihrem täglichen Leben. Sie haben WIRKLICH die Macht dazu!

176 Seiten, broschiert
ISBN 978-3-89845-412-4
€ [D] 12,65

Kurt Tepperwein

Nichts geschieht umsonst

Die Sprache des Lebens verstehen

Alles, was uns begegnet, und alles, was uns widerfährt, sind Botschaften des Lebens, die uns etwas Wichtiges mitzuteilen haben. Das Leben spricht ständig zu uns, allerdings müssen wir die Sprache des Lebens erst erlernen. Wenn Sie diese Sprache beherrschen, ist es Ihnen sogar möglich, die Botschaften des Lebens gezielt abzufragen. Sie können alle Erfahrungen und die verschiedensten Arten von Hinweisen optimal für sich nutzen, um ein erfolgreiches, erfülltes und gesundes Leben zu führen. Ein Buch, das sich mit allen Alltagsthemen auseinandersetzt und keine Fragen offenlässt.

192 Seiten, broschiert
ISBN 978-3-89845-393-6
€ [D] 14,95

Gabriele~Saskia Drungowski

Das Beste für dich

Der Weg vom Unbewussten zum Bewussten

Öffnen Sie Tür zu Ihren innersten Räumen, in denen Sie Erstaunliches über sich selbst, und Ihre Beziehungen erfahren. Dieses Wissen hilft Ihnen, sich selbst wahrhaft zu erkennen und Ihr eigenes Leben in die Hand zu nehmen, ja sogar die Welt zu verändern.
Die praktischen Anleitungen, Übungen und Meditationen in diesem Buch unterstützten Sie, zu begreifen, wer Sie eigentlich sind. Dank dieses Wissens stehen Sie am Anfang einer ungeahnt tiefen Bewusstheit, die alles umfasst, was Sie für Ihr Leben und Ihren eigenen Weg benötigen.

160 Seiten, broschiert
ISBN 978-3-89845-375-2
€ [D] 12,95

Kurt Tepperwein

Wege zum inneren Paradies

Seit es den Glauben an das Paradies gibt, gibt es auch die Bestrebungen der Menschen, Einlass darin zu finden und ein wahrhaft paradiesisches Leben zu führen. Dass dies kein Wunschtraum bleiben muss, macht Bestsellerautor Kurt Tepperwein in diesem Buch deutlich. Er beweist, dass das Paradies weder ein Mythos noch ein nebulöser Ort ist, und er zeigt uns neue Wege zum Leben im Glück auf. Einige dieser Wege, wie die Paradiesfindung der großen Weltreligionen, sind seit Jahrtausenden bekannt. Kurt Tepperwein enthüllt diese bewährten Möglichkeiten ebenso wie neue Erkenntnisse.
Welchen Pfad wir auch wählen, er wird uns stets in unser Paradies führen, das nur darauf wartet, von uns entdeckt zu werden.
Mit vielen praktischen Übungen und Anregungen

272 Seiten, Klappenbr.
ISBN 978-3-89845-293-9
€ [D] 16,90

Marion Kohn

Die fünf geistigen Gesetze der Heilung

Neue medizinische Wege

Ein revolutionärer Ansatz zu einem neuen Verständnis von Heilung! Möchten Sie wissen, warum man überhaupt »krank« wird? Möchten Sie wissen, warum man mit Krebs oder einer anderen Erkrankung reagiert, wenn man unerwartet aus der Balance gerät? Möchten Sie wissen, wie man wieder gesund werden kann, und brauchen Sie hierfür Unterstützung? Die fünf geistigen Gesetze weisen Ihnen den Weg zu einem neuen Verständnis von Medizin. Gönnen Sie sich Gesundheit und ein glückliches, harmonisches Leben.

190 Seiten, gebunden
ISBN 978-3-89845-366-0
€ [D] 14,90

Heinrich R. Hrdlicka

Der Zufall und seine Gesetzmäßigkeiten

Liebesbotschaften der Engel

Heinrich H. Hrdlicka hat seit Jahrzehnten Kontakt zu einer Gruppe von Engelwesen, deren Botschaften er uns hier vermittelt. Sie weisen uns den Weg zu einem neuen Lebensverständnis und lehren uns, auch in scheinbar zufälligen Situationen einen tiefen Sinn zu sehen. Die Engelwesen stehen uns liebe- und humorvoll zur Seite und bieten praktische Lebenshilfe, indem sie uns wieder zu unserer eigenen Intuition führen und uns deutlich machen, wie wir den oft grau erscheinenden Alltag besser verstehen und ihn bewusst, ohne Angst und in Liebe leben können.
Ein originell gestaltetes und unkonventionell geschriebenes Buch mit praktischer Lebenshilfe aus Engelperspektive.

184 Seiten, 2 fbg., broschiert
ISBN 978-3-89845-355-4
€ [D] 14,90

Dr. phil. Georg Rupp

Befreiung aus dem Hin & Her des Lebens

Lass dein Herz entscheiden

Der Psychologe Dr. Georg Rupp lädt Sie ein, sich auf das Wesentliche zu besinnen, auf das, was wirklich wichtig ist. In unserer Überflussgesellschaft hindern uns die endlosen Wahlmöglichkeiten oft daran, die richtigen Entscheidungen zu treffen. Dieser Ratgeber der besonderen Art zeigt, wie Sie das ewige gedankliche Hin und Her abschalten und auf Ihr Herz hören können, wo die Antworten leicht zu finden sind. Der Autor erklärt, wie Sie in sechs einfachen Schritten zur richtigen Entscheidung gelangen. Das gilt für Beruf, Karriere, Familie und Liebe, für das ganze Leben.

232 Seiten, broschiert
ISBN 978-3-89845-154-3
€ [D] 14,90

Vadim Zeland

Transsurfing

Realität ist steuerbar

Dieses Buch löste in Russland eine wahre Revolution aus. Die Realität ist steuerbar! Wir alle glauben, wir seien abhängig von den äußeren Umständen – dabei ist es genau umgekehrt! Ihre innere Wirklichkeit kreiert die äußere Realität. So erfüllen sich Wünsche, Träume verwirklichen sich ...
Transsurfing ist eine mächtige Technologie zur Realitätssteuerung. Alle, die sich mit Transsurfing beschäftigen, erleben eine Überraschung, die an Begeisterung grenzt. Die Umgebung eines Transsurfers verändert sich beinahe augenblicklich auf eine unbegreifliche Weise. Das hat nichts mit Mystik zu tun. Das ist real.

224 Seiten, broschiert
ISBN 978-3-89845-425-4
€ [D] 14,95

Ryuho Okawa

Die Happiness-Prinzipien

Vier Wege für ein wirklich gutes Leben

Die vier Prinzipien für ein erfolgreiches Leben!
Viele Menschen sind auf der Suche nach dem Glück – um dabei doch nur immer unzufriedener zu werden. Ryuho Okawa zeigt Ihnen, wie Sie zu einem wirklich guten Leben gelangen.
Das simple Verstehen der vier Prinzipien Liebe, Weisheit, Selbstreflexion und Fortschritt macht den Alltag eines jeden Menschen erfüllender und glücklicher. Entdecken Sie, wie Sie lernen können störende Einflüsse zu unterbinden, Ihre Einstellung zu ändern und Ihre Energien auf das Glücklichsein zu konzentrieren.
Ryuho Okawa beweist, dass ein wirklich gutes Leben nur einen Gedanken weit entfernt ist ...